세상 쉽고 유쾌한 경제학 수업

일상의 선택에 해답을 주는 편리한 경제이야기

세상 쉽고 유쾌한 경제학 수업

초판 1쇄   2024년 7월 17일

지은이   최병일 오재현 최봉제 임성택
펴낸이   허연
편집장   유승현   **편집2팀장**   정혜재

책임편집   정혜재
마케팅   김성현 한동우 구민지
경영지원   김민화 오나리
디자인   김보현

펴낸곳   매경출판㈜
등록   2003년 4월 24일(No. 2-3759)
주소   (04557) 서울시 중구 충무로 2(필동1가) 매일경제 별관 2층 매경출판㈜
홈페이지   www.mkpublish.com   **스마트스토어**   smartstore.naver.com/mkpublish
페이스북   @maekyungpublishing   **인스타그램**   @mkpublishing
전화   02)2000-2641(기획편집) 02)2000-2646(마케팅) 02)2000-2606(구입 문의)
팩스   02)2000-2609   **이메일**   publish@mkpublish.co.kr
인쇄 · 제본   ㈜M-print 031)8071-0961
ISBN   979-11-6484-698-6(03320)

일상의 선택에
해답을 주는 편리한 경제이야기

세상 쉽고
유쾌한
경제학 수업

최병일 · 오재현 · 최봉제 · 임성택 지음

매일경제신문사

그동안 출판된 경제학 서적들은 대부분 현실과는 동떨어진 이론에 재미없고, 딱딱한 이야기만 잔뜩 있다는 편견을 주곤 했다. 하지만 이번에 최병일 교수의 《세상 쉽고 유쾌한 경제학 수업》은 현장에서 경험한 경제 이야기의 꿈과 희망을 현실적으로 담고 있다. 쉽고 재미있을 뿐만 아니라 우리 생활 속의 경제 이야기, 역사 속에서의 경제 이야기가 녹아 있다. 경제가 우리와 좀 더 가까워지는 계기가 되어줄 거라고 생각한다.

한경동
한국경제교육학회 학회장, 한국외국어대학교 경제학부 교수

경제와 금융은 종종 어렵고 복잡하게 느껴질 수 있는 주제입니다. 그러나 이 책은 그런 선입견을 깨뜨리며, 실생활에서 쉽게 접할 수 있는 사례와 시사적인 이슈를 가져와 경제의 원리를 재미있게 풀어내고 있습니다. 독자들이 경제와 금융의 세계로 한 걸음 다가설 수 있도록 친절하게 안내하는 이 책은, 그동안 경제와 금융에 관심은 많았지만 접근하기 어려웠던 이들에게 흥미로운 지식의 문을 열어줍니다.

이원경
한국금융교육학회 학회장, 전 금감원 경제교육팀장

우리는 시장경제 체제에 살면서 몸으로 경제 개념을 체득해왔습니다. 최근 경제 환경이 급변하는 가운데 상식으로 알고 있던 경제 이론들이 가끔 오작동을 일으키기도 합니다. 이 책은 일반인들이 어렵게 생각할 수 있는 '경제'라는 주제를 주변의 현실적인 사례와 역사적인 사실을 통해 쉽게 설명하고 있습니다. 책을 재미있게 읽은 독자라면 변화하는 최근 경제 현상들을 자연스럽게 이해하게 될 것입니다.

심재학
한국경제교육협의회 사무총장, 전 KDI 경제교육실장

얼마 전 아이와 함께 전쟁으로 어려운 환경에 있는 아이들을 돕는 기부 프로그램에 참여했습니다. 저희가 기부한 돈은 러시아-우크라이나 전쟁과 같이 극한의 상황에 있는 아이들과 난민들에게 구호물자를 지원하는 데 쓰입니다. 저는 아이가 다른 사람을 돕는 기쁨을 느끼고 현재 자신의 환경에 감사할 수 있는 계기가 될 것 같아 아이 이름으로 기부하는 약정서를 작성했습니다.

생각해보면 우리는 고도로 발전한 그리고 복잡한 시장 경제 시스템 속에 살면서 많은 혜택을 누리고 있습니다. 과거 어떤 인류도, 심지어 왕이나 귀족들도 누리지 못한 의료 서비스와 주거 서비스를 우리는 당연한 것처럼 매일매일 소비하고 있습니다. 어쩌면 우리는 내가 속한 공동체와 직·간접적으로 나에게 도움을 주는 많은 이들에게 감사해야 합니다. 국가 간 무역이 활성화되면서 전 세계적인 분업과 협업으로 인류는 엄청난 생산성을 얻었고, 우리는 그 혜택을 누리고 있습니다. 이런 인류의 헌신 덕에 지금을 살고 있는 우리 중 꽤 많은 이들이 '나도 좋은 일을 해야 하고, 내가 받은 혜택에 조금이나마 돌려주고 싶다'는 생각을 일상적으로 하고 있을 겁니다. 제가 그리고 우리 가족이 이 세상을 통해 받은 것들에 비하면 아이와 함께 작성한 약정서의 기부금은 너무 보잘것 없는 수준입니다. 생각이 여기까지 미친다면 앞으로 우리는 어떻게 살아야 할까요? 너도나도 팔을 걷어붙이고 타인을 위해 헌신하는 것이 바람직할까요? 매주 주말에 봉사활동을 하고, 내 여윳돈을 아낌없이 기부하는 것이 인류에게 그리고 역사 앞에 기여하는 일일까요?

제가 기부를 생각했던 따뜻한 마음은 더 살 만한 세상을 만들 수 있고, 도움이 간절히 필요한 이들에게 위로와 용기를 줄 수 있습니다. 그런데 이런 따뜻한 마음에만 집중하고, 이것이 전부라고 생각하면 그 결말은 오히려 더 큰 비극으로 마침표를 찍을 수 있습니다. 소선대악小善大惡, '천사가 내려와 지옥을 만들다'는 말은 좋은 뜻으로 시작한 공산주의 혁명의 불행한 결말을 짧지만 강렬하게 설명하는 문장입니다. '함께 잘 살자, 너도나도 행복한 좋은 세상을 만들자' 이런 생각에서 시작한 공산주의는 그것이 막 꽃을 피우던 당시에는 가난하고 소외받은 사람들에게 좋은 세상을 잠시나마 제공했을 수도 있습니다. 그런데 우리는 그것이 더 많은 사람을, 더 오랜 기간 고통스럽게 만들었다는 사실을 인류사적 실험을 통해 확인한 바 있습니다.

상대적으로 시장은 항상 사람들에게 양질의 상품들을 공급해 왔습니다. 가까운 지인이 음식을 만들거나 누군가 손수 만들어준 선물을 받았을 때, 우리는 '시장에 내다 팔아도 되겠다'는 칭찬을 합니다. 누군가로부터 돈을 받을 만큼 맛있는 음식을 만들거나 글을 쓰려면 '정말' 잘해야 합니다. 시장에서는 특별히 훈련받지 않은 일반인들은 도달할 수 없는 수준의 전문가가 되어야만 서비스의 대가로 돈을 받을 수 있습니다. 상당한 수준의 지식이나 기술이 있어야 그것을 상품으로 제공하고 돈을 받을 수 있는 겁니다.

우리는 정말 애덤 스미스Adam Smith(1723~1790)가 이야기한 '보이지 않는 손Invisible Hand'에 따라 얼굴도 모르는 사람들을 위해 각자의 일터에서 달인이 되었고, 또 오늘도 최선을 다하고 있습니다. 우리는 부모님을 비롯한 가족들로부터 무한한 지지와 물질적인 지원을 받아 현재 이 자리에 있습니다. 사실 우리는 이들을 너무 너무 사랑하지만 일터인 가게에서 일하는 점원들이 손님을 대하는 만큼 매번 헌신적이고 친절하지는 않습니다. 저 역시 제 아이를 가르칠 때는 강의료를 받고 다른 사람들을 가르칠 때보다 더 많은 에너지를 쓰지는 않습니다.

이처럼 시장은 우리가 원하든 원치 않든 내가 할 수 있는 최선으로 다른 사람을 돕도록 설계되어 있습니다. 시장의 교환 시스템은 이타적인 개인이 시장에서 더 살아남아 번성하도록 강제하고 있는 셈입니다. 내가 일터에서 열심히 일하는 것은 직접적인 기부나 봉사활동보다 더 효율적이고 지속가능한 봉사 방법입니다. 이 기적 개인으로 하여금 사회적으로 이타적 행동을 지속하도록 자연스럽게 유도하는 시장의 이런 힘이야말로 시장경제가 개인의 자유와 물질적 풍요, 집단의 이익, 더 나아가 사회의 진보에 봉사하는 나름의 방식인 것입니다.

이 책은 여러분에게 딱딱한 경제학이 아니라 좀 더 친숙하고, 피부에 와닿는 내용을 담기 위해 노력했습니다. 이 책은 정치적 성향이나 이념에 대해서 설명하지 않습니다. 오히려 많은 사람들이 오해하고 있는 경제 이론과 시장에 대한 이미지를 객관적이고 쉽게 소개하려고 합니다. 이 책을 통해 독자들이 복잡한 경제 현상과 기업의 생리를 이해할 수 있는 초석을 마련했으면 하는 것이 제 작은 바람입니다. 아울러 사소한 것이라도 본문의 미흡한 점이 있다면 오직 부족한 저자들 책임임을 밝히는 바입니다.

2024년 7월

대표저자 최병일

1부 | 쉽게 읽는 경제학

2부 | 생활 속의 경제학

3부 | 역사 속의 경제학

4부 | 키워드로 읽는 경제학

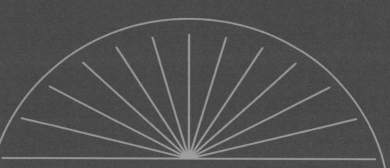

1부

쉽게
읽는
경제학

모노폴리 속 월급에서
아이디어를

토지 소유주에게 귀결될 수밖에 없는 성과

'모노폴리', '부루마블'은 휴대폰이나 컴퓨터가 없던 80, 90년대 아이들이 동네 친구들과 즐겨 하던 주사위게임(보드게임)이었다. 성인이 된 지금도 어린 시절 추억과 함께 현실에서는 불가능한 부동산 재벌이 되는 경험까지 할 수 있어 가끔 생각나는 게임이다. 이처럼 많은 이들의 사랑을 받아온 '모노폴리' 게임에는 특별한 출생의 비밀이 있다. 1933년 처음 발매한 모노폴리 보드게임의 최초 개발자라 할 수 있는 엘리자베스 매기Elizabeth Magie(1866~1948)는 헨리 조지Henry George(1839~1897)의 《진보와 빈곤Progress and Poverty》이라는 책을 너무 감명 깊게 읽었다. 그녀는 헨리 조지의 사상에 매료돼 열렬한 헨리 조지 지지자(조지스트Georgis)가 됐고, 많은 이들에게 조지의 생각을 알리려는 의도에서 1903년 '지주놀이The Landlord's Game'라는 게임을 개발했는데 이것이 모노폴리 게임의 시초이다.

엘리자베스 매기를 매료시켰던 헨리 조지는 19세기 뉴욕의 빈민들을 보면서 산업혁명으로 얻은 기술 혁신의 성과가 소수에게만 기형적으로 집중된다고 생각했다. 당시 산업화된 사회에 대한 이런 비판적인 시각들은 한 가지 결론으로 귀결된다. '땅'은 인간이 인위적으로 생산할 수 있는 자원이 아니기 때문에 공급은 제한적일 수밖에 없다. 헨리 조지는 경제가 성장하고, 인간이 더 많은 물건을 만들수록 "땅은 상대적으로 더 희소해지고, 가격은 상승할 수밖에 없다"는 결론을 얻었다.

그는 토지가 가지고 있는 이런 특징 때문에 기술이 발전하고, 생산성이 증가할수록 생산 활동으로 얻는 성과가 대부분 토지 소

헨리 조지는 기술 개발로 생산성이 증가하면 생산에 기여한 사람들이 이득을 가져가는 것이 아니라 대부분의 이득이 토지 소유주 차지가 될 거라고 보고 우려했다.

유주에게 귀결될 수밖에 없다고 주장했다. 노동이나 자본을 공급해 실제로 생산에 기여한 사람들이 열매를 가져가는 것이 아니라 대부분의 이득을 토지 소유주가 차지할 것이라고 예언했다. 헨리 조지는 이렇게 발생하는 소득불균형을 해소하려면 토지 소유주에게 집중되는 이익에 높은 세금을 부과해야 한다고 주장했다. 그는 토지 소유주들이 얻는 막대한 임대 수익을 세금으로 흡수하면 국가 운영에 필요한 재원은 충분히 마련할 수 있어 소득세나 관세와 같은 다른 조세는 더 이상 징수할 필요가 없다고 생각했다.

이 같은 헨리 조지의 생각을 기반으로 작성된 책이 바로 《진보와 빈곤》이다. 《진보와 빈곤》은 많은 사람들의 공감을 얻어 현재까지 8개국 언어로 번역됐고 수백만 부 넘게 서점에서 판매됐다. 앞서 말한 엘리자베스 매기 역시 이런 헨리 조지의 생각에 전적으로 동의했다.

부동산 보드 게임에 왜 월급이 필요할까?

모노폴리를 해본 사람들은 알겠지만 이 게임을 끝까지 진행하면 가장 많은 땅을 차지한 한 사람만 살아남게 되고, 나머지 사람들은 모두 파산하게 된다. 즉, 매기는 토지와 같은 한정된 자원에서 막대한 소득과 부가 집중되면 결국 토지를 선점한 소수의 지주들이 경제 내 대부분의 부를 독점하게 된다는 메커니즘을 사람들이 게임을 통해 체험하도록 만든 것이다. 그런데 매기가 만든 '지

월급은 '모노폴리'에서 일정 수준 이상 게임을 지속시켜주는 장치로 참여자들의 흥미를 배가시키는 역할을 한다.

주놀이'와 '모노폴리'에는 또 다른 재미있는 장치가 숨어 있다. 바로 '월급'이라는 규칙이다.

게임에 참여한 사람이라면 누구나 땅과 건물 소유 여부에 상관없이 전환점을 지날 때마다 동일한 월급을 받게 된다. '월급'이라는 장치가 없으면 땅이 적은 사람들은 임차료 지출을 감당할 수 없어 금방 파산해 게임이 싱겁게 끝나기 쉽다. 따라서 월급은 '모노폴리'에서 일정 수준 이상 게임을 지속시켜주는 장치로 참여자들의 흥미를 배가시키는 역할을 한다. 그러나 이 '월급' 제도는 게임의 균형을 맞추기 위한 기능적인 목적뿐만 아니라 게임의 모티브였던 조지의 사상과도 깊은 관계가 있다. 조지는 일부 계층에 토지가 독점되어 나머지 사람들이 빈곤에 빠지는 문제를 해결하기 위해 정부가 지주들에게 토지세를 징수하고 이를 재원으로 기본소득을 지급하자는 아이디어를 냈는데, 이것이 게임에서 '월급'이라는 장치로 표현된 것이다.

모노폴리 게임이 개발되고, 100년에 가까운 시간이 지난 지금 이런 조지의 사상과 매기의 게임 속 장치는 현실에서 부활하려는 조짐을 보이고 있다. 4차 산업혁명이 급속히 진행되면서 조지가 우려했던 것과 비슷한 사회문제가 오늘날 나타날 가능성이 높아졌기 때문이다. 차이가 있다면 조지가 살던 19세기에는 부의 불평등을 야기하는 주된 원인이 토지였으나 오늘날에는 최첨단 기술이 사회문제의 원인이 될 것으로 예견된다. 그 대표적인 사례가 바로 플랫폼 기업, 인공지능 기술이다.

예를 들어, 아마존과 같은 쇼핑몰이나 구글과 같은 검색 엔진은 많은 사람들이 사용할수록 그 가치가 기하급수적으로 증가한다. 쇼핑몰에 입점한 기업들이 많고, 이용자가 증가할수록 해당 플랫폼은 시장에서 대체 불가의 지위를 얻는다. 번화가의 높은 빌딩과는 비교가 안 되는 독점적인 지위를 가진다. 그리고 이미 많은 이용자를 확보한 플랫폼들은 이용자 수가 절대적인 자산이기 때문에 후발 기업이 쉽게 그 아성을 침범하지 못한다. 우리나라의 카카오나 쿠팡의 사례를 생각해보면 쉽게 이해할 수 있다. 이들 플랫폼 기업은 절대적인 시장 지위를 이용해 엄청난 수수료 수익과 광고비를 얻고 있다.

기본소득제도는 포괄적 복지제도

조지가 죽고 30년이 지난 미국에서는 산업화의 결과물로 엄청난 양의 상품들이 쏟아졌고, 시장에서 이를 소비할 수 있는 소득을 가진 중산층이 부족해 대공황이 발생했다. 그러나 이를 소비할 수 있는 지나친 소득불균형과 독과점은 장기적으로 경제성장을 저해하는 요인이 될 수 있다. 이런 우려로 최근 유럽 국가를 중심으로 소득 불균형과 총수요 부족으로 인한 심각한 경기 침체를 예방하기 위해 기본소득제도를 도입하려는 움직임이 일고 있다. 실제로 2016년 스위스는 70%가 넘는 국민이 반대해 부결되긴 했지만 모든 국민에게 매월 300만 원의 기본소득을 지급하는 법안이 상정되기도 했다. 또 핀란드는 매달 약 70만 원의 기본소득을 무작위로 선정된 국민에게 지급하는 기본소득제도를 시범 운영하기도 했다.

기본소득제도는 해당 국가의 국민이면 모두에게 지급하는 가장 극단에 있는 '포괄적 복지제도'라고 할 수 있다. 따라서 기본소득제는 '고령연금'이나 '청년수당제도'와 같이 수급자의 나이에 제한을 두거나 기초생활수급제도와 같이 자산이나 소득에 제한을 두지 않는다. 이와 같은 기본소득제도는 특이하게 다른 복지제도들과는 달리 서로 다른 이유에서 진보·보수 모든 진영의 경제학자들로부터 지지를 얻고 있다. 먼저 진보 진영에서는 기본소득이 보장되면 소득 불균형이 완화될 뿐만 아니라 근로자들이 생계가 아닌 자기만족과 행복을 위해 노동을 하게 된다는 것을 장점으로 들고 있다. 보수 진영에서는 그간 선별적 복지제도를 운영하는 과정에 투입됐던 인력과 비용을 대폭 절감할 수 있고, 복지 사각지대에 있는 사람들을 구제할 수 있어 기본소득제도 도입을 찬성하고 있다.

그러나 스위스 국민이 기본소득제도에 반대했던 첫 번째 이유에서도 확인할 수 있듯이 기본소득제도는 엄청난 재원을 필요로 하는 정책이다. 우리나라 인구를 5,000만 명으로 가정했을 때 1인당 100만 원을 기본소득으로 매월 지급한다면 연간 약 600조 원의 예산이 필요하다. 600조 원이면 우리나라 예산의 80% 가량을 기본소득의 재원으로 쏟아 부어야 한다는 말이다. 따라서 이 같은 재원을 마련하려면 단순 계산으로도 지금보다 약 2배의 세금을 각 기업과 개인들에게 거둬들여야 운영이 가능할 것이다.

지금까지 살펴본 바와 같이 기본소득은 긍정적인 요소와 부정적인 요소를 모두 갖고 있는 제도이다. 첨단기술로 부와 소득이 특정 산업과 기술에 집중되어 소득 불균형 및 경기 침체가 우려되는 만큼 기본소득제도는 진지하게 고려해야 할 사안이다. 이처럼 중요한 결정이 일부 계층의 필요나 선거용 포퓰리즘의 희생양이 되지 않도록 결정에 앞서 많은 사람들이 고민하고 관련 지식을 공유해야 할 것이다.

민주주의 꽃 선거,
항상 정답만은 아닐 수도

순서나 방법에 따라 결과가 달라지는 투표의 역설

학창 시절 가족보다 더 많은 시간을 함께하며 어려울 때마다 고민을 들어주고, 서로 격려해주던 세 친구는 졸업 후 각자 생활이 바빠 한동안 만나지 못했다. 그러다 한 친구가 올해는 휴가 일정을 조정해 모처럼 다시 뭉치자고 제안했다. 여기까지는 만장일치로 세 명의 의견을 모으는 데 무리가 없었다. 그런데 막상 서로 가고 싶은 여행지를 고르는 과정에서는 쉽게 합의점을 찾지 못했다. 오랜 우정에 금이 가는 것을 염려해 친구들은 조심스럽게 의견을 조율했고, 세 군데를 후보지로 압축한 후 다수결로 최종 여행지를 결정하려고 한다.

구분	1순위	2순위	3순위
A씨	제주도	동남아	일본
B씨	동남아	일본	제주도
C씨	일본	제주도	동남아

만일 세 친구들이 각자 가고 싶은 여행지에 대한 선호가 위의 표와 같다면 다수결 투표로는 일관성 있는 결론을 얻을 수 없다. 가령 일반적인 투표 방식과 같이 세 곳 가운데 가장 가고 싶은 곳에 각자 투표를 하는 방식을 채택한다면 투표 결과는 제주도, 동남아, 일본이 1표씩 얻어 어떤 곳도 선택할 수 없게 된다. 또 두 여행지들을 비교해 더 선호하는 여행지만 남기는 토너먼트 방식을 두 차례 반복해 최종적으로 남는 여행지를 고르는 방법을 선택하면 대진 순서에 따라 최종적으로 뽑히는 여행지가 달라진다. 예를 들어, 제주도와 동남아시아를 먼저 비교하면 위의 표에서 보여준 우선순위에 따라 A씨는 제주도, B씨는 동남아, C씨는 제주도를 선택해 제주도가 동남아를 이기고 1차 후보가 된다. 이후 제주도와 남은 여행지인 일본을 비교하면 A씨는 제주도, B씨는 일본, C씨는 일본을 선택해 최종적으로는 일본이 여행지로 뽑힌다.

문제는 이처럼 두 대안을 비교해 최종안을 고르는 방식을 채택하면 투표하는 순서에 따라 결과가 달라진다는 것이다. 앞의 사례와 달리 제주도와 일본을 먼저 비교하면 A씨는 제주도, B씨는 일본, C씨는 일본을 선택해 1차 후보로는 일본이 선택된다. 그리고 선택된 일본과 남은 동남아를 비교하면 A씨는 동남아, B씨는 동남아, C씨는 일본을 선택해 최종적으로 동남아가 목적지가 된다. 같은 방법으로 제주도와 동남아를 먼저 비교하면 제주도가 1차 후보가 되고 다시 제주도와 일본을 비교하면 제주도가 최종적으로 선택된다. 이처럼 3개 이상의 대안을 다수결로 선택할 때는 묻는 순서나 투표 방법에 따라 결과가 달라져 일관된 의사결정을 얻을 수 없는 현상이 나타나는데 이를 '투표의 역설Voting Paradox'이라고 한다.

이와 같은 '투표의 역설'은 책에나 있을 법한 특수한 상황이 아니라 다수의 후보를 두고 다수결로 의사결정을 할 때 현실에서 흔히 나타날 수 있는 상황이다. 가령 각 후보들의 성향과 지지율이 다음 표와 같다고 생각해보자.

위와 같은 상황에서 우리나라를 비롯한 많은 국가들이 시행하고 있는 선거 방식에 따라 한 번의 선거로 최다 득표자가 당선되는 투표방식을 채택한다면 C후보가 선발될 것이다. 그런데 선거 방법을 달리해 1차 선거에서 과반수 득표자가 없으므로 1위와 2위 후보를 대상으로 다시 투표를 실시한다면 아마도 A후보를 지

구분	정치적 성향	지지율(%)
A후보	보수	25
B후보	보수	35
C후보	진보	40

지했던 사람들 가운데 상당수는 정치적 성향이 비슷한 B후보를 지지해 B후보가 당선될 가능성이 높다. 혹은 가장 좋은 사람에게 투표하는 것이 아니라 가장 싫은 사람을 먼저 떨어뜨리는 방식으로 두 차례 선거를 실시해 대표를 선출한다면 아마도 C후보가 먼저 탈락되고, B후보나 A후보 가운데 C후보의 지지자들을 더 많이 흡수하는 후보가 최종 당선자가 될 것이다. 이처럼 우리가 민주주의의 꽃이라고 생각하던 다수결 제도는 '투표의 역설'과 같은 현상들로 인해 합리적이면서도 효율적인 의사결정을 하는 것이 불가능하다는 것을 1972년 노벨경제학상 수상자인 케네스 애로 Kenneth Joseph Arrow(1921~2017)가 수학적으로 증명했다.

과반수보다 상당한 합의가 중요

우리가 생각하는 직접민주주의의 대표적인 요소인 투표가 가진 한계를 조금 다른 측면으로 살펴보자. 31개가 넘는 다양한 아이스크림을 판매하는 가게에 들어서면 사람들은 어떤 선택을 할까? 아이스크림 가게를 자주 찾는 사람이나 도전적인 사람이라면 매번 다른 아이스크림을 먹어보고 자신에게 맞는 최적의 조합을 찾을 수도 있다. 그러나 다이어트나 건강관리 등을 이유로 아이스크림을 잘 먹지 않던 사람들은 모처럼 찾은 가게에서 어떤 선택을 할까? 사람들은 선택할 수 있는 경우의 수가 감당할 수 없을 정도로 늘어나면 행복해하기보다는 오히려 혼란스러워하고 피로감이 커져 선택을 회피하려고 한다.

《생각에 관한 생각》의 저자이자 2002년 노벨경제학상 수상자인 대니얼 카너먼Daniel Kahneman(1934~) 교수는 너무 많은 대안을 고려해야 하고, 각 대안을 평가할 때 확인해야 할 개별 속성이 많을수록 사람들은 더 큰 피로감을 느낀다고 한다. 이와 같은 복잡한 상황에서 사람들은 논리적으로 생각하고 대안을 비교하기보다는 '휴리스틱Heuristic', 즉 직관에 의존한 결정을 내리는 경향이 있다는 것이 카너먼 교수의 설명이다.

자동차를 구입하거나, 대학 진학을 앞두고 전공을 선택할 때 사람들은 아이스크림 가게 손님보다도 훨씬 더 다양한 선택지를 마주하게 된다. 그리고 각각의 선택지에는 다양한 속성이 있다. 자동차를 구입할 고객은 시중에 있는 많은 자동차를 확인해야 하고 자동차별로 가격, 품질보증, 디자인, 연비, 좌석 수 등 많은 속성을 평가해야 한다. 전공이나 대학을 선택해야 하는 수험생 상황도 마찬가지이다. 예비 대학생들은 선택할 수 있는 학교와 전공을 두고 본인의 적성, 비전, 교수진, 등록금, 통학거리 등 생각해야 할 것이 너무 많다. 이처럼 특정 선택에 앞서 고려해야 할 것이 많을 때 사람들은 총체적이고 객관적으로 평가하기보다는 직관적으로 선택하게 된다.

카너먼 교수의 오랜 조력자이자 인지심리학지인 아모스 트버스키Amos Tversky(1937~1996) 교수는 고려해야 할 것이 기하급수적으로 늘어난 상황에서 사람들은 요인별 제거법Elimination by Aspects을 전략적으로 활용한다고 설명한다. 그의 주장에 따르면 사람들은 자동차를 고르거나 대학 전공을 선택하는 의사결정을 할 때 자신만의 절대적인 기준을 가지고 해당 기준을 충족시키지 못하는 대안을 먼저 고려 대상에서 제외한다. 예를 들어, 자동차를 고를 때 연비를 절대 기준으로 생각하는 사람을 가정해보자. 그는 자동차를 고를 때 연비를 절대 기준으로 자신이 원하는 일정 수준에 미치지 못하는 차종은 즉시 구매 리스트에서 제외시킨다. 그리고 해당 기준을 통과한 차량에 한해서만 또 다른 기준으로 평가를 반복해 최종 구매 차량을 선택할 것이다.

이와 같은 방법은 고려해야 할 것이 너무 많은 상황에서 우리 뇌에 부담을 줄여줄 수 있다. 그런데 만일 앞의 사례처럼 연비를

무조건적인 다수의 지지가 아니라 상당한 합의가 이루어져 과반수의 지지를 얻은 후보나 대안이 선택될 때 투표는 더 의미가 있다.

절대 기준으로 대안을 선별하면 연비는 높지 않지만 가격이 저렴하고, 안전성이 뛰어나며, 애프터서비스 보증 기간이 길어 최적의 차량 후보가 될 수 있는 자동차도 고려 대상에서 배제되는 오류가 발생한다. 즉, 의사결정을 쉽게 하도록 휴리스틱을 사용하는 과정에서 소중한 대안을 놓치는 것이다.

앞서 예시로 들었던 요인별 제거법을 통해 의사결정을 할 때 적용하는 첫 번째 평가 기준이 절대적으로 타당한 것이라면 이는 효과적인 전략이 될 수 있다. 그런데 사람들이 여러 대안을 필터링하기 위해 사용하는 우선순위는 객관적인 근거보다는 자신의 경험이나 선입견에 따라 형성되기 쉽다. 따라서 다양한 속성을 갖고 있는 상품이나 대안을 선택할 때 고집스럽게 임의의 기준을 가지고 대안을 선별하다 보면 최적의 선택지가 초기에 탈락하는 오류를 범할 수 있다. 진로를 선택하거나 주택을 구입하는 일은 중요한 의사결정이다.

더욱이 이런 선택들은 다른 의사결정들에 비해 선택할 수 있는 대안이 많아 결정을 내리기가 더 어렵다. 중요한 의사결정을 할 때는 앞에서 소개한 요인별 제거법을 활용하면 자칫 최선이 아닌 차선을 선택할 수 있다. 요인별 제거법이 유권자들에게 주요한 역할을 하면 선거 결과는 잘못된 방향으로 결정될 수 있다. 특히 요즘처럼 가짜 뉴스가 많고, 정치적 이슈가 많을 때 자칫 선동된 이미지, 지역색, 선입견 등은 선거에 치명적인 영향을 미칠 수 있다.

그렇다면 학창시절 교과서에서 진리처럼 배웠던 보통선거, 평등선거, 대의 민주주의 시스템이 잘못된 것인가? 민주주의 역사는 많은 이들의 피와 눈물로 얻은 결과이다. 지금의 투표제도에 심각한 오류가 있으니 소수의 엘리트가 공동체의 의사 결정을 하는 것이 더 우월하다는 말은 더욱 아니다. 앞에서 살펴본 사례들은 투표제도가 이상적인 시스템이 아니므로, 투표라는 절차만 통과한다고 해서 그 결과가 항상 최선임을 보증할 수 없다는 것이다. 국민이 현재 제도의 한계를 알고 있고, 많은 국민들이 정치에 관심을 가지고 후보들에 대한 평가와 논의가 활성화되어야 한다. 여러 대안들 가운데 무조건적인 다수의 지지로 대표를 선출하는 것이 아니라 상당한 합의가 이루어져 과반수의 지지를 얻은 후보나 대안이 선택될 때 투표는 더 의미 있다.

직원이 주인의식을
가질 수 있을까?

계약이론의 원리

《봄봄》은 서정적이고 익살스러운 문체로 많은 사람들로부터
사랑을 받아온 김유정의 대표적인 단편소설이다. 결혼을 볼모로
성질이 고약한 예비 장인 봉필과 주인공인 '나'와의 갈등이 소설
의 핵심 줄거리이다. 주인공 '나'는 점순이 키가 충분히 크면 혼례
를 올리도록 해주겠다는 욕심 많은 예비 장인 봉필의 약속을 믿
고, 데릴사위로 들어와 봉필의 농사일을 머슴처럼 해준다. 순진한
주인공은 3년 반 동안 처가의 일을 하면서 때마다 언제 결혼식을
올릴 수 있냐고 장인에게 물어보지만 장인은 점순이 키가 작다는
핑계로 결혼 시기를 미루기만 한다. 시간이 갈수록 불만이 쌓인
주인공은 바쁜 농번기에 배가 아프다는 핑계로 일을 하지 않고 버

티다가 결국 장인과 대판 싸우게 된다.

김유정의 소설《봄봄》은 순박한 주인공들의 말과 행동을 통해 웃음만 주는 것이 아니라 노벨경제학상 수상자인 올리버 하트Oliver Hart(1948~)와 벵트 홀름스트룀Bengt Holmstrom(1949~) 교수의 '계약이론 Contract Theory' 원리를 이해하는 데 훌륭한 통찰을 제공한다.

다시《봄봄》속 이야기로 돌아가보자. 애당초 장인과 주인공 사이에 문제가 생긴 가장 큰 원인은 애매모호한 약속, 즉 '불완전한 계약'이다. 불완전한 계약은 계약을 하는 당사자들 간에 정보 비대칭성이 존재하거나, 계약을 한 이후 발생할 상황들을 충분히 예측할 수 없거나, 이를 계약 조항으로 만들기 어려울 때 발생한다.《봄봄》에서 계약 당사자인 '장인'과 '나' 두 사람은 모두 상대방에 비해 더 많은 정보를 가지고 있는 영역이 있다. '장인'은 주인공에 비해 점순이에 대한 더 많은 정보를 알고 있다. 장인은 태어나서 지금까지 점순이의 성장 과정을 지켜봤을 뿐만 아니라 친척들의 성장 패턴을 알고 있어 점순이가 앞으로 얼마나 더 성장할지, 또 언제까지 성장할지에 대한 정보를 주인공보다 더 많이 가지고 있다.

반면 '장인'은 '사위'에 대한 정보가 부족하다. 자신의 집에 들어와 얼마나 열심히 일을 할지, 결혼 후에는 처가의 일에 얼마나 도움을 줄지 알 수가 없다. 따라서 '장인'인 봉필은 불완전한 계약으로 손해를 볼 수 있는 불리한 상황을 애매모호한 계약으로 극복하려고 한 것이다. 자신이 더 많은 정보를 가지고 있는 계약 조항을 이용해 가능한 한 사위의 노동력으로 결혼 전에 확실한 이익을 실현하고자 한 것이다. 또 이러한 애매모호한 계약 조항은 사위로 하여금 '장인의 마음에 들어 빨리 결혼 허락을 받아야겠다'는 동기로 작용할 수 있어 사위가 더 열심히 일을 하도록 만들 수 있다.

인센티브 제도로 해결하는 '도덕적 해이'

불완전한 계약은 이야기 속에서 확인할 수 있듯이 경제적인 측면을 생각해봐도 미래에 대한 불확실성 때문에 주인공의 근로 의욕을 감소하게 했다. 이는 결국 생산량이 감소하는 나쁜 결과로 이어지기도 한다.

홀름스트룀 교수는 두 사람의 갈등 상황을 해결하고, 심지어 두 사람 모두에게 이익이 갈 수 있는 대안을 제시하여 2016년 노벨경제학상을 받았다.

홀름스트룀 교수는 이런 두 사람의 갈등 상황을 해결하고, 심지어 두 사람 모두에게 이익이 갈 수 있는 대안을 제시했고, 그에 대한 공로를 인정받아 2016년 노벨경제학상을 받았다. 그가 주장하는 계약을 하려면 먼저 '점순이 키가 자라면 결혼을 한다'는 애매한 조항 대신 명확한 근로 기간을 명시해야 한다.

그렇다면 약속한 기간에 사위가 일을 건성으로 대충 시간만 보내다 결혼 후에는 장인의 일을 나 몰라라 하는 '도덕적 해이'가 발생하는 문제는 어떻게 해결할 수 있을까? 홀름스트룀 교수는 이와 같이 고용주와 근로자 간 비대칭정보로 인해 발생할 수 있는 '도덕적 해이' 문제를 '스톡옵션'과 같은 인센티브 제도를 이용해 해결할 수 있다고 제안했다. 스톡옵션이란 회사의 주인인 주주가 자신이 고용한 전문경영인이 열심히 일을 할 수 있도록 주가가 상승했을 때 이익을 얻을 수 있는 인센티브를 제공하는 것이다. 만일 전문경영인이 정해진 임금만 받는다면 주주들이 감독할 수 없는 영역에서는 최선을 다하지 않을 것이고, 자신의 이익과 회사의 이익이 대치될 때는 자신에게 더 유리한 의사결정을 할 것이다.

이에 반해 스톡옵션을 소유한 전문경영인은 기업의 가치가 증가하면 자신의 이익도 증가하므로 주주가 일일이 감시하지 않더라도 회사의 이익을 위해서 의사결정을 하고 열심히 일할 가능성이 높다. 《봄봄》에서도 스톡옵션 제도의 형태와 비슷하게 사위가 농작물을 1년 동안 애써 수확하면 미리 정한 일정 양만 장인이 먼저 갖고, 그 이상의 수확물에 대해서는 서로 지분을 정해 나누기로 약속한다면 사위는 장인의 논밭에서 자기 일처럼 열심히 일을 할 것이고, 결혼 후에도 장인의 일을 꾸준히 도와줄 것이다.

도덕적 해이에 대한 사례는 실생활에서 쉽게 찾을 수 있다. 한 동안 택배회사 기사들의 수입이 언론에 공개되어 주목을 받았던 적이 있다. 한 달에 1,000만 원 넘는 수입을 가져가는 택배기사에 관한 뉴스였다. 택배회사마다 택배기사에게 임금을 지급하는 방식이 조금씩 다른데, 화제가 되었던 택배회사는 택배기사들이 배달하는 물량에 따라 보상을 지급하는 임금체계를 가지고 있었다. 택배회사와 택배기사가 정해진 업무시간만 채우면 일정한 월급을 지급하는 방식으로 근로계약을 하면 회사는 택배기사들이 성실히 일을 하는지 항상 감시해야 하고, 배달 물량이 갑자기 증가하면 추가 배달을 위해 택배기사들을 설득하고 추가 수당을 위한 협상을 다시 해야 한다. 그런데 배달 물량에 따라 임금을 지급하는 방식을 채택하면 택배기사들은 누가 시키지 않아도 지름길을 찾고, 효율적으로 물건을 고객에게 전달할 수 있는 방안을 스스로 강구한다.

'효율적 임금' 역시 노동시장에서 도덕적 해이를 방지할 수 있는 대안 가운데 하나이다. 효율적 임금이란 특정 기업이나 고용주가 비슷한 업무를 수행하는 노동자들의 평균 임금보다 자신의 직원들에게 더 높은 임금을 지급하는 것을 말한다. 이런 '효율적 임금'은 실업률을 증가시키는 대표적인 원인으로 손꼽힌다. 이처럼 효율적 임금은 실업을 증가시키며, 기업의 이윤을 감소시켜 누구도 환영하지 않을 것 같은 제도인데 아직도 사라지지 않고 많은 기업들이 채택하는 이유는 무엇일까?

가령 노동자들이 현재 직장을 그만두고 새로운 직장을 찾았을 때 받게 될 임금이 현재 소득과 큰 차이가 없다면 노동자들은 현재 직장에 대한 충성도가 높지 않고 성실하게 일할 유인도 크지 않다. 자신의 불성실한 태도가 상관에게 보고되어 퇴사를 하더라도 비슷한 직종에서 쉽게 일자리를 찾을 수 있기 때문이다. 그러나 다른 기업에 비해서 임금이 확연히 높다면 노동자들은 해당 직장에서 계속 근무하기 위해 평소 성실하게 일을 한다. 즉, 효율적 임금을 지급하면 노동자들의 근무 태도를 면밀히 평가하지 않아도 일하는 사람들이 상대적으로 성실하게 자기 일을 하고 장기간 회사에 근속하도록 만들어 기업의 생산성을 증가시킬 수 있는 것이다.

산업혁명 이후 제조업 기반의 경제에서 도덕적 해이는 쉽게 해결할 수 없는 어려운 숙제였다. 그러나 감춰진 정보라는 것은 시간이 지나면 드러나게 마련이며 정보통신기술ICT이 발전함에 따라 노동시장은 더 유연해지고 인적자본에 대한 정보를 공유할 수 있는 시스템은 더 보편화하고 있다. 내가 하는 일을 상사나 고용주가 당장은 정확히 알 수 없더라도, 과거와 달리 일을 대충하는 것보다 성실하게 처리하는 장인정신이 미련한 것이 아니라 지금은 오히려 장기적으로 자신의 이익을 증대시키는 현명한 전략이 될 수도 있다.

기업들 간의 불완전한 계약

비대칭정보나 불확실성으로 인해 나타나는 불완전한 계약은 기업 내부에서 고용인과 근로자 사이에서만 발생하는 것이 아니라 기업들 간의 거래에서도 나타날 수 있다. 기업들 간의 거래에서 발생하는 불완전한 계약에 대해 연구하고 대안을 제시한 학자가 바로 같은 해 노벨경제학상을 공동으로 수상한 올리버 하트 교수이다.

기업들 간의 계약은 거래 규모가 크고 경험이 많은 전문가들에 의해서 이뤄지므로 개인들의 계약서 내용과 형식에 비해 훨씬 정교하다. 그러나 기업 간의 계약이라도 앞서 살펴본 사례와 같이 계약 당사자 간에 정보비대칭성은 존재하고, 계약 당시에는 향후 발생할 모든 상황을 예상할 수 없기 때문에 불완전한 계약을 할 수밖에 없다. 이해를 돕기 위해 간단한 사례를 생각해보자. 여러 개의 매장을 가지고 있는 치킨 판매 기업과 치킨을 주문하면 따라오는 치킨무를 생산하는 기업 간에 계약을 상정해보자. 치킨무를 생산하는 기업 입장에서는 납품하는 무의 가격을 계약서에 명시하는 것이 부담이다. 원재료인 무의 가격이 수시로 변동하기 때문에 현재의 무 가격을 기준으로 납품 단가를 책정했다가 무값이 폭등하면 상황에 따라서는 상품을 생산할수록 손해를 볼 수 있기 때문이다.

만일 이러한 이유로 치킨무 생산 기업의 주장이 계약에 반영되

납품가액이 정해져 있을 때 치킨무 기업은 값싼 무를 찾으려 하겠지만, 무 가격에 일정 이익을 더하는 형태가 된다면 원가 절감을 위해 노력할 필요가 없다.

어 납품 가격을 주요 재료인 무 가격에 일정 이익을 더하는 형태로 명시했다고 해보자. 그러면 치킨무 생산 기업 입장에서는 미래의 불확실성을 제거할 수 있어 좋지만, 무를 납품받는 치킨 판매 기업 입장에서는 또 다른 불확실성을 감수해야 한다. 치킨 기업은 치킨무를 생산하는 기업이 더 이상 원재료 가격을 절감하기 위한 노력을 기울이지 않고 높은 원가 비용을 자신에게 떠넘기는 행위를 감시해야 한다. 즉, 납품 가액을 일정 금액으로 사전에 명시했을 때 치킨무 생산 기업은 어찌 하든 이익률을 높이기 위해 적극적으로 값싼 무를 찾기 위한 노력을 했지만, 이제는 굳이 힘들여서 원가 절감을 위한 노력을 할 필요가 없어진 것이다. 다시 말해 치킨무 생산 기업의 '도덕적 해이'가 나타날 위험이 높아진다.

또 갑자기 치킨 판매량이 늘어 대량의 치킨무가 필요해졌을 때 치킨기업은 치킨무 생산 기업에 추가로 생산 기계를 더 구매해 생산량을 증가시킬 것을 요청할 수 있다. 이때 치킨무를 생산하는 기업은 치킨 판매 기업의 요청이 부담스러울 수 있다. 치킨 판매 기업의 요청으로 새로운 기계를 도입했다가 치킨 수요가 감소해 새로운 기계가 쓸모없어지면 기계 구입비는 매몰비용으로 전락하기 때문이다.

따라서 치킨무 생산 기업은 새로운 기계를 도입하는 대신 앞으로 더 많은 양의 치킨무를 의무적으로 매입해줄 것을 계약서에 넣자고 요청할 수도 있다. 이처럼 기업 간의 거래 역시 미래에 대한 불확실성과 향후 상대방의 행동에 대한 정보비대칭성으로 인해 완전한 계약을 하기 힘들다. 각자의 불확실성과 정보비대칭성을 해소하기 위해 서로에게 유리한 계약조건을 제시하고 이를 조율하는 데 많은 시간과 노력이 수반된다. 특히 새로운 투자로 두 기업 모두 이익을 볼 수 있는 상황일지라도 서로 독립적인 기업들 간에는 계약으로 이것들을 조율하는 것이 한계가 있어 투자를 주저하게 된다.

따라서 올리버 하트 교수는 보완적인 성격이 강해 두 기업 간에 시너지 효과가 클 때는 계약 비용을 절감할 수 있도록 합병하는 것이 더 효율적이라고 주장한다. 또 하트 교수는 민간의 계약

뿐만 아니라 공공 영역의 계약도 어떻게 설계하는 것이 효율적인지 연구하고 대안을 제시했는데 이러한 연구는 모두 비대칭정보로 인해 유익한 경제적 거래가 제약받는 것을 극복하는 방법에 관한 것이다. 거래에서 정보라는 것이 계약과 경제적 행위의 효율성을 결정짓는 데 얼마나 중요한 역할을 하는지 새삼 되돌아볼 만하다.

투자에 관심이 있다면
꼭 알아야 하는 금리

마시멜로 실험, 투자에는 인센티브가 필수

어떤 남자가 유치원에 있는 4세 아이들에게 재미있는 제안을 했다. "아저씨가 지금 잠깐 나갔다가 15분 후에 돌아올 거야. 그동안 책상 위에 있는 마시멜로를 먹지 않고 기다리고 있으면 돌아와서 마시멜로를 하나 더 줄게." 600여 명의 아이들은 같은 장소에서 동일한 제안을 받았고 그 가운데 30%만 마시멜로를 먹지 않고 유혹을 참아 보상을 받았다. 이 이야기는 사실 이미 많은 사람이 잘 알고 있는 '마시멜로 실험Standford Marshmallow Experiment'이다. 스탠퍼드대 교육심리학자인 월터 미셸Walter Mischell(1930~2018) 박사는 애초에 어린아이들의 자기 통제력에 관한 연구를 위해 이 실험을 설계했다. 1965년 시행됐던 1차 실험은 세간의 주목을 받지 못했지만 2차 연구 결과는 많은 이들의 주목을 받았다. 1차 실험에 참여했던 아이들 가운데 마시멜로를 먹지 않고 기다린 아이들은 15년 후 대학입학시험SAT에서 상대 그룹보다 평균적으로 210점 가량 더 높은 점수를 받았기 때문이다. 이 실험의 결과가 처음 발표되자 사람들은 자기 통제력, 즉 '만족 지연력Delay of Gratification'이 미래의 성공과 직결될 뿐만 아니라 이것은 이미 어린 시절에 형성되는 것이라고 생각했다.

월터 박사의 2차 실험 결과가 많은 사람들에게 주목받으면서 원래 실험 의도와는 다른 다양한 분석과 해석이 전문가들 사이에서 나왔다. 월터 박사가 실험을 통해 밝힌 어린 시절 자기 절제와 성공의 상관관계는 어린아이들의 절제력을 강화시키는 훈련이 교육적으로 매우 중요하다는 것을 시사한다. 반면 어떤 전문가들은 이 실험을 다른 측면에서 분석하고 해석했다. 그들은 '자기 절제력'은 날 때부터 변치 않는 개인의 고유한 특성이 아니라 주변 환경, 특히 부모의 보상과 관련한 양육 방침과 밀접한 연관이 있다는 분석이다. 이들 분석에 따르면 마시멜로를 먹지 않고 기다린 그룹의 부모들은 평소 자녀와의 약속을 잘 지켰던 반면 그렇지 않은 그룹의 부모들은 자녀와의 약속을 잘 지키지 않았다.

이처럼 교육학이나 심리학에서는 '마시멜로 실험'에 대한 구조적 타당성이나 해석의 방향성을 두고 여러 의견이 있었지만 경제학에서만큼은 매우 강력하게 기존 재무이론과 화폐금융이론을 뒷받침하는 증거가 됐다. 600여 명의 실험 참가자 가운데 70%인 대다수 아이들은 미래 수익보다는 현재의 소비를 더 선호했다. 즉, 절대 다수의 사람들은 선천적으로 미래보다는 현재의 소비를 더 선호한다는 전통적인 경제·재무 이론들이 어린아이들을 통해 또한 번 증명된 것이다. 이러한 아이들의 행동은 금융시장에서 잉여 자금을 가진 사람들의 투자를 유치하려면 '이자'라는 인센티브가 필요하며, 투자 의사를 결정할 때 미래의 수익을 '현재 가치'로 할 인하는 계산 원리에 가장 본질적인 근거가 된다.

아직 인내심이 부족한 어린아이들을 대상으로 한 실험 결과로 '유동성 선호 이론'과 '화폐의 시간 가치' 개념까지 설명하려는 것은 지나친 일반화라고 반박할 수도 있다. 그렇다면 성인들은 아이들과 다를까? 새해 첫날이면 일출을 보기 위해 많은 사람들이 전국의 해돋이 명소로 모여들었다. 많은 이들이 일출을 보며 '올해는 금연하자', '다이어트에 성공하자', '열심히 공부해서 시험에 합격하자' 등 올해 소원을 빌기도 하고, 목표를 이루기 위해 자기 자신과 약속을 한다. 일출을 보러 갔던 사람들 가운데 이런 계획들을 연말까지 지속적으로 지켜 목표를 이룬 사람은 얼마나 될까? 해마다 연초에 스스로 했던 약속들을 지켜왔다면 지금 나는 어떤 모습을 하고 있을까?

개인마다 자기와의 약속을 지키지 못한 구체적인 이유는 다양하지만 많은 중도 포기자들의 공통적인 원인을 분석해보면 대부분 앞서 살펴본 '먼 미래보다 가까운 미래, 가까운 미래보다 현재를 더 선호하는 성향'과 긴밀한 관계가 있었다. 이들은 1년 뒤 얻게 될 '좋은 성적', '건강', '날씬한 몸매'보다는 지금 이 순간의 만족, 편안함, 달콤함을 더 선호한다. 이처럼 어른, 아이 할 것 없이 많은 사람들은 미래보다 현재를 더 좋아한다. 그래서 금융시장에는 원활한 자금 수급을 위해 '이자'라는 인센티브가 존재한다.

정부의 재정정책, 어떤 것이 답일까?

2008년 글로벌 금융위기, 2020년 코로나19 팬데믹 시기 전 세계적인 저금리 현상을 사람들의 인내심, 미래에 대한 참을성만으로 설명하기에는 한계가 있다. 금리에는 현재 소비를 포기한 것에 대한 보상뿐만 아니라 물가 상승에 따른 구매력 감소와 미래 채무 불이행 위험에 대한 보상까지 함께 포함되어 있다. 그런데 그동안 세계 경제는 경기 침체가 장기간 지속되면서 투자와 소비가 위축되어 자금에 대한 수요는 전보다 감소한 반면 0%대 인플레이션이 지속되면서 구매력 감소에 대한 보상이 불필요해졌다. 또 경기 부양을 위한 정부의 확장적 통화정책까지 가세하면서 저금리 현상이 지속되고 있었다. 그렇지만 앞서 살펴본 바와 같이 보통의 인간은 본질적으로 현재를 더 선호한다. 금융시장에서 '0% 금리'나 '마이너스 금리'는 일반적인 상황이 아니라 이례적인 현상이었다고 할 수 있다. 장기에 걸친 재무의사결정을 할 때 저금리가 막연히 지속될 것이라는 예상은 자칫 위험을 초래할 수 있다.

그렇다면 중앙은행은 왜 인간의 본성을 거스르는 저금리 정책

금융시장에는 원활한 자금 수급을 위해 '이자'라는 인센티브가 존재한다.

을 해왔던 것일까? 정부는 병원을 짓거나 빵을 나눠주는 직접적인 방법으로 국민의 생활을 지원하기도 하지만 대부분 경기부양 정책은 일자리를 늘리고 보조금을 지급해 가계 소득을 증가시키는 것이다. 경기를 조절하는 경기안정정책은 크게 재정정책과 통화(금융)정책으로 나눌 수 있다. 재정정책은 예산과 조세를 관리하는 경제부처가 세금 징수와 정부 지출을 확대하거나 축소하는 것이다. 통화(금융)정책은 중앙은행이 기준금리나 통화량을 조절해 실물경제에 변화를 주는 정책을 말한다. 2008년 글로벌 금융위기 직후 세계 경제가 심각한 수준으로 침체되어 많은 사람들이 일자리를 잃거나 소득이 감소했을 때 많은 정부가 경기를 활성화시키는 정책을 시행했다. 이 시기 각국 정부는 세율을 인하하고 공공

사업을 전보다 큰 폭으로 확대했다. 중앙은행 역시 정부와 같이 침체된 경기를 부양하기 위해 금리를 인하하고 통화량을 증가시켰다.

2020년 코로나19 바이러스가 전 세계적으로 확산되었을 때도 마찬가지이다. 글로벌 금융위기에서 벗어나 자산 가격이 상승하기 시작하면서 서서히 금리를 인상하고 있던 연준Fed(연방준비제도)과 세계 각국 중앙은행들은 2018년, 2019년 금리를 인상하기 시작했다. 그런데 2020년 코로나19 바이러스가 전 세계적으로 빠르게 확산되자 다시 기준금리를 0%대로 인하하고, 정부는 막대한 예산을 전염병 예방과 저소득층 소득 보존을 위해 투입했다.

그렇다면 정부는 경기 침체 후 모처럼 경기가 살아나는 분위기에 찬물을 끼얹을 수도 있는 긴축적 재정정책이나 금융정책을 실시할 필요가 있을까? 전통적인 경제 이론에 따르면 정부의 올바른 재정정책은 흑자재정이나 적자재정이 아니라 균형재정이다. 정부가 거둬들이는 세금만큼만 계획대로 지출하는 것이 바람직하다는 것이다. 경기 부양을 위해 세입보다 많은 금액을 지출하는 재정적자가 지속되면 경제에 심각한 부작용이 발생할 수 있다. 통화정책 역시 마찬가지이다. 통화당국의 가장 중요한 정책 목표는 실물거래가 원활히 이뤄지도록 통화량을 관리해 안정적인 물가 수준을 유지하는 것이다.

그런데 경기가 급격히 침체되거나 전쟁과 같은 극단적인 위기에 처했을 때는 이를 극복하고자 2008년과 2020년과 같은 극단적인 확장적 통화정책을 시행하기도 한다. 즉, 현재 정부의 수입(세입) 규모에서는 감당하기 어려운 많은 수준의 지출을 하고, 통화당국은 실물 거래에 필요한 통화량보다 훨씬 더 많은 양의 돈(유동성)을 시중에 공급한다. 이 같은 경기 부양 정책은 경제가 위급한 상황에서 한시적으로 사용해야 하며, 경제가 위기에서 벗어나면 반드시 재정적자와 통화량을 줄여야 한다. 이를 지속하면 경제의 장기 성장 동력을 훼손시키는 심각한 부작용이 곳곳에서 나타나기 때문이다. 특히 돈을 많이 푸는 확장적 재정정책과 통화정책은 자산 가격에 버블을 형성하고 임금과 물가상승을 촉발하는 부작용을 낳기도 한다.

정부의 재정적자와 확장적 통화정책으로 나라 전체 생산 규모를 훨씬 상회하는 돈이 시중에 유통되기 때문에 '돈'의 가치가 떨어지고 물가가 상승하는 것이다. 무엇보다 사람들이 '돈'의 가치가 하락할 것을 염려해 생산적인 활동에 시간과 노력을 투입하기보다 자산 가격 버블에 편승하기 위해 더 많은 노력을 기울이게된다. 이러한 현상은 예외 없이 투기 열풍으로 이어져 경제의 생산성 저하를 불러온다는 사실은 짧지 않은 자본주의 역사에서 수많은 투기광풍의 사례를 통해 익히 알고 있다. 투기광풍은 승자와 패자를 명확히 나누는 제로섬 게임Zero-sum Game에 불과하며 경제 성장에는 백해무익함은 두말할 나위가 없다. 이 과정에서 부를 축적한 사람들은 남의 몫을 뺏어간 것일 뿐이니 경제에 무슨 도움이 되겠는가? 오히려 나도 저들처럼 제로섬 게임에서 승자가 될 수 있다는 헛된 꿈만 독버섯처럼 퍼뜨릴 뿐이다.

생존을 위해 금리 변화를 읽어라

1997년 외환위기, 2008년 글로벌 금융위기처럼 경제 외부에 예기치 않았던 충격이 발생하면 버블경제는 민낯을 드러내고 급격히 침체하게 된다. 과거 일본이나 서브프라임 당시 세계 경제가 경험한 바와 같이 버블이 터지면 경제활동은 평상시보다 위축되고 국민소득도 훨씬 낮은 수준으로 떨어져 많은 사람들이 고통받게 된다. 집값과 주식 가격은 투자를 위해 빌린 대출금액을 상환할 수도 없을 정도로 떨어져 많은 이들이 파산하고, 기업들은 도산해 상당수 사람들이 일자리를 잃게 된다. 일반적으로 이 같은 버블 붕괴로 갑작스럽게 경기가 침체하면 거품으로 누렸던 일시적 달콤함보다는 더 오랜 기간 저성장과 실업의 고통을 경험하게 된다. 따라서 각국 정부는 경기 침체로 확장적 재정정책을 시행하더라도 일정 시기가 지나 실물경제가 어느 정도 회복했다는 판단이 들면 버블이 형성되는 것을 예방하기 위해 그동안 진행해오던 경기 부양 정책을 약화시키거나 철회한다. 최근 미국과 한국의 중앙은행이 긴축적 통화정책으로 정책 기조를 변경하려고 하는 것도 이 같은 이유에서이다.

2020년 연준을 비롯한 세계 각국 중앙은행들은 2008년 글로벌 금융보다 더 많은 유동성(통화)을 시중에 풀었다. 그 결과 미국의 증시뿐만 아니라 유럽과 한국 증시 역시 코로나19 이전보다 더 높은 수준으로 주가가 가파르게 상승했다. 중앙은행의 확장적 통화 정책으로 자산 시장의 유동성은 크게 증가했다. 주식뿐만 아니라 부동산과 원자재를 비롯해 가상자산(암호화폐) 등 거의 대부분의 자산 가격이 급격하게 상승했다. 전염병의 확산으로 비대면 거래와 의료 산업의 수요는 크게 증가했지만 다른 산업의 펀더멘털은 오히려 약화되었다. 그러나 증권거래소에 상장된 대다수의 주식 가격은 코로나19 이전 수준보다 더 높은 수준으로 상승했다.

주택 가격 역시 한국뿐만 아니라 미국과 유럽 지역도 평균 30% 이상 상승했다. 시장에 투자할 수 있는 여유 자금이 늘자 전통적인 투자자산뿐만 아니라 비트코인과 같은 가상자산을 비롯해 국제 선물 거래소의 주요 원자재 가격 역시 크게 상승했다. 게다가 천연가스와 밀 등 주요 에너지, 곡물을 시장의 절대적인 비중을 차지하던 러시아와 우크라이나 사이에 전쟁이 발생하자 원자재 가격은 더욱 가파르게 상승했다. 공교롭게도 물가를 인상시키는 요인들이 연이어 발생하며 일본을 제외한 대다수 국가의 소비자 물가는 1980년 2차 오일쇼크 이후 가장 높은 수준으로 상승한다.

이제 경제에 관심이 조금이라도 있는 사람들은 주택 가격을 잡을 수 있는 가장 확실한 정책이 무엇인지 눈으로 확인하게 되었다. 그리고 물가를 안정시킬 수 있는 제일 효과적인 수단이 무엇인지도 알게 되었다. 바로 중앙은행이 기준금리를 인상시켜 자금시장의 돈줄을 죄는 것이다. 미국의 중앙은행인 연준은 빅스텝

'영끌족'들에게는 가슴 아픈 일이지만 급격한 금리 인상은 부동산 시장에 유입되는 자금시장의 돈줄을 옥죄어 부동산 가격에 큰 변화를 초래했다.

Big Step, 자이언트 스텝Giant Step이라는 무시무시한 표현처럼 그동안 0.25%p씩 인상하던 금리 조절 관행(베이비스텝Baby Step)에서 벗어나 2배, 3배에 해당하는 0.5%p(빅스텝), 0.75%p(자이언트 스텝)씩 빠른 속도로 기준금리를 인상했다. 연준이 금리를 인상하니 해외 자본 유출을 우려한 유럽 중앙은행과 한국은행 등 다른 나라 중앙은행들도 잇따라 기준금리를 급격히 인상시켰다.

'영끌족'들에게는 가슴 아픈 일이지만 급격한 금리 인상은 부동산 시장에 유입되는 자금시장의 돈줄을 옥죄어 부동산 가격에 큰 변화를 초래했다. 2020년 이후 급격히 상승했던 주택가격은 2023년 초부터 하락 전환한 것이다. 앞서 살펴본 바와 같이 금리는 인간이 현재 소비를 더 선호하는 본능을 바탕으로 금융시장에서 자금을 모으고 대차거래를 하는 데 핵심적인 시장의 가격과 같은 역할을 한다. 금리에 따라 시중에 돈이 풀려나가기도 회수되기도 하며, 자금시장에 유통되는 돈의 양이 바뀌며, 이는 부동산, 금, 주식, 채권 등 자산 가격을 밀어올리기도 끌어내리기도 한다. 2008년 금융위기 이후 우리는 항상 낮은 금리에서 집을 사고, 대출을 받아 주식에 투자해왔으며 오랜 기간 이러한 금융환경에 익숙해져 있었다.

코로나19 팬데믹 초기 마스크 가격은 평소보다 10배 이상 높은 가격으로 거래되다가 지금은 예전보다도 더 싼 가격에 판매되고 있다. 금리는 금융시장에서 돈의 값어치를 나타내는 '가격'이다. 금리는 시시각각 변하고 그 변화 추세도 시기마다 달라진다. 그 변화에 빠르게 적응하고 판단하는 사람들만이 자신의 부를 지키고 관리할 수 있다. 돈을 버는 것도 중요하지만 자신의 시간과 노동력을 팔아 벌어들인 돈의 가치를 지키는 것에는 또 다른 역량이 필요하다. 그 역량의 핵심은 거시환경에 대한 이해, 그중에서도 특히 금리에 대한 이해와 그 향방에 대한 식견이다. 이제 금리의 변화를 읽는다는 것이 복잡하고 위험천만한 금융자본주의 시장경제라는 정글에서 경제적 생존을 위해 얼마나 중요한 것인지 느껴지는가?

우리의 DNA는
평등을 좋아한다

금수저 vs 엄친아, 불평등과 형평성?

몇 년 전까지만 해도 '엄친아', 즉 '엄마 친구 아들'이라는 말이 유행했다. 공부면 공부, 취업이면 취업, 못하는 게 없고 운동도 잘하고 뛰어난 사교성까지 모든 것을 갖춘 이들을 엄마 친구 아들이라고 불렀다. 현실에서 존재하지 않을 것 같은 이들은 어머니들이 또래 모임에서 친구의 허풍 섞인 자식 자랑을 곧이곧대로 믿고 집에 와서 평범한 자기 자녀들의 마음을 상하게 하는 비교 대상이었다. 그런데 요즘은 동경의 대상이던 엄친아 자리를 '금수저'라는 새로운 개념이 대체했다.

금수저는 엄친아와 같이 부러움의 대상이긴 하지만 엄마 친구 아들과는 성격이 조금 다르다. 엄친아는 본인의 노력으로 학벌,

직업 등 평범한 이들이 원하는 많은 것을 가진 사람을 뜻한다. 그래서 엄친아와 비교되는 것은 기분이 나쁜 일이지만 한편으로 자신의 불성실함이나 나태함을 돌아보는 계기가 됐다. 반면 금수저들은 부러움의 대상이긴 하지만 자신의 능력이 아니라 노력 없이 부모로부터 물려받은 재력으로 얻은 지위인 만큼 이들에 대한 시선이 곱지만은 않다.

그렇다면 경제학자들은 금수저에 대해 어떻게 생각할까? 사회적 불평등과 형평성에 대해 어떤 생각들을 갖고 있을까? 많은 사람이 소득 분배와 형평성 이야기를 들으면 지니계수Gini Coefficient(소득불평등을 측정하는 가장 대중적인 경제지표)를 고안한 코라도 지니Corrado Gini(1884~1965)를 가장 먼저 떠올릴 것이다. 그런데 효율적 자원 배분 기구로서 시장경제의 탁월함을 확신하는 경제학자들이 분배를 이야기할 때 빼놓지 않는 사람은 바로 빌프레도 파레토 Vilfredo Pareto(1848~1923)이다. 이는 파레토가 제안한 '파레토 효율Pareto Efficiency'이라는 개념이 시장경제 체제와 경쟁을 강조하는 학자들이 원하는 소득 분배에 관련한 제도와 정책의 당위성을 주장할 때 철학적·이론적 근거를 제공하기 때문이다.

'효용'은 경제 주체들이 어떤 선택을 했을 때 결과적으로 얻은 만족의 크기를 뜻하는 경제 개념이다. 사람들은 자신의 결정으로 얻은 결과물의 '효용'을 잘 알고 있다. 그러나 수많은 개인이 모인 사회 단위의 효용은 쉽게 측정할 수 없다. 효용은 '이것이 좋다', '저것이 이것보다 더 좋다'와 같이 개인적인 차원에서 서수적 효

파레토는 사회 전체의 효용, 즉 사회후생을 비교할 수 있는 방법으로 '파레토 효율'이라는 개념을 고안했다.

용Ordinal Utility으로만 알 수 있을 뿐 다른 사람의 만족도와 객관적으로 비교할 수 있도록 수치화하는 것은 불가능하다. 예를 들어, '이 사과는 맛있고, 저 바나나는 맛이 없다', '첫 번째 먹었던 사과가 두 번째 먹었던 사과보다 맛있다'와 같은 개인적인 판단은 쉽게 할 수 있지만 사과로부터 내가 얻은 만족감이 다른 사람이 사과를 먹고 느낀 만족감보다 얼마나(몇 배) 더 크거나 작은지 비교하는 것은 어렵다는 것이다.

  개인의 효용을 서로 비교하는 것이 불가능하다고 생각한 파레토는 사회 전체의 효용, 즉 사회후생Social Welfare을 비교할 수 있는 방법으로 '파레토 효율'이라는 개념을 고안했다. 파레토는 개인들의 효용은 서로 비교할 수 없으므로 특정한 사회적 선택으로 일부 구성원이 손해를 본다면 나머지 사람들의 효용이 아무리 드라마틱하게 증가해도 새로운 사회후생이 이전보다 개선됐다고 할 수 없다고 주장했다. 이해를 돕기 위해 극단적이지만 간단한 사례를 생각해보자.

한 사람이 사과 1,000개를 가지고 있고 나머지 10명은 사과를 전혀 가지고 있지 않은 경제 상황을 예로 들어보자. 1,000개의 사과를 가진 사람에게 10개의 사과가 주는 만족은 미미한 수준일 것이다. 반면 사과가 없던 사람들에게 처음 먹게 된 사과는 굉장히 맛있을 것이다. 따라서 직관적으로 1,000개의 사과를 가진 사람이 10개의 사과를 10명에게 나눠주는 선택은 사회후생을 증가시킬 수 있는 결정으로 생각할 수 있다. 그러나 파레토에 따르면 사과를 1,000개 가진 사람에게 감소한 효용의 크기와 난생 처음 사과를 먹게 된 10명이 얻은 효용의 크기를 객관적으로 비교하는 것은 불가능한 일이다. 따라서 파레토는 사회후생을 증가시키기 위해서는 소득을 재분배하는 것보다 생산성을 향상시켜야 한다고 주장했다.

파레토는 현재 주어진 자원을 효율적으로 분배해 어떤 사람에게도 피해를 주지 않고 다른 사람의 효용이 증가할 수 없는 상태를 '파레토 효율Pareto Efficiency' 혹은 '파레토 최적Pareto Optimum'이라고 했다. 이후 '파레토 효율'의 개념은 '경제학자들이 뽑은 20세기 위대한 경제학자' 1위로 선정된 케네스 애로Kenneth Arrow(1921~2017,

1972년 노벨경제학상 수상)가 완전경쟁시장에서 자원을 가장 효율적으로 활용한 상태는 '파레토 효율'이라는 사실을 수리적으로 증명하면서 더 유명해졌다. 이후 파레토의 이론은 시장경제와 경쟁 체제를 지지하는 학자들에게 마치 '전가의 보도'처럼 받들어졌다.

그러나 만일 파레토가 살아 있었다면 자신의 이론 중 일부인 '파레토 효율'만을 칭송하며 소득 분배에 대한 정부 개입을 최소화하는 논리로 인용하는 이들을 본다면 몹시 답답할 수도 있을 것 같다. 파레토는 '엘리트 순환Elite Circulation'이라는 개념을 이용해 사회 계층 이동의 유연성과 기회의 평등을 강조하기도 했다. 즉, 개인의 효용을 비교하는 것이 불가능하기 때문에 인위적인 소득 분배는 지양해야 하지만 경쟁을 통한 소득 계층 간 이동, 특히 상위 계층으로의 이동은 유연해야 함을 강조했다. 파레토는 '엘리트 순환' 이론을 통해 각 계층에 있는 개인들이 갖춘 역량과 그들이 들인 노력에 따라 상위 계층이 역동적으로 바뀌지 못하고, 소수가 지나치게 많은 소득을 독차지한 상태가 장기화되면 필연적으로 혁명과 같은 체제 전복 시도가 발생한다고 주장했다.

100년 전 경제학자인 파레토가 지금의 우리들에게 가르쳐 주고 있는 사실은 무엇일까? 그는 남의 것을 빼앗는 것만 악한 행위가 아니라 충분히 공공복리를 개선할 수 있는 기회가 있음에도 이를 적극적으로 활용하지 않고 나쁜 상태 그대로 두는 게으른 선택도 악한 행위일 수 있다고 봤다. 또 지속적 성장을 위해서는 경쟁과 효율성은 인정하되 기회의 균등과 능력에 따른 활발한 계층 간 이동이 가능한 사회를 조성해야 함을 강조했다. 공정경쟁과 계층 간 이동은 사회적 성취에 대한 사회적 공감대를 형성하는 토대로 건강한 경쟁과 발전의 밑거름이 되기 때문이다.

독재자 게임으로 확인할 수 있는 평등 DNA

평등과 형평성에 대한 개념은 4차 산업혁명으로 기술이 고도화되고, 산업이 발전함에 따라 더욱 주목받고 있다. 이제 부의 불평등은 자본주의 체제가 보완해야 하는 가장 큰 숙제가 되었다. 이런 평등에 대한 개념은 파레토 이후 행동경제학자들에 의해 다른 측면으로 주목받고 있다.

한 아버지가 두 형제의 우애를 시험해보기로 마음을 먹었다. 아버지는 먼저 형에게 10만 원을 주면서 받은 돈 가운데 일부를 동생에게 원하는 만큼 나눠주라고 했다. 대신 동생에게는 형의 제안이 마음에 들지 않으면 거절할 수 있고, 동생이 제안을 거절했을 때는 둘 다 돈을 가질 수 없다는 조건을 추가로 달았다. 만약 당신이 형이라면 동생에게 얼마를 제안하겠는가. 또 당신이 동생이라면 형이 제안한 금액을 얼마까지 받아들일 수 있을까?

사실 위 사례는 1982년 베르너 귀트Werner Guth(1944~) 독일 훔볼트대 교수가 처음 고안했으며, 노벨경제학상 수상자인 대니얼 카너먼Daniel Kahneman(1934~) 교수의 독재자 게임의 모티브가 된 최후통첩 게임Ultimatum Bargaining Game이다. 일정 금액을 짝을 이룬 첫 번째 사람에게 주면 돈을 받은 첫 번째 사람은 금액의 일부를 두 번째 사람에게 제안하고, 제안을 받은 사람은 해당 금액을 수락할 수도 있고 거절할 수도 있다. 대신 첫 번째 사람의 제안을 거절하면 두 사람은 모두 돈을 가질 수 없다. 이 실험은 여러 나라에서 서로 다른 조건으로 진행됐으나 실험 결과는 비슷한 수준으로 수렴했다. 돈을 받은 첫 번째 사람은 평균적으로 받은 돈의 40%가량을 두 번째 사람에게 나눠줬고, 많은 사람이 이러한 제안을 받아들였다. 반면 첫 번째 사람이 자신에게 제안한 금액이 총 금액의 25%에 미치지 못했을 때는 다수의 사람이 그 제안을 거절했다.

많은 사람이 위 실험의 결과를 두고 고개를 끄덕일 것이고, 이는 상식적인 수준에서 금액을 배분하는 비율과 거절하는 기준이 형성됐다고 볼 수 있다. 그러나 전통적인 경제학적 사고를 하는 경제학자들에게 최후통첩 게임 결과는 충격적이라 할 수도 있다. 왜냐하면 실험에 참여한 대다수 사람이 합리적인 인간과는 거리가 먼 행동들을 했기 때문이다. 경제학에서 말하는 합리적인 인간은 어떠한 상황에서도 자기 이익을 극대화하기 때문에 첫 번째 사람은 자신이 제안할 수 있는 최소한의 금액만 제시하고, 수락하는 사람은 그 제안이 '0원'이 아닌 이상 받아들여야 한다. 제안을 받아들이는 사람의 입장에서는 거절하면 둘 다 이득을 얻을 수 없지만 제안을 받아들이면 아무리 적은 금액이라도 이득을 얻기 때문에 제안을 수락하게 된다. 즉, 형평성에 대한 가치 판단을 하지 않는 중립적인 인간이라면 아무리 적은 금액이라도 제안을 받아들일 수밖에 없고, 이를 잘 알고 있는 첫 번째 사람은 당연히 최소한의 금액만 제시해야 한다.

그런데 위에서 살펴본 바와 같이 귀트 교수의 실험은 인간이 이익을 최적화하는 중립적인 판단보다 형평성을 고려한 가치 판단에 의미를 더 부여한다는 것을 증명했다. 경제 현상과 인간의 뇌를 연구하는 신경경제학자들 역시 유사한 실험에서 불공정한 처우를 받았을 때 인간의 뇌가 분노할 때와 비슷한 반응을 보인다는 사실을 추가로 확인했다. 이처럼 경제학에서는 '효율성'을 첫 번째 덕목으로 꼽지만 현실에서는 효율성 못지않게 중요하게 생각하는 가치가 '형평성'이라는 것을 알 수 있다. 이 때문에 동시대의 가치관들이 모여 만들어지는 정부의 정책에는 형평성이 강조될 수밖에 없고, 가격 규제 정책은 이를 반영하는 대표적인 경제 정책이라고 할 수 있다.

정부는 시장에서 상품 가격이 지나치게 상승하지 않도록 '최고가격제'를 시행하기도 하고, 시장 가격이 지나치게 하락하지 않도록 '최저가격제'를 시행하기도 한다. 최고가격제는 분양가 상한제와 같이 시장에서 수요와 공급 조건에 따라 형성되는 가격보다 정부가 더 낮은 가격을 책정해 그 이상을 받지 못하도록 하는 정책이다. 반대로 정부가 시장에서 형성되는 가격보다 높은 가격을 책정해 그 이하로는 거래할 수 없도록 하는 것이 최저가격제다. 최저가격제의 대표적인 사례는 해마다 최저가격 책정을 두고 극한 대립을 거듭하고 있는 최저임금제이다.

이론적으로 자원 배분은 시장 가격에 따라 이뤄질 때 가장 효율적이다. 시장 가격으로 거래가 이뤄질 때 공급자들은 주어진 조건에서 이윤을 극대화시키고, 수요자들은 지출한 비용 대비 가장 큰 편익을 얻을 수 있다. 그런데 공급자나 수요자 가운데 어느 한쪽이 높은 시장 지배력을 갖고 있어 거래로 얻는 이득의 대부분을 가져갈 수 있는 상황이라면 정부가 개입해 가격을 규제한다. 가령 공급자가 시장 지배적인 지위에 있어 상품 가격을 높게 책정하면 정부는 최고가격제를 시행해 공급자 편익은 감소하지만 수요자 편익을 증가시키도록 유도한다. 반대로 수요자들이 시장에서 큰 영향력을 행사해 시장 가격이 낮아 공급자들의 편익이 현저히 적다고 판단했을 때 정부는 시장 전체의 효율은 다소 감소하더라도 공급자 편익을 증진시키기 위해 최저가격제를 시행한다. 일반적으로 상품 시장에서 공급자는 기업이지만 상품을 생산하는 데 필요한 자본이나 노동과 같은 생산 요소를 거래하는 요소 시장에서 공급자는 가계(개인)이다. 따라서 요소 시장인 노동 시장에서 정부가 최저가격제를 시행하는 것은 노동 시장에서 공급자인 가계(개인)의 편익을 증진시키려는 것이다.

일각에서는 가파른 최저인금 인상은 비자발적 실업을 증가시키고, 영세 자영업자 부담을 가중시킬 것이라는 우려의 목소리를 내놓고 있다. 황승진 서강대 박사가 2006~2014년 국내 고용 데이터를 근거로 분석한 연구에 따르면 우리나라의 경우 최저임금이 1% 상승하면 고용은 0.14%가량 감소하는 것으로 나타났으며,

정부는 시장에서 상품 가격이 지나치게 상승하지 않도록 '최고가격제'를, 지나치게 하락하지 않도록 '최저가격제'를 시행하기도 한다.

최저임금의 부정적인 영향은 여성, 고졸 이하, 소규모 사업체에서 더 크게 나타나는 것으로 추정됐다. 최저임금제가 사회 전체 후생에 부정적 영향을 미칠 뿐만 아니라 여성과 비숙련노동자 등 노동 취약계층의 이익에 반할 가능성이 크다는 것이다.

또 최저임금 인상으로는 노동자 간 소득격차를 유의하게 줄이지도 못하는 것으로 나타났다. 이는 최저임금제로 발생하는 부작용이 우리나라에서도 그대로 나타나고 있음을 보여주는 실증적 근거이다. 4차 산업혁명으로 인공지능과 자동화 기술이 기존 노동자들을 빠르게 대체하고 있으며, 플랫폼 비즈니스의 발달로 소득불평등이 심화되고 있다. 따라서 정부는 소득분배에 대해 더 신경 쓸 수밖에 없는 상황이고, 최저임금제는 저소득·비숙련 노동자의 이익을 보호하는 데 여전히 유효한 정책이 될 수 있다. 하지만 지금까지 살펴본 바와 같이 최저임금제를 시행하면 효율성이 저하되는 부작용이 발생한다는 점도 유념해야 할 것이다.

서울에 집이 부족한 게 아니라고?

경제 생산량을 향상시키는 인구 밀집도

서울은 왜 다른 지역보다 주택 가격이 더 비쌀까? 일반적인 재화나 서비스와 같이 부동산 역시 가격이 다른 지역보다 더 비싼 이유는 그것이 다른 유사한 상품에 비해 소유주에게 더 높은 만족을 주거나 수익을 얻을 기회를 제공하기 때문이다. 지하철역 인근이나 젊은이들이 많이 모이는 핫플레이스는 유동인구가 많은 만큼 이들을 상대로 높은 수익을 얻을 수 있어 임대료나 땅값이 비싸다. 그렇다면 서울의 평균 주택 가격이 지방보다 더 비싼 것도 같은 이유 때문일까?

2023년 11월 한국부동산원에서 발표한 주택 실거래가 자료에 따르면 서울의 평균 아파트 전세금은 대략 3억 7,000만 원이고,

6대 광역시 평균 전세가격은 약 2억 원을 조금 상회했다. 앞에서 상점을 사례로 설명한 바와 같은 논리로 서울과 다른 지역의 전체 가격 차이를 설명하려면 서울의 평균소득이 다른 지역에 비해 1.8 배 정도 많아야 한다. 그런데 통계청에서 발표한 2022년 1인당 지역내총생산Gross Regional Domestic Product, GRDP에 따르면 서울의 1인당 평균 소득은 연간 약 5,161만 원이며, 전국 평균은 약 4,195만 원이다. 서울이 전국 평균보다 더 높긴 하지만 앞에서 확인한 집값의 차이를 설명하기에는 한계가 있다. 특히 울산광역시는 2022년을 기준으로 1인당 평균소득이 7,751만 원으로 서울보다 훨씬 높은 수치를 보였음에도 평균 아파트 전세금은 서울의 절반에도 못미치는 1억 8,865만 원인 것으로 나타났다.

출처: 매경DB

부동산 가격이 다른 지역보다 더 비싼 이유는 소유주에게 더 높은 만족을 주거나 수익을 얻을 기회를 제공하기 때문이다.

물론 수도권 대도시에는 지방 도시와는 달리 소득 외에도 공연이나 전시회 같은 문화 행사를 접할 수 있는 기회가 많고 전문 의료진이 있는 종합병원에서 의료 서비스를 받을 수 있다는 장점이 있다. 소위 교육·의료·문화 시설 등 각종 인프라스트럭처가 잘 갖춰져 있는 것이다. 그렇다면 도시에 살고 있는 사람들은 얼마나 자주 공연을 보고, 병원에 방문할까? 개인별로 차이는 있겠지만 일반적으로 도시인들이 평균적으로 관람하는 공연이나 의료 서비스 이용 횟수는 그들이 지불하는 높은 집값만큼 많지는 않을 것이다.

그렇다면 소득이나 문화, 의료 혜택으로는 충분히 설명되지 않는 도시의 비싼 집값은 어떻게 이해할 수 있을까? 경제학을 우울한 학문으로 만들었던 대표적인 경제학자 맬서스Thomas Malthus(1766~1834)는 《인구론An Essay on the Principle of Population》을 통해 인구의 증가가 식량 생산량의 증가보다 빨라 인류는 위기를 맞을 것이라는 예언을 하면서 아이를 많이 낳는 것을 지양해야 한다고 강조했다. 맬서스의 이론은 저출산 문제가 심각한 지금과는 달리 당시로서는 상당한 설득력을 가졌고, 아직도 개발도상국에서는 유효한 이론으로 받아들여지고 있다.

이러한 맬서스의 주장에 반론을 제시한 사람이 바로 2019년 노벨경제학상 수상자인 마이클 크레머Michael Kremer(1964~) 시카고대학교 교수이다. 크레머 교수는 많은 인구 및 높은 인구 밀집도는 오히려 경제의 생산량을 급격히 늘릴 수 있는 혁신적인 기술 개발의 계기가 된다고 주장했다. 그는 인구증가가 기술 혁신에 긍정적인 영향을 미친다는 결과를 다양한 데이터를 분석해 실증적으로 보여줬다.

19~20세기에 들어 아프리카와 적도 부근 정글에서 원시 문명 수준을 벗어나지 못한 지역들이 문화인류학자들을 통해 밝혀지면서 많은 이들을 놀라게 했다. 이들 낙후된 지역의 문명들은 2000년 전 로마의 법률이나 공공시설, 도로, 철학과 비교했을 때에도 한참 미치지 못하는 수준이었다. 로마인에 비해 2000년이라는 시간이 더 주어졌음에도 불구하고 이들에게 문명의 진보는 왜 이처럼 더뎠을까? 학자들마다 그 원인을 다르게 설명할 수 있겠지만 크레머 교수의 이론은 이러한 원인을 설명할 수 있는 좋은 근거가 된다. 역사적으로 로마는 물론 당나라의 수도 장안(현재 시안西安, Xian)과 이라크의 바그다드는 전성기 도시 인구가 100만 명을 넘었을 것으로 추정된다. 또 외국인들 역시 많이 거주했던 이들 국제 도시에는 전 세계 석학들과 전문가들이 모여 토론하고 협업을 해 놀라운 학문적 성과와 문화유산을 만들어냈다.

오늘날 정보통신기술ICT 전문가들이 많은 미국 실리콘밸리 부동산 가격이 비싸고 금융의 중심지 뉴욕과 홍콩의 임대료가 비싼 이유도 바로 여기서 찾을 수 있다. 실리콘밸리에서는 유능한 프로그래머, 웹 디자이너, 마케팅 전문가들을 한곳에서 만날 수 있고, 유사 업종의 전문가들이 같은 지역에서 생활하며 커피를 마신다. 이들은 공식적인 모임뿐만 아니라 비공식적인 경로를 통해서도 서로 정보를 교환하고 문제 해결을 위한 아이디어를 얻을 수 있다. 따라서 이곳에서는 다른 지역에서는 불가능한 기술적 협업과 벤치마킹으로 생산성을 비약적으로 향상시킬 수 있다.

뉴욕도 마찬가지이다. 유명한 패션디자이너, 모델, 패션잡지 편집자가 한곳에 거주하면서 서로 영향을 주고받는다. 이들은 서로에게 경쟁이 되기도 하고, 도움을 주기도 하면서 과거에 할 수 없었던 혁신적이고 파격적인 결과물들을 시장에 내놓는다. 최근 인터넷이 발달해 이메일로 쉽게 문서를 주고받을 수 있으며, 실시간으로 영상회의도 할 수 있다. 또 고속철도나 자동차의 발달로 지방에서 도시 사람들과 함께 일할 때 발생하는 경제적 비용이 감소했다. 그럼에도 비싼 대가를 지불하고 도시에 거주하는 이유는 도시가 가져다주는 사람들과의 시너지 효과가 주요한 동기가 될 것이다. 만약 당신이 학교나 직장에서 주어진 일만 하고 남은 시간에는 집에서 텔레비전만 보고 있다면 쓸데없이 도시에서 비싼 집값을 지불하고 있는지도 모른다.

선호하는 지역의 주택은 여전히 희소

최근 외국인이 우리나라를 여행하는 TV예능 프로그램을 쉽게 볼 수 있다. 이들은 자국에서 경험할 수 없는 한국의 독특한 음식이나 명소를 찾아다닌다. 출연자들 가운데 많은 외국인들이 화려한 서울 야경을 감상하기 위해 남산이나 높은 건물의 전망대를 찾는다. 낯선 나라의 밤경치를 구경하는 이방인들에게 수많은 불빛은 이국적이고 즐거운 추억이지만 서울이 생활 터전인 젊은이들은 조금 다르게 생각할 수도 있다. "서울에 집이 저렇게 많은데 왜 내 집은 없을까?" "저렇게 많은 집이 있는데 도대체 집값은 왜 그렇게 비쌀까?"

단순히 경제학적으로 보면 초과 수요에 따른 결과라고 생각하기엔 마뜩잖다. 2017년 통계청이 발표한 자료에 따르면 서울에 있는 아파트는 대략 185만 가구가 넘는다. 나라마다 가구 구성원 수가 다르지만 우리나라 가구당 평균 인원수는 대략 2.5명이다. 따라서 현재 서울에는 이미 460만 명 이상의 사람들이 살 수 있는 아파트 물량이 확보되어 있다고 할 수 있다. 아파트뿐만 아니라 일반주택과 다세대주택 등을 합하면 서울의 주택 보급률은 94.2%이다. 이런 숫자들만 보면 최근 2021년과 2022년 최고치보다는 다소 하락했지만 직장인이 매입하기에는 부담스러운 가격을 형성하고 있는 현재의 주택 시장 상황은 쉽게 납득이 되지 않는다. 부동산 전문가들과 투자 전문가들은 이 같은 주택 시장 과열 현상을 정부의 부동산 규제나 부동산 투자심리 변화와 같은 다양한 요인으로 분석하고 있다. 그러나 장기적인 부동산 시장의 변동성을 이해하기 위해서는 기본적인 경제학 이론을 살펴보는 것도 의미가 있겠다.

주택은 의식주 가운데 하나로 생존을 위해서는 꼭 필요한 재화이지만 단순히 그 보유만으로 욕구가 모두 충족되지 않는다. 대부분의 사람은 소득이 증가함에 따라 더욱 안락한 생활을 위해 더 좋은 주택으로 이전하려는 성향이 있다. 비바람을 피하고 잠만 자는 집의 기능만 생각하면 서울에 있는 주택의 질적 차이는 크지 않다고 할 수 있지만, 주변 경관이나 교통·교육과 같은 인프라스트럭처 등을 고려한다면 주택들의 질적 차이는 크다. 따라서 서울의 주택 보급률이 94.2%라고 하더라도 더 나은 주택을 원하는 사람들 때문에 더 세분화된 주택 시장에서는 '희소성Scarcity'의 원리가 뚜렷하게 작용된다. 즉, 서울 시내에 많은 집이 있지만 강남 주요 지역처럼 지하철을 비롯한 교통 접근성이 좋고, 대기업 사옥들과 문화센터들이 밀집되어 있으며 교육 여건까지 좋아 모든 사람이 선호하는 지역의 주택은 여전히 희소하다는 뜻이다.

희소성이 높은 지역의 주택 가격은 대체재인 다른 지역 주택 가격 인상을 견인한다. 일반적으로 시장에서 상품의 공급량보다 수요량이 더 많아 초과수요 상태일 때는 가격이 상승할 수밖에 없다. 가격이 얼마나 가파르게 상승할지는 상품 공급의 탄력성에 영향을 받는다. 공급자들이 가격에 민감하게 반응해 생산량을 탄력적으로 조정할 수 있는 시장에서는 초과 수요로 인한 가격 상승 폭이 크지 않다. 가격이 조금이라도 상승하면 공급자들이 생산량을 증가시켜 수요 증가 효과를 희석시키기 때문이다.

반면 부동산은 단기적으로 공급이 완전 비탄력적이라고 할 수 있다. 부동산 시장에서 주택 공급은 기존에 이미 완공된 주택들과 신규로 건설되는 주택으로 결정된다. 따라서 공급량 변화는 신규

희소성이 높은 지역의 주택 가격은 대체재인 다른 지역 주택 가격 인상을 견인한다.

로 건설되는 주택에 의해 결정되는데, 시장에서 주택 가격이 아무리 상승해도 주택을 추가 완성하려면 절대적 시간이 필요하다. 필수재인 부동산 시장에 초과수요가 발생하면 단기적으로는 가격이 급격하게 상승할 수 있다. 폭염으로 농작물 작황이 좋지 않자 채소나 과일 가격이 평소보다 3~4배가량 상승한 현상이 그 사례이다. 필수재 시장에서 공급이 비탄력적인 상품의 가격이 얼마나 급격히 상승하는지 보여준다.

필수재이면서 동시에 공급이 비탄력적인 부동산 시장에서 초과 수요로 인한 급격한 가격 상승은 이론적으로 설명이 가능하다. 그러나 서울의 주택 시장에서 초과 수요는 다소 복잡해 보인다. 인접국에서 대규모 난민이 유입되거나 자연재해로 기존 주택들이 상당수 파괴되는 아주 이례적인 사건이 갑자기 발생하지 않고

서야 장기적으로 부동산 수요가 크게 변화할 요인은 흔하지 않다. 수도 이전이나 대단위 신규 사업 단지가 건설되어 특정 지역 부동산에서 수요가 급격히 증가할 수 있지만 서울에 해당되는 사례는 아니다. 2020년 코로나19 팬데믹 이후 주택 가격은 관계당국이 우려할 만큼 급격히 상승했고, 이는 서울 주요 도심 지역에 국한해 발생한 현상이 아니라 전국적으로 나타났다. 최근 부동산 시장의 과열 현상은 단순히 수요와 공급만으로는 설명할 수 없는 셈이다.

부동산 가격의 급격한 상승은 비단 우리 경제에만 나타나는 특수한 상황이 아니다. 국제통화기금IMF이 전 세계 주택 가격을 지수화해 발표한 자료에 따르면 글로벌 주택 가격 수준은 이미 금융위기 이전보다 더 높고 대다수 국가에서 주택 가격 상승률이 물가 상승률보다 높은 것을 확인할 수 있다. 우리나라 주택 가격이 상승하는 요인에는 2020년 코로나19 팬데믹 이후 미국을 비롯한 주요 국가 통화당국이 시행한 저금리 확장적 통화정책 영향도 크게 작용했을 것으로 추정할 수 있다.

국가·도시 비교 통계 사이트인 넘베오Numbeo가 발표한 자료에 따르면 2023년 소득 대비 주택가격 배율PIR이 서울은 25.6으로 나타났다. 다시 말해 서울의 근로자들이 집을 사려면 소득을 전부 저축했을 때 평균 25.6년이 필요한 것이다. 이는 상해 50.1년, 뭄바이(인도) 29.8년보다는 낮은 수치이지만 런던 16.7년, 뉴욕 10년과 도쿄 9.7년보다는 높은 수치이다. 서울 집값은 어떤 잣대로 분석하느냐에 따라 더 상승할 가능성도 있고, 하락할 여지도 있다.

챗GPT 인기 끄는데
'사람 일자리' 줄어들까?

기술의 발전으로 일자리 잃는 구조적 실업

2022년 11월 대중에게 처음 선보인 오픈인공지능Open AI 챗GPT
-3.5가 인공지능 붐을 일으키며 여러 분야에 걸쳐 큰 변화를 일
으키고 있다(2018년 6월 챗GPT-1, 2019년 2월 챗GPT-2, 2020년 6월 챗GPT-3,
2022년 11월 챗GPT-3.5 출시). 2023년 1월 챗GPT 사용자 수가 1억 명
을 돌파했는데 이는 서비스 개시 후 불과 3개월 만의 일이다. 일
각에서는 구글 종말론을 이야기하며 향후 모든 검색엔진은 빠르
게 자취를 감출 것이라는 성급한 전망을 내놓기도 했다. 이쯤 되
면 과히 '알파고AlphaGo' 등장과 비견될 만한 사건이라고 하겠다.

그렇다면 새로운 기술은 인류에게 과연 바람직한 변화일까?
그동안 경제학자들은 기술 발전에 대해 긍정적인 분석을 자주 내

'알파고'는 알파벳의 구글 딥마인드에서 개발한 바둑 인공지능 프로그램으로, 이세돌과의 대결로 전 세계의 주목을 받은 바 있다.

놓았다. 18세기 영국 산업혁명 이전 평범한 시민들의 연평균 소득은 거의 1,000달러 수준을 벗어날 수 없었다. 근대 이전 인류가 얻은 문명의 발전에 따른 수혜는 대부분 상류층만 향유할 수 있었다. 일반 대중에게 그 혜택이 골고루 돌아간 역사적 사례는 찾기 어렵다.

현대에 와서 1인당 1,000달러 수준의 생활을 추정하려면 아프리카의 남부 사하라 사막 인근의 경제 상황을 생각하면 쉽게 이해할 수 있다. 1,000달러 소득수준의 사회는 대다수 사람이 절대적 빈곤에서 벗어나지 못해 일상적인 배고픔을 해결하지 못하고, 매일 먹을 것을 걱정해야 하는 상황이다. 풍요로운 현대인들은 상상하기도 어려운 생활환경이다. 이들은 활동적으로 움직일 힘조차 부족하고 필수 영양분이 결핍돼 쉽게 질병에 감염되고, 일찍 사망하는 사례가 빈번하다.

이러한 절대 빈곤에서 벗어나는 기념비적인 사건이 바로 영국에서 시작된 증기기관의 발명이다. 증기기관의 발명으로 섬유산업을 비롯한 제조업의 생산성이 비약적으로 개선되자 영국인들의 평균 소득은 급격히 증가했다. 이후 영국과 같은 산업혁명의 후발 주자가 된 국가들은 역시 대부분 예외 없이 생산성 증대와 함께 국민의 생활수준이 크게 개선됐다. 내연기관, 컴퓨터, 전기, 인터넷의 발명으로 지난 200여 년간 인류는 급속한 기술 발전을 이뤄왔고 이는 어김없이 대중의 삶을 긍정적인 방향으로 변화시켰다.

물론 기술이 크게 변모하는 과정마다 기존 산업과 마찰은 있었다. 조지프 슘페터가 말하는 '창조적 파괴Creative Destruction'로 대변되는 새로운 기술의 등장과 기존 산업의 쇠퇴는 노동자들의 운명을 바꿔놓았다. 전기 가로등이 발명됐을 때 기름을 이용하는 조명을 만들던 생산업자들이 곤경에 처했고, 내연기관이 발명됐을 때 말을 관리하고 관련 업종에 종사하던 노동자들이 일거리를 잃었다. 경제학에서는 기술의 발전으로 일자리를 잃는 사례를 '구조적 실업Structural Unemployment'이라고 한다.

1차 산업혁명부터 3차 산업혁명까지 기술 변화로 산업 구조가 크게 변화하면 구조적 실업은 항상 발생했다. 그러나 연구 결과에 따르면 지금까지의 산업혁명은 일자리가 감소하는 숫자보다 항상 더 많은 일자리를 새롭게 만들어냈다. 즉, 기술 발전으로 생산성이 향상되면 물건 가격이 하락해 소비자들의 이익이 증대할 뿐만 아니라 실제적인 일자리 수가 전보다 늘어 임금소득 역시 함께 증가하는 긍정적인 역할을 했다.

하지만 4차 산업혁명의 경우 기술 개발에 대해 우호적이던 경제학자들조차도 우려의 목소리를 내고 있다. 4차 산업혁명의 기술 발전으로는 새로운 일자리 창출보다 사라지는 일자리가 더 많아질 것이라는 예측이 경제학자들 사이에서 지배적이다. 이를 뒷받침할 수 있는 지표로 '고용탄성치Elasticity of Employment'라는 경제 개념을 활용할 수 있다. 고용탄성치는 국내총생산 증가율(%)에 대한 취업자 증가율(%)의 비比로 경제성장으로 증가하는 일자리 수를 측정하는 지표이다.

예를 들어, 특정 국가의 고용탄성치가 0.1이면 해당 국가의 경제 성장률이 1%씩 증가할 때마다 일자리가 0.1%가량 늘어날 수 있음을 의미한다. 한국뿐만 아니라 산업 구조가 고도화된 선진국들의 경우 고용탄성치가 시간이 갈수록 감소하고 있다. 즉, 기술 개발로 경제는 양적으로 성장하고 있지만 일자리는 전과 같이 증가하지 않는다는 것이다. 4차 산업기술 상용화로 사라지고 새로 생기는 많은 일자리가 비정규·임시직 내지 저임금 서비스직이라는 점을 지적하며 고용의 질적 저하를 우려하는 목소리도 있다.

특히 챗GPT 같은 고도의 인공지능AI 기술은 노동시장에 새로운 충격 요인으로 작용할 것이다. 2차 산업혁명은 인간의 육체노동을 대체하는 기술이었다. 남자들이 직접 몸을 써서 무거운 짐을 나르거나, 호롱불 아래 여인들이 실을 만들고 옷감을 짜는 고된 노동을 기계가 대체했다. 그리고 3차 산업혁명으로 단순한 사무 업무를 컴퓨터나 기계가 대체했다. 당시 발명됐던 기계는 고객의 주문을 기록하고, 간단한 경리 업무나 수식을 계산하는 기능을 갖췄다.

그런데 챗GPT를 비롯한 최근 기술은 인간이 기계보다 비교 우위에 있다고 평가받았던 고등한 사고 영역들이 도전받고 있다. 글을 쓰고, 창의적인 결과물과 유사한 수준의 콘텐츠 개발까지 새로운 기술인 챗GPT가 대체할 수 있는 상황에 놓인 것이다.

새로운 일자리 창출을 기대할 수 있을까?

21세기 들어 많은 생산과 물류 공정들이 자동화되고, 기계로 대체되면서 성실하고 건강한 육체노동자들의 시장 가치가 크게 하락했다. 이제 새로운 기술들은 종합적이고 분석적인 사고를 하는 지식 노동을 대체할 수 있게 된 것이다. 항상 그랬던 것처럼 기술과 대체관계에 있는 노동자는 일자리를 잃거나 임금이 하락할 위기에 처한다. 반대로 기술과 보완적인 관계에 있는 노동자는 오히려 전보다 생산성이 향상되어 임금이 상승한다.

문제는 앞서 언급한 바와 같이 그동안의 기술은 육체적으로 힘든 일과 위험한 일을 대체하는 기술로 삶의 질을 개선해줬다. 그리고 설사 기술의 발전이 아버지의 일자리를 빼앗더라도 아들 세대에게 더 많은 일자리를 제공했다.

그런데 지금의 기술 발전은 상당 수준의 정신노동을 대체하는 기술로, 새로운 일자리 창출을 기대하기 어렵다. 이전 세대에서는 고등교육을 받고, 전문성을 갖춘 것으로 평가받아 시장에서 높은 부가가치를 창출하던 지식산업에 종사하는 노동자들도 상당수가 퇴출될 가능성이 커졌다. 이제 최상위의 고도화된 전문직이 아니라면 일자리를 보장받기 어려운 상황이다.

19세기 영국의 작가 메리 셸리Mary Shelley(1797~1851)는 소설 《프랑켄슈타인》을 발간해 당시 유럽에서 많은 주목을 받았다. 사실 많은 사람들이 프랑켄슈타인을 괴물의 이름으로 알고 있는데 실제 소설 속 프랑켄슈타인은 괴물이 아니라 초인적인 괴물을 만들어낸 박사의 이름이다. 소설에서 의학도인 프랑켄슈타인 박사가 시체를 이용하여 만든 초인적 힘을 가진 괴물을 만들고, 그 괴물이 폭력적인 행동을 하다 결국 자신의 창조주인 프랑켄슈타인마저 살해하고 사라진다는 내용이다. 인간이 만들어낸 괴물 프랑켄슈타인은 공상과학 소설의 초창기 모델이다. 이후 프랑켄슈타인은 지금까지도 리메이크되고, 미라, 강시, 드라큘라와 함께 아이들이 좋아하는 캐릭터로 자리매김했다. 19세기 흔치 않았던 여류 작가인 메리의 프랑켄슈타인은 당시 엄청난 주목을 받았다.

그런데 19세기 이 이야기가 주목을 받은 것은 참신한 소재, 공상 과학이라는 새로운 장르의 힘만은 아니다. 바로 19세기는

러다이트 운동은 기계의 발달이 자신들의 직업을 빼앗고 삶을 황폐화시킨다고 판단해 당시 영국 노동자들이 기계를 닥치는 대로 파괴한 운동이다.

출처: 셔터스톡

영국에서 시작된 산업혁명이 전 유럽으로 확산되던 시기와 맞아 떨어졌기 때문이다. 19세기 영국에서는 '러다이트 운동Luddite Movement(1811~1810년대 중반)'이라고 하는 기계 파괴 운동이 발생한다. 당시 영국 노동자들은 기계의 발달이 자신들의 직업을 빼앗고 삶을 황폐화시킨다고 판단해 기계를 닥치는 파괴하는 운동이 벌어지기 시작한 것이다. 영국정부는 군대를 투입해서 이들을 진압했고 이때 기계를 파괴하면 교수형에 처한다는 강력한 법령까지도 제정하기도 했다. 이처럼 과거에도 기술 발전으로 일자리를 잃었던 사람들은 순순히 이런 변화를 받아들이지 못했다. 기술의 발달은 언제나 큰 저항을 가져왔지만 결과적으로는 인류에게 '실失' 보다는 '득得'이 더 컸다. 어렵지만 도전할 만한 과제인 셈이었다.

2023년 우리나라를 찾았던 2019년 노벨경제학상 수상자인 아브히치트 바네르지Abhijit Banerjee(1961~) 교수는 인공지능 기술로 인한 일자리 감소는 불가피하며, 이는 소득분배에 심각한 악영향을 미칠 것으로 전망했다. 그는 이러한 문제점을 해결하기 위해 인공지능을 비롯한 신기술 산업에 맞는 새로운 조세제도가 필요하다고 강조했다. 앞서 인류가 경험한 산업혁명과 20세기 경제성장은 일자리 수와 종류를 폭발적으로 증가시켰다. 이는 인류의 노동이 경제성장에 기여하는 비중을 키웠고, 그 대가로 다수의 중산층이 등장해 더 풍요로운 소비 생활을 영위할 수 있게 됐다. 그런데 이제는 앞서 살펴본 바와 같이 인류가 생산에 기여할 수 있는 역할이 상대적으로 줄어들고, 소비자로서의 역할이 더 강조되는 시대가 되었다.

높은 임금보다
넌 중요해

경제적 보상만이 전부일까?

코로나19 팬데믹이 끝나면서 세계경제는 회복세에 있지만 청년들의 일자리 사정은 크게 나아지지 않았다. 스페인을 비롯한 유럽의 청년 실업률은 20%를 상회하고 있다. 중국 역시 최근 청년 실업률이 20%에 육박하면서 심각한 사회문제로 부각되고 있다. 미국의 경우 청년 실업률은 8%이며 우리나라는 5.4%이다. 한국은 다른 선진국에 비해 청년 실업률이 비교적 낮은 수준이지만 다른 나라에 비해 높은 대학 진학률과 군복무 등을 고려하면 결코 낮은 수치라고 예단할 수 없다. 특히 우리나라 2.6%인 평균 실업률과 비교하면 젊은 사람들이 일자리가 부족한 것은 의심할 여지가 적다.

전보다 한층 좁아진 취업 터널을 힘겹게 통과하고 있는 취업준비생들이 면접장에 들어서면 사뭇 각오가 비장해진다. 면접관 앞에 선 지원자들은 "성실한 사람이며 회사를 위해 전심전력을 다할 수 있다"고 피력한다. 이때 면접장에서 응시생들이 다짐했던 말과 생각들은 거짓일까? 아마도 상당수 지원자는 진심으로 위와 같은 대답을 했을 것이다. 지원자들은 '이렇게 많은 사람 가운데 회사가 나를 택해준다면 요즘 같은 어려운 시기에 일할 수 있는 기회를 준 것'이란 생각에 감사하는 마음을 가질 것이다.

그런데 이런 진심이 오랜 기간 지속되기는 쉽지 않다. 의도치 않게 신입사원 시절 가졌던 초심은 점점 무뎌지고 합격의 감격은 곧 익숙해진다. 직장 생활을 하다 보면 상사나 동료들과 갈등을 빚을 수도 있고, 부당한 대접을 받았다고 생각할 수도 있다. 다른 회사 직원들에 비해 낮은 처우를 받는다고 생각할 때 직원들 사기는 떨어진다.

직원들이 회사를 향한 애사심과 업무에 대한 집중도가 떨어지면 경제학자들이 말하는 '도덕적 해이Moral Hazard' 현상이 발생할 수 있다. 회사 관리자는 직원들의 마음을 속속들이 알 수 없고, 겉으로 확인할 수 있는 업무 성과와 근무 태도만 평가할 수 있다. 따라서 직원들의 집중력과 애사심이 떨어져 업무 효율이나 생산성이 저하되는 정도는 측정할 길이 없다. 전통적인 경제학에서는 적절한 금전적 보상으로 이와 같은 도덕적 해이를 완화할 수 있다고 설명한다. 전문 경영인에게 스톡옵션을 부여하거나 직원들에

1914년 절대 빈곤에 있던 노동자들에게 헨리 포드가 지급한 다른 직장보다 2~3배 더 높은 급여는 매력적인 보상이었다.

게 다른 직장에 비해 더 많은 임금을 지급하는 시스템을 도입하는 것이다. 특히 직원들에게 평균 임금보다 더 많은 급여를 지급하는 '효율성 임금Efficiency Wage'은 도덕적 해이를 완화할 수 있는 대표적인 해법으로 꼽힌다. 1914년 절대 빈곤에 있던 노동자들에게 헨리 포드Henry Ford(1863~1947)가 지급한 높은 급여는 매력적인 보상이었다. 당시 포드에서 일하던 노동자들은 다른 직장보다 2~3배 더 많은 일당을 주는 일자리를 잃지 않기 위해 열심히 노력했다.

이처럼 과거 높은 임금은 생산성을 증대시키고, 노동자와 관리자 간 비대칭정보로 발생할 수 있는 도덕적 해이를 완화하는 데 유용한 수단으로 중요한 역할을 해왔다. 그런데 최근 행동경제학자들의 연구에 따르면 이 같은 금전적 인센티브는 기존 견해와 달리 생각보다 눈에 띄는 효과를 얻지 못하는 것으로 나타났다.

'인정'이라는 사회심리적 보상과 자기만족

대표적인 사례가 바로 듀크대학교 댄 애리얼리Dan Ariely(1967~) 교수의 실험이다. 애리얼리 교수는 인텔의 이스라엘 공장에 근무하는 직원 207명을 대상으로 각기 다른 종류의 인센티브와 그에 따른 업무 성과와의 연관성을 분석했다. 그는 공장 직원들을 세 그룹으로 나누고 생산량에 따라 각 그룹에 서로 다른 종류의 인센티브를 제안했다. 그는 하루 동안의 생산량이 다른 기준일보다 증가했을 때 첫 번째 그룹에 있는 직원들에게는 30달러를 지급하기로 약속했고, 두 번째 그룹에 속한 직원들에게는 피자를 선물로 주겠다고 약속했다. 그리고 마지막 그룹의 직원들에게는 실적이 기준치를 넘겼을 때 직속 상사에게 격려의 메시지를 받게 될 것이라고 공지했다.

애리얼리 교수가 앞서 소개한 실험을 설계했을 때 경영진은 당연히 첫 번째 그룹의 성과가 가장 높을 것이라고 예상했다. 이는 전통적인 경제 이론과도 부합하는 예상이다. 그러나 보상을 지급하기로 약속한 날 막상 각 그룹의 성과를 측정해보니 두 번째 그룹과 세 번째 그룹의 생산성은 다른 날과 비교해 각각 6.7%, 6.6% 상승했지만 금전적인 보상을 약속했던 첫 번째 그룹의 생산

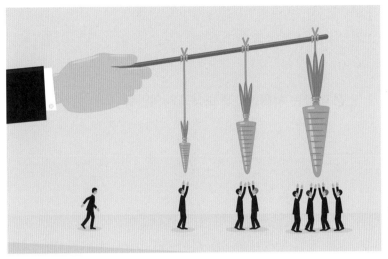

출처: 셔터스톡

직장인이 받는 높은 임금은 경제적인 보상뿐만 아니라 자신이 중요한 일을 하고 있다는 자기만족과 회사에서 인정받고 있다는 사회적·심리적 보상의 의미가 있다.

성은 4.9% 상승하는 데 그쳤다. 더 놀라운 것은 프로그램이 시행된 이후 5주간의 성과를 이전과 비교해보니 금전적 보상이나 피자를 약속받았던 첫 번째, 두 번째 그룹의 생산성은 이전과 비교했을 때 각각 일일 평균 6.5%, 2.1% 하락한 것으로 나타났다. 반면 상사에게 칭찬 메시지를 받은 그룹의 생산성은 평균 0.64% 향상됐다.

위 실험의 결과로 전체 산업 근로자들의 인센티브를 충분히 설명할 수는 없다. 그러나 애리얼리 교수의 실험은 절대 빈곤에서 벗어난 다수 노동자에게 생산성을 향상시키는 동기 부여 수단으로 물질적인 보상은 한계가 있음을 보여준다. 선진국뿐만 아니라 개발도상국 노동자들이 받는 급여는 생존에 필요한 칼로리를 계산하거나 절대 빈곤을 규정할 때 기준으로 활용하는 숫자들과는 거리가 멀다. 따라서 산업화된 국가에서 직장인이 받는 높은 임금은 경제적인 보상뿐만 아니라 자신이 중요한 일을 하고 있다는 자기만족과 회사에서 인정받고 있다는 사회적·심리적 보상과 연관된 상징적인 의미가 더 강하다고 볼 수 있다.

경제적 풍요 속에서 자란 1990년대 이후 출생자들이 본격적인 경제활동을 시작하면서 이들이 기존 조직문화에 쉽게 융화되지 못하고 있어 조직 관리에 어려움을 토로하는 기업이 늘고 있다. 1990년대 이후 출생자들은 글로벌 경제가 확장하던 시절에 태어나 유복한 유년 시절을 보낸 경우가 많다. 따라서 지금의 신입사원들에게는 물질적인 보상 못지않게 자신이 하고 있는 일에 대한 자부심과 조직원으로서의 소속감을 주는 것이 중요하다. 이제 기업의 경영진이 매출을 증대시키기 위해 소비자의 니즈를 분석해야 할 뿐 아니라 생산성을 증대시키기 위해 조직원의 니즈도 파악해야 하는 시대이다.

벤처투자 '유니콘 찾기', 혁신이 핵심

유니콘, 데카콘, 헥토콘까지

유니콘은 전설의 동물이다. 머리에 뿔이 달린 말과 비슷한 모양을 하고 있는 신비의 동물이다. 유니콘은 시가총액 10억 달러가 넘는 벤처기업을 부르는 말로 미국 벤처캐피탈VC의 최고경영자CEO인 에일린 리Aileen Lee가 처음 사용하면서 널리 퍼진 개념이다. 일반적으로 벤처기업 혹은 스타트업은 설립 후 3~5년 사이에 30%도 안 되는 숫자만 살아남고 나머지 기업은 모두 도산한다고 한다.

그런데 최근에는 스타트업으로 시작한 기업 가운데 시가총액이 10억 달러를 넘어 100억 달러 수준으로 성장하는 기업도 생겨나고 있다. 시가총액이 100억 달러를 넘는 벤처기업은 '데카콘

출처: 각 사 홈페이지

틱톡, 우버, 에어비앤비, 쿠팡, 야놀자 등 시가총액이 100억 달러를 넘는 벤처기업을 '데카콘'이라고 한다.

Decacorn'이라고 한다. 또 시가총액이 1,000억 달러 이상인 '헥토콘Hectocorn'이라는 무시무시한 용어도 생겨났다. 짧은 동영상 플랫폼으로 주목받은 틱톡TikTok이 시가총액 1,000억 달러를 넘어서면서 첫 번째 헥토콘이 되었고, 일론 머스크의 테슬라도 여기에 이름을 올렸다.

데카콘 기업 가운데 20여 년 전 시장에 존재했던 기업은 없다. 우버, 에어비앤비, 드롭박스, 쿠팡, 야놀자 모두 아직 인간 나이로는 20세가 채 안 되는 청소년이라고 할 수 있다. 그런데 이들의 시가총액은 현재 수십조 원을 넘어서고 있다.

코로나19 팬데믹으로 시중금리가 0%대로 하락하면서 풍부한 유동성이 주식, 원자재와 같은 자산 시장뿐만 아니라 벤처기업 투자 시장으로도 유입되었다. 예일대학교 로버트 쉴러Robert Shiller(1946~, 2013년 노벨경제학상 수상) 교수가 이야기하는 소위 '야성적 충동Animal Spirit'이 시장에 지대한 영향을 미쳤다. 이처럼 성공 사례만 살펴보면 모두들 지금이라도 유망한 벤처기업을 찾아 투자하고 싶을 것이다.

그런데 이런 벤처기업 투자가 얼마나 위험한지를 잘 보여주는 사례가 있다. 바로 실리콘밸리의 '여자 스티브 잡스'로 불리던 엘리자베스 홈스가 설립한 '테라노스'이다. 테라노스의 창업주 홈스는 스탠퍼드대학교에서 화학공학을 전공하고, 아시아 지역에서 일하면서 2002년과 2003년 중국과 홍콩에서 발생했던 전염병 사스SARS를 경험한다. 이때 홈스는 의학 진단키트에 관한 아이디어를 얻어 스탠퍼드대학교를 중퇴하고 메디컬 스타트업 '테라노스'를 설립했다. 그리고 2014년 극소량의 혈액으로 250여 종의 질병을 진단할 수 있다는 의학 진단키트 '에디슨'을 개발했다고 발표한다. 언론을 통해 유명해진 홈스의 테라노스는 미국 최고의 메디컬 유니콘이 되었다. 2015년 벤처캐피털 시장에서 테라노스의 시장가치는 90억 달러로 평가되었다.

그러나 〈월스트리트저널〉이 테라노스에서 개발한 진단키트는 헤르페스를 포함해 불과 16종의 질병만 확인할 수 있고, 그것도 정확하지 않다는 사실을 폭로했다. 이후 테라노스의 기업 가치는 0원으로 추락했고 많은 투자자가 막대한 손실을 보았다. 미국 법원에서는 엘리자베스 홈스를 사기 혐의로 구속하고 11년형을 선고했다.

이러한 사례에도 불구하고 정부나 기업이 높은 위험을 무릅쓰면서 막대한 투자를 하는 이유는 무엇일까? 한국을 비롯한 선진국의 경제가 성장하려면 혁신Innovation이 핵심 요소다. 더 이상 공장에 기계를 추가하는 전통적인 투자나 노동 투입을 증가시키는 방식으로는 산업이 고도화되고 성숙기에 들어선 국가 경제를 충분히 성장시키는 데 한계가 있다. 개발도상국에서는 농사를 짓거나 가족 단위의 가내수공업이나 하던 인력이 생산설비가 잘 갖춰진 공장에서 일을 하면 생산성이 크게 증가할 수 있다. 이는 국내총생산GDP 증가로 이어질 수 있다.

혁신, 성장을 지속하기 위한 유일한 돌파구

인구학에서는 만 15~64세 인구가 차지하는 비중이 높아지면서 생산성이 증대되고 소비가 진작돼 경제가 급격히 성장하는 현상을 '인구 보너스Demographic Bonus' 또는 '인구 배당효과Demographic Dividend Effect'라고 한다. 최근 베트남, 방글라데시 등 전체 인구 가운데 젊은이들의 비중이 높은 경제에서 나타나는 현상이 대표적이다. 한국의 경우 60, 70년대 청년기에 접어든 베이비부머 세대 Baby Boom Generation(2차 세계대전 이후 1946~1964년까지 베이비붐이 일었던 시기 출생한 세대로 나라마다 연령대는 약간씩 다르다) 인력이 대거 산업 현장에 투입되면서 경제 성장을 견인했다. 전후세대가 경제개발 시기에 맞춰 산업 역군이 된 것이다.

그러나 생산 요소의 한 축인 노동력의 증가만으로 얻을 수 있는 양적인 경제 성장의 한계는 명확하다. 어느 정도 성장이 이뤄지고 나면 이른바 '루이스 전환점Lewis Turning Point'에 도달하게 되는 것이다. 1979년 노벨경제학상 수상자인 아서 루이스Arthur

한국의 경우 60, 70년대 청년기에 접어든 베이비부머 세대 인력이 대거 산업 현장에 투입되면서 경제 성장을 견인했다.

Lewis(1915~1991)는 '루이스 전환점'이라는 개념을 들어 개발도상국이 폭발적인 경제 성장을 달성하는 한계점을 제시했다. '인구 보너스' 혹은 '인구 배당 효과'가 고갈되면 경제 성장은 침체되거나 오히려 후퇴하는 현상이 발생한다는 것이다. 한국의 경우 전문가들은 1976년 루이스 전환점에 도달한 것으로 분석한다. 많은 국가가 루이스 전환점에 도달하면 더 이상 성장을 이어가지 못하고 주저앉는 경향이 있는데 한국은 이를 극복하고 그 이후에도 지속적인 성장을 거듭했다. 한국 정부는 노동과 함께 주요한 생산 요소인 자본 투입을 크게 증가시켰고, 이는 앞서 중진국 함정에 빠졌던 다른 개발도상국과 달리 계속해서 경제가 성장할 수 있는 동력이 되었다.

그러나 이제 한국은 다른 선진국들이 그랬던 것처럼 노동과 자본의 투입이 이미 잠재수준을 초과한 것으로 보인다. 물론 앞으로 인구 감소로 인해 노동력 부족 현상이 발생할 수도 있지만 현재로서는 생산에 필요한 노동력은 충분히 확보된 상태이다. 따라서 산업이 고도로 발달한 국가에서는 양적인 증가만으로는 더 이상 충분한 성장을 기대하기 어렵다. 기존 산업에 대한 투자가 이미 포화 상태에 달했기 때문이다. 이제는 스마트폰, 신약, 플랫폼 비즈니스 같은 혁신적인 사업이 의미 있는 경제 성장을 이끌 수 있다. 그래서 선진국은 사활을 걸고 벤처기업 육성에 집중하고 있다.

창업으로 유명한 이스라엘은 현재 6,500개 이상의 스타트업을 운영 중이며, 디지털 헬스케어 분야 스타트업 수가 전 세계에서 가장 높은 비중을 차지하고 있다. 영국은 비교우위에 있는 금융업을 중심으로 스타트업에 대한 투자를 확대하고 있다. 영국의 스타트업 투자총액은 50억 유로 수준이고, 이 가운데 투자금액의 20%에 해당하는 10억 유로를 핀테크 기술에 집중적으로 투자하고 있다. 성장과 발전의 한계치에 이른 대기업과 선진국 입장에서 이와 같은 투자는 어쩌면 성장을 지속하기 위한 거의 유일한 돌파구라고 할 수 있다. 앞에서 살펴본 엘리자베스 홈스와 같은 사례에도 불구하고 국가적 차원에서 자금지원을 통해 혁신적인 벤처기업 육성을 할 수밖에 없는 이유이다.

미국의 중앙은행 연준 탄생의 비밀

미국 중앙은행의 소유주는 민간은행들

'산타클로스'는 크리스마스가 가까워지면 가장 생각나는 단어 중 하나이다. 풍성한 흰 수염에 빨간색 옷을 입은 산타클로스 할아버지가 사실 콜라 회사에서 마케팅을 위해 만든 '캐릭터'라는 것을 알았을 때 많은 사람들은 허탈하기까지 했다. '고래'가 물고기가 아니라 포유류라는 사실을 처음 알았을 때의 신기함과 놀라움은 또 다르다. 경제·금융 분야에서도 많은 이들을 놀라게 할 만한 반전이 있다. 바로 미국의 중앙은행이라고 할 수 있는 연방준비은행의 소유주가 정부가 아닌 민간은행이라는 것이다. 즉, 미국의 연방준비은행은 우리나라의 한국은행과 같은 국책은행이 아니라 민간은행들의 출자로 설립됐으며 주주들에게 이익을 배당할 수 있는 조직이라는 것이다.

미국을 건국할 때 핵심 정치인들과 독립운동가들 가운데에는 연방정부가 지방정부를 간섭하고 통제하는 데 대해 부정적인 의견을 갖고 있었다. 따라서 건국 초기 미국에서는 강력한 연방 차원의 기관인 중앙은행의 설립을 반대하는 여론이 우세했다. 그러나 1907년 뉴욕에서 가장 큰 신탁회사였던 '니커보커 트러스트Knickerbocker Trust Company'가 대규모 인출 사태, 즉 뱅크런Bank Run으로 파산하면서 주식시장 전체가 폭락하고 금융시장이 마비되는 금융위기가 발생했다. 이후 미국에서는 뱅크런으로 대형 은행들이 줄지어 파산하는 것을 막고, 시중은행에 유동성을 공급해줄 수 있는 중앙은행의 필요성이 강력하게 대두됐다.

1913년 설립된 미국의 중앙은행은 앞서 설명한 바와 같이 중앙집권적인 경제기구 설립을 반대하는 의견이 반영돼 독특한 구조를 갖게 됐다. 미국의 중앙은행을 지칭할 때는 다른 나라의 그것과는 달리 '은행'이라는 표현 대신 연방준비제도Fed(이하 연준)라는 명칭을 사용한다. 이는 연준이 연방준비제도이사회Federal Reserve Board of Governors, FRB, 연방준비은행Federal Reserve Bank, 연방공개시장위원회Federal Open Market Committee, FOMC로 구성되어 있기 때문이다. 이 가운데 연방준비은행은 12개로 나뉜 미국의 개별 지역에서 중앙은행의 역할을 하고 있다. 12개 연방준비은행들은 해당 지역에서 달러화를 발행하고 상업은행들을 감독하며 법정지급준비금(인출 요구에 응하기 위해 법적 근거로 중앙은행에 일정 비율의 예금을 예치해놓은 돈)을 보관하는 등의 기능을 수행하고 있다. 그런데 각 지역의 중앙은행인 연방준비은행들이 설립 당시 자본금을 민간은행 출자로 충당했으며, 통화정책 과정에서 매입한 채권 이자 등의 수입을 최대 6%까지 주주인 민간은행에 배당할 수 있는 민간 조직의 특징을 가지고 있다.

반면 연준 가운데 연방준비은행들을 관리·감독하는 기관인 연방준비제도이사회 위원 7명은 모두 상원의 승인을 거쳐 대통령이 임명한다. 따라서 연방준비제도이사회는 정부 기구라 할 수 있다. 또 미국의 기준금리와 통화정책을 결정하는 최상위 의사결정기구인 연방공개시장위원회는 대통령이 임명하는 연준 위원 7명과 12개 연방준비은행 총재 가운데 뉴욕연방준비은행 총재와 나머지 11개의 연방준비은행에서 순차적으로 선발된 4명의 총재들로 구성되어 있다. 각 지역 연방준비은행 이사회의 일부는 주주인 민간은행단에서 투표로 선출되는 이사들이지만 연방공개시장위원회의 멤버가 될 수 있는 각 지역의 연방준비은행 총재는 반드시 연방준비제도이사회가 임명한다. 따라서 연준의 통화정책을 실제로 집행하는 12개 연방준비은행의 지분은 민간이 가지고 있지만 통화정책에 관한 중요한 의사결정을 하는 연방준비제도이사회와 연방공개시장위원회의 인사는 모두 대통령과 정부에 의해 직·간접적으로 선출된 위원들로 이뤄지는 것이다.

전 세계에 영향을 끼치는 연준의 파워

이처럼 미국의 연준은 다른 선진국 중앙은행들에 비해 출범이 늦었으며 복잡한 구조를 가지고 있다. 그러나 현재 연준이 발행하는 달러화는 국제 거래의 40% 이상을 차지하는 가장 중요한 결제 수단이다. 국내총생산GDP 전 세계 1위 국가인 미국 경제의 통화이며 가장 널리 활용되고 있는 기축통화(국제 무역 및 금융거래의 결제통화)인 달러에 직접적인 의사결정을 하는 연방준비제도이사회 의장을 '세계 경제대통령'이라고 부르는 것도 무리가 아니다.

그럼 막대한 영향력을 가진 연준의 기준금리 인상 결정은 미국과 세계 경제에 어떤 영향을 미칠까? 먼저 은행들 간 자금거래

현재 연준이 발행하는 달러화는 국제 거래의 40% 이상을 차지하는 가장 중요한 결제 수단으로 활용되고 있다.

시 적용되는 금리인 기준금리(은행의 자금조달 금리)가 인상되면 은행과 가계·기업 간 자금거래에 적용되는 시중금리(대출금리, 채권금리)가 상승한다. 따라서 미국 기준금리가 상승하면 시중의 돈이 금융기관으로 흡수되어 미국 금융시장의 돈줄이 마르고 이에 따라 주택가격, 주가, 물가 등이 하락할 것이다. 이때 신흥국에 유입됐던 해외 자금이 더 안정적이고 수익률이 높은 미국으로 이동하면서 신흥국 금융시장의 유동성이 축소되고 이에 따라 금융 불안정이 고조되는 이른바 '긴축발작Taper Tantrum'이 발생할 수 있다. 실제로 1994년 연준이 1년 동안 수차례에 걸쳐 기준금리를 3%에서 6%로 빠르게 인상하자 신흥국들에 유입되었던 해외 자금이 급격히 빠져나가 외환위기의 단초가 된 바 있다. 1994년 미국 금리가 빠르게 상승하자 멕시코 등 중남미 국가들에서는 외환위기가 발생했으며, 그 여파는 1997년 우리나라를 비롯한 아시아 국가들에까지 미쳐 아시아 외환위기 발생의 원인이 되기도 했다. 이처럼 연준의 기준금리 변화는 국제 금융시장에서의 자금흐름을 결정하고 각국의 금리, 물가, 환율 등 거시경제 변수 전반에 지대한 영향을 미치는 요소이다.

연준이 기준금리를 인상하면 신흥국 통화당국은 앞서 살펴본 바와 같이 자본 유출로 인한 '신용경색(금융시장에 공급된 자금의 절대량이 적거나 대출경로 등 자금의 통로가 막혀 기업에 자금이 원활히 공급되지 못하는 상황)'을 방지하기 위해 금리를 그에 따라 올려야 한다. 국내 금리가 인상되면 이자상환부담 등 가계부채가 뇌관이 되어 부동산 가격이 급락하고, 소비가 급감해 경기가 침체될 가능성이 크다. 또 미국 금리 상승으로 달러화 가치가 상승하면 원유 등 원자재 가격이 상대적으로 하락할 수 있다. 따라서 신흥국 주식이나 채권을 기초자산으로 하는 파생상품에 투자했거나 원자재를 기초자산으로 하는 금융 상품에 투자한 투자자들은 투자 계획을 점검해봐야 한다. 연준의 거시경제 정책이 새 국면으로 접어들 때마다 세계 경제는 급격히 변화했다.

이런 이유로 미국 중앙은행 수장인 연방준비제도이사회 의장은 '세계경제 대통령'으로 불린다. 미국 달러화는 국제결제 수단 가운데 가장 높은 비중을 차지하고 있고, 연준의 통화정책은 글로벌 금융시장에 큰 영향을 미친다.

베이비스텝, 빅스텝? 기축통화 발행국가의 역할

이처럼 막중한 연준의 자리에 무려 19년간 있었던 사람이 있다. 1987년부터 2006년까지 연준 의장을 역임했던 앨런 그린스펀 Alan Greenspan(1926~)이다. 그린스펀은 재임 기간에 검은 월요일 주식시장 폭락, 닷컴 버블 붕괴 등 경제위기에 잘 대처하고 90년대 미국 경제를 안정적으로 견인했다는 평가를 받아 '마에스트로Maestro' 라는 칭송을 받기도 했다. 하지만 이런 그린스펀의 행적 가운데 오점으로 남은 부분도 있다. 임기 말 통화정책의 타이밍을 놓친 것이 2007년 서브프라임 사태가 발생하는 데 단초를 제공했다는 비판적인 견해이다.

그린스펀은 '베이비스텝Baby Step'이라고 하는 연준의 기준금리 조절 방식을 처음으로 도입했다. 그가 연방공개시장위원회를 통해 기준금리를 조절하는 단위를 0.25%포인트로 사용하면서 이것이 관행이 됐다. 베이비스텝은 미국뿐만 아니라 다른 중앙은행에도 영향을 미쳐 2000년대 이후 세계 주요국 중앙은행들이 기준금리를 변경할 때 0.25%포인트 변경하는 것은 암묵적인 규칙이 된 것이다. 1990년대 후반 이후 세계 경제가 저물가·저금리의 '뉴노멀' 시대에 접어들면서 시장 금리는 1980년대에 비해 큰 폭으로 하락했다. 절대적인 금리 수준이 하락하면서 실물경제에 충격을 가하지 않고, 점진적인 통화정책을 시행하기 위해 베이비스텝(한번에 0.25%포인트씩 조절)이 금리 조절의 관례로 자리 잡은 것이다. 0.25%포인트를 넘어서는 금리 조절은 이례적인 것으로 간주해 별도의 명칭으로 통용된다. 기준금리를 0.5%포인트 인상할 때는 '빅스텝Big Step', 0.75%포인트 인상할 때는 '자이언트스텝Giant Step'이라고 부른다. 한편, 금리를 0.5%포인트 인하할 때는 '빅컷Big Cut'이라고 하며, 코로나19 팬데믹이 공식 선포된 2020년 2월 이후 연준이 시행한 바 있다.

그린스펀이 의장으로 재임하던 2004년 연준은 미국의 물가 상승과 경기 과열을 우려해 기준금리를 0.25%포인트씩 10차례에 걸쳐 총 2.5%포인트 인상했다. 연준의 강력한 금리 인상 정책에도 불구하고 같은 기간 미국의 채권시장 10년 만기 국고채 수익률

기준금리가 인상되어도 시중금리가 상승하지 않고, 오히려 하락하는 현상을 '그린스펀의 수수께끼'라고 한다.

은 4.7%에서 오히려 3.9%로 하락했다. 이처럼 기준금리가 인상 돼도 시중금리가 상승하지 않고, 오히려 하락하는 현상을 '그린스펀의 수수께끼Greenspan's Conundrum'라고 한다. 경제 전문가들은 2000년대 초 그린스펀이 물가를 안정시킬 긴축 통화 정책의 타이밍을 놓쳤고, 이는 중앙은행의 통제력을 약화시켰다고 평가한다. 연준이 경기 과열을 적절히 통제하지 못해 2007년 서브프라임 모기지 사태가 발생하는 환경이 조성됐다는 것이다.

베이비스텝의 예외적인 사례는 근래 잦아졌다. 2022년은 미국을 비롯한 세계 경제가 코로나19 팬데믹으로 인한 공급망 붕괴가 가져온 경기침체로부터 회복되던 시기이다. 서서히 소비와 투자, 고용 등 실물경기가 살아나고 인플레이션 압력이 고조됨에 따라 연준은 코로나19 팬데믹 때 팽창시켰던 유동성을 본격적으로 회수하기 시작했다. 2022년 5월 미국 연준은 기준금리를 5%포인트 인상시켰는데 이는 22년 만에 처음으로 베이비스텝 기조에서 벗어난 급격한 조정이었다. 미국 연준뿐만 아니라 홍콩, 사우디아라비아 등 세계 주요국 중앙은행들도 연이어 0.5%포인트 가량 기준금리를 올렸다. 미국을 비롯한 주요국 중앙은행들이 오랜 기간 불문율로 지켜온 원칙에서 벗어난 이유는 뭘까?

2007년 이후 미국 연준을 비롯한 주요국 중앙은행들은 글로벌 금융위기, 유럽의 재정위기, 코로나19 팬데믹으로 실물경제가 크게 후퇴할 수 있는 위험에 처하자 저금리 정책을 장기간 지속해왔다. 그런데 2020년 하반기부터 금융시장에 늘어난 막대한 유동성으로 인해 주식, 원자재, 부동산 등 자산 가격이 크게 상승했다. 이어 2022년 2월 발발한 러시아-우크라이나 전쟁으로 경제 전반의 불확실성이 커지자 원유, 천연가스, 곡물, 철광석 등 주요 원자재 가격이 급등했다. 결과적으로 각국의 물가가 중앙은행이 우려할 만한 수준으로 급격히 상승한 것이다. 특히 2022년 3월 미국의 소비자물가는 전년 동기 대비 8.5% 상승해 최근 40년 이래 최고치를 기록했다. 이는 일반인들도 심각한 수준이라고 인지할 만한 가파른 상승세이다.

연준 이사들은 과거 그린스펀이 금리 인상 타이밍을 놓쳐 자산시장 버블을 형성했던 트라우마를 상기했다. 그린스펀의 후배 의장인 제롬 파월Jerome Powell(2018. 2.~현재 FRB 의장)을 비롯한 연준 이사들은 '그린스펀의 수수께끼와 같은 상황이 재발하지 않을까', '물가가 급격히 상승하는데 연준이 타이밍을 놓치지 않을까' 노심초사하는 상황을 걱정했던 것이다. 지난 연준의 긴축 횡보로 우리나라 외환시장에서 원화 가치는 크게 하락했다. 연준의 빅스텝 후 외환시장에서 원화 가치는 한때 달러당 1,400원까지(우리나라의 외환표기는 달러화 기준이므로 명목환율과 원화가치는 반대방향으로 움직인다) 하락했다.

장기적으로 원/달러 환율(₩/$)이 상승하면 환손실에 대한 우려로 국내에 투자된 해외 자금이 유출될 가능성이 높다. 이처럼 연준이 기준금리를 큰 폭으로 올리면 글로벌 투자 자산 가운데 안전자산인 달러화 수익률이 크게 상승하므로 달러화에 대한 투자 수요가 증가한다. 따라서 위험을 무릅쓰고 상대적으로 높은 수익을 기대하고 신흥국에 투입된 자금이 미국으로 대거 이탈할 가능성이 크며 이는 신흥국 금융시장의 돈줄을 마르게 하는 요인이 된다.

2008년 글로벌 금융 위기의 진원지는 미국이었다. 그리고 미국의 금융위기에 대처하기 위해 연준은 막대한 달러를 추가로 공급하면서 기축통화 발행국가로서 위신이 많이 하락했었다. 그러나 최근 기준금리를 인상하는 긴축통화 정책이 한국을 비롯한 주요 국가의 주식, 부동산, 가상자산 시장의 가격을 크게 하락시키면서 여전히 연준이 국제 금융시장에서 건재하다는 것을 확인시키고 있다.

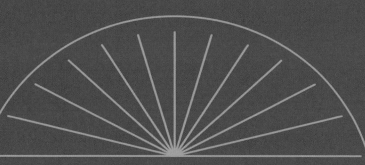

2부

생활
속의
경제학

종이화폐·동전이 사라지면
어떻게 될까?

현금 없는 사회, 사라지는 것들

어떤 사람이 길을 가다가 집문서, 즉 부동산 등기증서를 우연히 주웠다면 그 집 주인이 될 수 있을까? 당연히 부동산 등기증서만으로는 집주인이 될 수 없다. 물론 부동산 등기권리증을 가지고 있으면 그 사람이 집주인일 가능성이 상당히 크지만 지금의 한국에서는 단순히 물리적인 등기권리증을 소유하고 있는 것이 집주인임을 나타내는 결정적인 근거가 되지 않는다. 사실 집주인을 확인할 수 있는 가장 분명한 증거는 부동산 계약서를 근거로 등재된 대법원의 전자 등기상 명의를 확인할 수 있어야 한다. 과거에 종이로 되어 있던 집문서가 이제는 모두 전산화된 것이다. 오늘날 종이로 된 부동산 권리증서는 과거의 유산일 뿐 실제적 효력은 거

최근 '현금 없는 버스'를 자주 볼 수 있는데 이런 표시가 있는 버스는 반드시 교통카드를 소지해야 탈 수 있다.

의 없다고 생각해야 한다.

그런데 한국은행에서 발행하는 현금이 부동산권리증서, 주식 증서와 비슷한 상황에 놓이게 됐다. 최근 '현금 없는 버스'라는 안내가 붙어 있는 버스를 길거리에서 자주 보았을 것이다. 이제 이런 표시가 있는 버스에 타려면 반드시 교통카드를 소지해야 한다. 커피 전문점 가운데도 현금을 받지 않는 매장이 늘고 있다. 부동산권리증서나 주식처럼 현금, 즉 물리적인 화폐는 앞으로 사라질까? 지금까지 살펴본 것처럼 현금이 없어진다고 '돈', 즉 중앙은행이 발행하고 관리하는 법정화폐Legal Tender 그 자체가 사라지는 것은 아니다. '현금 없는 사회'는 부동산 등기나 주식과 같이 물리적인 증서(화폐)가 없어지고 모든 것이 전산화되어 운용되는 것을 의미한다. 현재와 같은 종이화폐와 동전이 없어지고 모든 화폐는 카드, 컴퓨터, 휴대전화와 같은 전자 장치를 기반으로 결제가 진행된다.

그럼 지금 버스나 카페들처럼 정부가 현금 없는 사회를 선언하면 어떤 일이 발생할까? 종이 승차권이나 토큰이 사라지면서 과거에 버스 정류장 근처에 있던 토큰 판매소가 거의 자취를 감췄다. 그렇다고 일반 은행이 사라질 수는 없다. 은행은 여전히 대출, 저축, 금융상품 설계 및 판매와 같이 물리적인 화폐가 없어져도 필요한 금융 서비스를 제공해야 할 것이다. 종이 증권이 사라졌지만 증권예탁원과 증권거래소가 여전히 존재하고 이전보다 더 많은 일을 하는 것을 보면 은행이 사라질 것 같지는 않다.

현금, 즉 물리적인 화폐가 없어지면 어떤 직업이 사라질까? 은행원이 아니라 은행 강도가 사라지게 된다. 실제로 현금이 거의 사라진 덴마크에서는 2000년대 들어 200건 이상 발생했던 무장강도 사건이 급격히 감소하면서 2022년에는 단 한 건도 발생하지 않았다고 한다. 즉, 현금이 없어지면 현금을 노린 범죄로부터는 지금보다 좀 더 안전해질 수 있다. 현금이 사라지면 한국은행은 매년 종이화폐와 동전을 발행하고 관리하는 데 발생하는 1,000억 원 이상의 비용을 감축할 수 있을 것으로 추정한다. 그뿐만 아니라 현금이 사라지면 정부의 수입, 즉 세금 징수액이 크게 증가할 수 있다. 과세 당국이 그동안 세금을 걷지 못했던 지하경제 Underground Economy를 양성화해 이를 과세대상 소득으로 포착할 수 있기 때문이다. 현금이 사라지면 모든 거래는 전산으로 기록되고, 세무 당국은 이런 자료를 토대로 모든 거래와 수익을 포착할 수 있게 된다.

영세 상공업자의 소액 현금결제 소득, 각종 은닉자금 및 범죄 관련 자금뿐만 아니라 결혼식 축의금, 대학생들의 과외 활동과 같은 것들까지도 넓은 의미에서 지하경제이다. 국제통화기금IMF은 한국의 지하경제 규모가 국내총생산GDP 대비 20%가량일 것으로 추정하고 있다. 2023년 우리 정부의 세수가 대략 500조 원인데 현금이 사라진다면 이론적으로는 세율을 인상하지 않아도 70~80조 원의 세금을 추가로 징수할 수 있는 것이다. 이처럼 현금이 없는 사회는 여러 장점을 갖고 있다. 범죄가 줄고 정부의 재정수입 기반이 한층 탄탄해지는 것이다.

빅브라더 사회와 마이너스 금리

그런데 모든 일에는 장점이 있으면 단점도 있다. 현금이 사라지면 정부는 국민이 10원짜리 하나를 쓰더라도 그들의 모든 행동을 다 파악할 수 있게 된다. 정부가 개인의 자유를 제한하고 민간의 사소한 일상까지 일일이 감시하는 '빅브라더Big Brother' 사회로 한층 가까이 다가갈 위험이 있는 것이다. 실제로 개인의 자유를 중요시하는 자유주의 국가와 중앙정부의 통제력이 큰 국가들 사이에는 현금이 없는 디지털 화폐 사회로의 전환속도가 다르다. 이

현금이 사라지면 정부는 모든 행동을 다 파악할 수 있게 된다. 정부가 민간의 사소한 일상까지 감시하는 '빅브라더' 사회로 가까이 다가갈 위험이 있는 것이다.

는 코로나19 팬데믹 당시 정부의 공공 보건 정책과 국민들의 반응을 봐도 쉽게 짐작할 수 있는 부분이다. 정부의 통제력이 강한 아시아 국가들의 경우 마스크에 대한 엄격한 규제를 손쉽게 시행할 수 있었다. 그러나 유럽 국가들과 미국에서는 많은 시민들이 마스크에 대한 거부감과 정부의 이동 통제에 대해 불만을 표했다. 따라서 실제로 중앙은행이 블록체인 기술을 활용해 발행을 준비하는 중앙은행 디지털화폐Central Bank Digital Currency, CBDC에 대한 진행 속도는 중국이 다른 선진국에 비해 가장 빠르다.

정부 입장에서는 현금이 사라지면 또 다른 이점이 있다. 바로 '마이너스' 금리 정책을 시행할 수 있게 된다. 중앙은행은 경기가 어려울 때 경기를 부양하기 위해 통화량을 증가시키고 시중금리 인하를 유도한다. 기업이 건물이나 기계를 살 때 빌리는 돈, 즉 이자부담을 줄여 소비와 투자 확대를 꾀하는 것이다. 그런데 2017~2018년 유럽과 일본 중앙은행은 물가는 오르지 않는 상황에서 경기가 어려워지자 기준금리를 마이너스로 내렸다. 금리가 마이너스로 하락하면 은행에 돈을 맡기고 이자를 얻는 것이 아니라 다른 물건들처럼 오히려 보관료를 지불해야 한다. 가령 100만 원을 예금했는데 1년 후에 찾을 때는 98만 원을 받게 되는 것이다.

은행이 이자를 지급하는 것이 아니라 보관료를 징수한다면 사람들은 개인 금고를 만들거나 땅을 파서 돈을 묻을 수도 있다. 그럼 경기가 침체해 금리를 인하했는데 돈이 땅속이나 금고 속으로 들어가 정부의 정책 의도와 달리 경제가 더 어려워질 수도 있다. 그래서 실제로 일본이나 유럽 중앙은행이 시중은행을 대상으로 중앙은행에 예치한 돈에 대해 이자를 지급한 것이 아니라 마이너스 금리를 적용한 사례가 있었다. 당연히 은행으로 현금이 들어오지 않는 결과가 나타났다. 그런데 현금이 사라지고, 모든 사람이 디지털로 된 화폐를 보유하게 되면 정부가 마이너스 금리를 적용해도 땅을 파거나 물리적인 금고에 저장할 수 없다. 즉, 정부에는 통화정책 카드가 하나 더 생기는 것이다.

이처럼 물리적인 화폐가 사라지면 우리 사회에 기존에는 보기 힘들던 다양한 현상들이 관찰될 것이다. 한국의 경우 90% 이상의 거래가 현금이 아닌 디지털 수단으로 결제되고 있다. 따라서 현금 거래가 축소되고 결국 사라질 가능성이 다른 나라에 비해 클 것으로 전망된다. 따라서 이제는 앞서 언급한 디지털 화폐가 주류가 되는 새로운 금융환경에서 나타날 수 있는 복잡 다변한 현상을 다각도로 파악하고 그에 걸맞은 금융 질서 구축에 힘쓰는 한편 디지털 금융 소외 계층을 위해 사회적 보완책을 마련해야 할 시점이다.

왜 밸런타인데이만 되면 장미 가격은 비싼가?

수요의 가격탄력성

한적한 휴일 오후 갓 걸음마를 뗀 어린 아들과 아빠가 사이좋게 낮잠을 잤다. 막 잠에서 깨어난 아이와 아빠의 얼굴에는 쿠션 자국이 선명하게 남아 있다. 어린 아들 얼굴에 있던 쿠션 무늬는 금방 없어졌는데 아빠 얼굴에는 한동안 그 흔적이 남아 가족에게 놀림을 받았다. 이처럼 외부의 어떤 자극이 왔을 때 그것을 원상태로 회복하는 힘을 물리학에서는 '탄력성Elasticity'이라고 한다. 아이들 피부처럼 금방 원상태로 회복되는 피부를 탄력적이라고 하고, 아빠 피부처럼 복원이 느린 피부는 비탄력적이라고 한다. 탄력성은 물리학에서 처음 사용한 개념이지만 지금은 미용 산업이나 경제학에서 더 자주 인용되는 듯하다. 경제학에서 탄력성은

'가격'이나 '소득'과 같이 소비에 영향을 주는 어떤 요인이 변할 때 소비자들의 구매량이 얼마나 민감하게 반응하는지를 객관적으로 보여주는 수치이다. 가장 많이 쓰이는 탄력성 개념인 '수요의 가격탄력성'은 상품 가격의 변화율(%)에 대한 상품 판매량의 변화율(%), 즉 '수요량의 변화율(%)/가격의 변화율(%)'로 구한다. 상품 가격이 1% 변할 때 바뀌는 판매량의 변화율(%)인 것이다.

가격탄력성을 계산한 값이 '1'일 때 해당 상품의 가격탄력성을 '단위 탄력적Unit Elastic'이라고 한다. 단위 탄력적이라는 의미는 가격의 변화율과 가격 변화에 따른 소비자들 수요량 변화율이 같다는 것을 알 수 있다. 단위 탄력적일 때는 판매자가 가격을 인상하거나 인하해도 매출액에는 변화가 없다. 단위 탄력적인 상품의 판매자가 가격을 10% 인상하면 수요량은 10% 감소하고, 가격을 20% 인하하면 수요량은 20% 증가한다. 즉, 가격이 변화하는 만큼 수요량이 정확히 반대 방향으로 움직여 가격 변화가 매출에 미칠 수 있는 영향을 상쇄시킨다. 현실에서 특정 상품의 가격탄력성이 '1'인 단위 탄력적인 사례를 찾아보기 힘들다. 다만 상품의 단위 탄력적인 재화는 '탄력적인 재화'와 '비탄력적인 재화'를 분류하는 기준이며, 판매자가 매출액을 증대시키기 위해 가격 전략의 방향성을 결정할 때 임계치 역할을 한다. 가격탄력성이 '1'보다 큰 탄력적Elastic인 상품은 소비자들이 상품 가격의 변화에 대해 민감하게 반응하는 시장임을 의미한다.

따라서 판매자가 가격을 인상하면 가격 인상률보다 판매량 감소 비율이 더 커 매출액이 감소하게 된다. 탄력적인 상품은 공급자가 매출을 증가시키기 위해서는 가격을 인상해선 안 되고 가격을 인하해 판매량을 크게 증가시키는 것이 효과적인 전략이다. 예를 들어, 시중은행의 계좌 이체 수수료가 서로 다르다면 계좌 이동이 제한된 경우가 아닌 대다수 고객은 낮은 수수료의 다른 은행으로 거래 계좌를 변경할 것이다. 이처럼 비슷한 편익을 제공하는 대체재가 많고, 구매자가 다른 상품으로 전환하기 쉬운 상품은 가격탄력성이 크기 때문에 판매자가 매출을 증대시키려면 가격을 인하해 판매량을 증가시키는 가격 전략을 구사해야 한다.

반대로 수요의 가격탄력성이 1보다 작은 상품은 비탄력적Inelastic인 재화로 볼 수 있다. 비탄력적인 재화는 가격 변화율보다 수요량의 변화율이 작은 재화로, 탄력적인 재화의 경우와 달리 가격을 인상해야 매출을 늘릴 수 있다. 일반적으로 마땅한 대체재가 없거나 생활에 꼭 필요한 재화는 가격이 변경되어도 쉽게 소비를 바꿀 수 없어 수요의 가격탄력성이 1보다 작은 사례가 많다. 몇 년 전 정부가 담뱃세를 2,000원 인상함에 따라 2,500원이었던 담배 가격이 4,500원이 되면서 가격이 80%가량 상승했는데, 담배 소비량은 거의 줄어들지 않았다. 지하철 요금도 2015년 1,050원에서 1,250원으로 20%가량 인상됐어도 지하철 이용객은 거의 줄어들지 않았다. 지금까지 살펴본 것을 정리하면 가격탄력성이란 상품 가격이 상승해도 소비자들이 해당 재화에 대해 '충성도' 혹은 '구매 의사'를 전과 같은 수준으로 얼마나 강력하게 유지하는

지를 보여주는 지표라고 할 수 있다.

공급의 가격탄력성

'수요의 가격탄력성'이 가격 변화에 소비자의 구매량이 얼마
나 민감하게 반응하는지 측정하는 것이라면, '공급의 가격탄력성'
은 가격 변화에 판매자의 공급량이 얼마나 민감하게 반응하는지
측정한다. 매년 '밸런타인데이'와 '화이트데이'가 가까워지면 고
백하고 싶은 사람이 있는 청춘들은 마음이 들뜨고 분주해진다. 먼

출처: 셔터스톡

매년 발렌타인데이에 꽃 가격이 오르는 이유는 꽃의 공급이 비탄력적이기 때문이다.

저 고백을 하면 상대가 나를 받아줄까? 선물과 꽃다발을 사려고 가게 앞을 서성거리기도 하고, 친구들에게 조언을 구하기도 한다. 그런데 이맘때면 다른 이유로 이들과 함께 마음이 분주해지는 사람들이 있다. 바로 모처럼 지갑이 열리는 예비 연인들에게 물건을 팔려는 상인들이다. 연초 낭만 가득한 시즌이 되면 선물Gift 시장에서는 흥미로운 현상이 관찰된다. 사랑을 고백하는 사람들은 주로 간단한 선물이나 꽃을 전하는데, 일반적인 선물 가격은 다른 때와 별다른 차이가 없는데 꽃 가격만은 유독 평소보다 큰 폭으로 상승한다. 연인들이 사랑을 고백할 때 꽃을 주는 것은 어제오늘 일이 아닌데 해마다 2~3월이면 꽃 시장에서는 증가하는 수요를 감당하지 못해 매년 꽃 가격이 오르는 것은 희한한 일이다. 이처럼 꽃 가격이 상승하는 주된 원인은 다른 공산품에 비해 꽃의 공급이 비탄력적인 것에서 찾을 수 있다.

앞서 살펴본 '수요의 가격탄력성'은 해당 상품이 생활에 꼭 필요한지 여부, 대체재의 존재 여부, 가격 수준 등의 영향을 받는다. 따라서 특정 상품이 생활에 꼭 필요한 재화이며, 대신할 수 있는 대체재 숫자가 적고, 소득에 비해 상품 가격이 비교적 낮은 수준이라면 해당 상품은 비탄력적인 특징을 가진다. 공급의 가격탄력성은 수요의 가격탄력성과 다른 원인들에 의해 영향을 받는다. 물건 값이 하락할 때 생산자들이 공급을 줄이는 것은 당연한 이치이다. 그러나 가격이 상승해 상품을 더 생산하면 이윤을 더 얻을 수 있는데도 쉽게 늘리지 못하는 것은 상품을 생산하고 유통하는 과정에서 제약이 존재하기 때문이다. 위에서 살펴본 꽃과 같은 농산물들은 상품성을 갖출 만큼 충분히 자라려면 절대 시간이 필요하다. 반면 공산품은 시장 수요가 증가하면 일정한 범주 내에서는 공장 가동률을 증가시켜 비교적 수월하게 시장 수요에 맞춰 공급량을 조정할 수 있다. 또 상품 저장의 가능 여부와 편의성 역시 공급의 탄력성에 영향을 미친다. 김장철이면 배추 가격이 상승하고, 명절을 앞두고 생선이나 과일 가격이 급격히 상승하는 주된 이유는 농수산물은 제품 특성상 저장이 어렵거나 저장 과정에서 많은 비용이 발생해 충분한 재고를 확보하기가 쉽지 않기 때문이다. 따라서 공산품은 미리 생산해둔 재고를 통해 공급량을 탄력적으로 조절할 수 있지만 농산물은 쉽지 않다.

즉, 밸런타인데이에 초콜릿이나 반지는 공장 가동률을 높이고 미리 재고를 확보함으로써 공급량을 어렵지 않게 조절할 수 있지만 꽃은 갑자기 생산량을 큰 폭으로 증가시키기도 어렵고 저장하기도 쉽지 않아 공급이 상대적으로 비탄력적일 수밖에 없다. 또 생산량이 일정 수준을 넘어섰을 때 추가로 투입해야 하는 고정비가 커 평균 비용이 급격히 증가하는 상품 역시 공급이 비탄력적이다. 예컨대 여름이면 대규모 정전사태가 일어나지만 쉽게 추가 전력을 확보하지 못하거나, 명절마다 기차표를 구하는 것이 전쟁을 방불케 할 만큼 철도 이용객이 급증하는데 좌석 공급을 충분히 늘리지 못하는 것이 바로 이 같은 이유 때문이다. 전기나 철도산업에서 공급을 증가시키려면 발전소나 철로를 추가로 건설해야 해

막대한 고정비가 발생한다. 또 성수기가 끝났다고 해서 기존에 확장했던 생산설비를 다시 거둬들이기도 쉽지 않다. 따라서 특정 시기에 시장 수요가 증가했다고 해서 이들 산업에서 쉽게 공급량을 증가시킬 수는 없다.

플랫폼 기업들의 가격탄력성 예측

애덤 스미스Adam Smith(1729~1790)가 말한 '보이지 않는 손Invisible Hand'에 의해 시장이 균형을 형성하려면 수요와 공급이 모두 가격에 따라 탄력적으로 조절되어야 한다. 그런데 시장에서 두 축 가운데 하나인 공급이 비탄력적인 시장은 마치 절름발이와 같아 쉽게 균형을 찾지 못한다. 주택과 농산물 시장과 같이 공급이 비탄력적인 시장에서는 공급량이 가격 변화에 대응하지 못해 가격이 지나치게 상승하거나 폭락하는 현상이 나타나기도 한다. 가끔 조류인플루엔자 등과 같은 전염병으로 닭고기 가격과 계란 가격이 한 달 만에 3~4배 이상 상승한 것도 역시 비탄력적인 공급에서 비롯된다고 할 수 있다.

최근 정보통신기술ICT이 발전하고 플랫폼 기업들이 활성화함에 따라 가격탄력성이라는 개념이 비즈니스 현장에서 주목을 받고 있다. 플랫폼 기업이란 제품을 소비자에게 직접 공급해 수익을 창출하기보다는 판매자와 소비자를 연결해주는 매칭 서비스Matching Service를 제공해 수익을 얻는 회사를 일컫는다. 플랫폼에 참여하는 공급자와 수요자들이 늘고 거래 규모가 확대될수록 플랫폼 기업은 높은 수수료 수익이나 광고 수익을 얻을 수 있다. 플랫폼 기업과 유사한 비즈니스 모델인 부동산 중개업자는 법률에 따라 부동산 거래에 따른 중개 수수료를 세입자와 집주인에게 모두 동일한 금액을 받아왔다.

그런데 플랫폼 기업의 대표적인 회사인 에어비앤비Airbnb는 집을 제공하는 사람(호스트)과 집을 빌리려는 사람(게스트)에게 받는 수수료가 다르다. 집을 제공하는 사람은 숙박료의 3%를 수수료로 에어비앤비에 지불하지만 집을 빌리는 사람은 12%를 지불해야 한다. 이처럼 플랫폼 기업인 에어비앤비가 수수료를 고객 유형에 따라 다르게 책정하는 가격 전략 이면에는 서비스를 공급하는 사람과 서비스를 소비하는 사람들의 가격탄력성에 대한 충분한 이해와 분석이 숨어 있었다.

최근 많은 이용자를 보유하고 있는 우리나라 카카오택시는 구체적인 수익 모델을 준비하면서 꽤나 고민을 많이 하고 있을 것이다. 카카오택시는 자사 애플리케이션을 이용하는 택시 기사와 승객에게 모두 수수료나 이용료를 받을 수 있는 잠재 고객이다. 그런데 '네트워크 외부효과Network Externality'로 인한 '쏠림' 현상이 높은 플랫폼 산업에서 자칫 고객의 가격탄력성을 잘못 추정해 부적절하게 가격을 설정하면 고객을 대량으로 잃어 업계 선도자 지위에서 밀려날 수 있다.

그래서 '누구'에게 '얼마나' 많은 수수료나 이용료를 받을지를

주택 시장, 농산물 시장 등 공급이 비탄력적인 시장에서는 공급량이 가격 변화에 대응하지 못해 가격이 지나치게 상승하거나 폭락하는 현상이 나타나기도 한다.

결정하는 일은 플랫폼 기업들로서도 쉬운 일이 아니다. 이미 많은 SNS 기업이나 애플리케이션 제작 업체들이 고객들의 가격탄력성을 잘못 예측하고 이를 바탕으로 책정했던 가격이 치명적인 과오가 되어 고객을 잃거나 파산했던 사례들이 있다. 이처럼 가격탄력성은 전통적인 제조업에서 마케팅 전략의 일부로 활용되는 정도의 중요성을 가진 것과 달리 플랫폼 기업에서는 회사의 사활을 건 전사적 차원의 전략으로 승격될 만큼 결정적이다.

이제 '미혼'이라는 말
쓰지 않아요

이제는 예능 프로그램이나 출판되는 책들을 보면 '미혼未婚'이라는 말보다는 '비혼非婚'이라는 표현이 더 쉽게 눈에 띈다. 과거 결혼하지 않은 상태를 미혼으로 부르던 것에서 이제는 비혼으로 표현을 바꾼 것이다. 결혼을 하지 않은 사람을 '불완전한' 혹은 '결혼을 못한'이라는 약간은 부정적이고 수동적 의미로 지칭하던 것에서 '다른 형태의 완성' 혹은 '자신의 의지적 선택'이라는 능동의 개념으로 변한 것이다. 통계청 자료에 따르면 2012년에는 약 32만 7,000커플이 결혼을 했으나 꾸준히 감소해 2022년에는 20만 커플에도 채 미치지 못하는 19만 1,690커플이 결혼한 것으로 나타나 이러한 사회적 인식 변화가 얼마나 빠르게 진행되고 있는지를 확인할 수 있다.

과거 결혼은 인륜지대사로 배우자를 찾는 일은 너무 늦기 전에 꼭 치러야 하는 통과의례였으나 이제는 남녀 모두 늦은 결혼이나 비혼을 꺼리지 않게 됐다. 마케팅 조사 업체가 결혼 적령기 성인 남녀를 대상으로 결혼을 기피하는 이유에 대해 설문조사를 실시한 결과 '결혼을 하지 않겠다'고 대답한 응답자 중 78.2%가 '집 장만'과 '결혼 자금' 등 경제적 이유 때문에 결혼을 기피한다고 답했다. 그렇다면 일반인들과 같이 지금의 경제학자들도 결혼은 편익보다 비용이 더 큰 부정적인 '이벤트'라고 생각할까?

결혼을 전통적인 경제 이론으로 처음 분석한 학자는 바로 1992년 노벨경제학상을 수상한 게리 베커Gary Becker(1930~2014) 시카고대학교 교수다. 시카고대학교에서 경제학을 가르쳤던 그는 2014년 사망할 때까지 전통적인 경제학자들이 비교적 관심을 갖지 않았던 '결혼', '차별', '범죄', '교육 투자' 등 인간 행동에 대한 광범위한 주제들을 연구했다. 그는 비용과 편익이라는 경제학에 있어서 가장 근본적이고 핵심적인 두 가지 축을 중심으로 인간의 행동에 대한 연구를 했다. 베커 교수에 따르면 사람들은 독신보다 결혼으로 얻게 되는 편익이 결혼을 할 때 발생하는 비용보다 클 때 결혼을 결심한다.

절대 우위를 가졌던 결혼제도는 지금?

그렇다면 결혼을 통해 얻을 수 있는 효용이나 편익은 무엇일까? 베커 교수는 결혼이 갖는 장점을 크게 '규모의 경제'와 '보험

노벨경제학상을 수상한 게리 베커 교수는 결혼이 갖는 장점을 크게 '규모의 경제'와 '보험효과'로 보았다.

효과'라고 분류했다. 결혼을 하면 두 사람 주거비를 반으로 줄일 수 있다. 음식을 1인분씩 두 번 조리할 때보다 2인분을 한꺼번에 조리할 때 드는 지출이 적다는 것을 생각해보면 쉽다. 또 과거 소득을 얻을 수 있는 산업현장의 일자리는 물리적인 힘을 필요로 하는 1·2차 산업이었다. 따라서 당시 남성들은 여성에 비해 노동 시장에서 소득을 얻는 데 비교 우위가 있었다. 반면 서비스 산업이 지금처럼 발달하지 않았던 시절에 여성이 가족을 위해 집에서 수고하는 일 역시 남성들이 시장에서 쉽게 얻을 수 없는 '용역Service'이었다. 뿐만 아니라 연금제도와 금융 상품이 발달하지 않았던 시절에 자녀는 자신의 미래를 맡길 수 있는 훌륭한 '노후대책'이었다. 특히 물가가 급격히 상승하던 시절에 자식들은 금융 자산보다 더 안정적인 투자처였다.

그러나 산업 구조가 변하고 금융 시스템이 발전하면서 큰 편익으로 절대 우위를 가졌던 결혼제도의 지위가 흔들리기 시작했다. 이제 결혼이 주는 많은 편익은 시장에서 제공하는 서비스나 상품으로 대체되거나 오히려 그것들이 비용 경쟁력 측면에서 앞서게 되었다. 특히 최근에는 1인 가계를 위한 다양한 식품과 세탁, 주거 관리 서비스들이 등장하면서 결혼을 하지 않아도 충분히 생활비를 절약할 수 있고 안락한 생활을 할 수 있는 대안들을 확보할 수 있게 되었다. 또 고학력 사회로 접어들면서 아이는 노후를 대비하는 보험이 아니라 막대한 교육비를 지출해야 하는 부담스러운 존재가 되었다. 3차 산업혁명 이후 육체적인 노동이 아닌 지식과 높은 감수성을 요구하는 일자리가 증가했다. 과거에 비해 상대적으로 여성들도 안정된 직장에서 고임금을 받는 일에 종사할 수 있는 기회가 늘어났다.

이처럼 결혼으로 인한 편익은 과거에 비해 상대적으로 감소한 반면 결혼을 선택했을 때 지불해야 할 비용은 오히려 증가했다. 특히 앞에서 살펴보았던 설문조사 결과처럼 집값 상승과 결혼 비용 증가, 양육비 부담은 결혼 문턱을 더욱 높였다. 베커 교수가 인간 행동을 분석하는 프리즘으로 사용했던 편익과 비용이라는 도구로 오늘날 결혼이라는 대안을 다시 평가해보자. 결혼으로 얻는 편익은 과거보다 줄어든 반면 비용은 증가했으므로 이제 가정을 이루는 일은 가성비가 떨어지는 선택지가 된 것이다. 이뿐만 아니라 경제·사회적 환경이 급변하고 있는 시대에 평생의 반려자를 만나려면 굉장히 큰 불확실성을 감수하는 결정을 해야 한다. 게다가 가정에서 '남녀의 역할 분담이 불공정하다'는 인식이 확산되는 것도 결혼을 꺼리는 이유가 되고 있다. 어찌 보면 이런 상황에서 결혼을 기피하는 지금의 사회 현상은 지극히 자연스러운 일이라고 할 수 있다.

사람들이 '나 혼자 살려고' 하는 사회적 분위기를 전환하는 방법은 없을까? 앞서 베커 교수가 결혼이 주는 편익으로 들었던 가시적인 결혼의 장점보다는 이제 결혼으로 얻을 수 있는 무형의 편익에 관심을 가져야 한다. 결혼한 사람들이 가질 수 있는 심리적 안정감과 만족감은 혼자서는 돈 주고도 살 수 없는 기쁨을 선사하는 것인지도 모른다.

이처럼 결혼에 대한 인식의 변화는 자연스럽게 출산과 육아에 대한 인식의 변화로 이어진다. 2021년 우리나라는 출생자보다 사망자가 더 많은 '데드 크로스Dead Cross'를 처음으로 경험했다. 전문가들은 앞으로 매년 6만 명의 인구가 감소할 것으로 전망한다. 비관적인 시나리오가 지속되면 2070년 한국 인구는 3,700만 명가량으로 줄어들 것으로 추정된다. 특정 국가의 총인구가 감소하지 않고 현재 수준으로 유지되기 위한 대체출산율Replacement-level Fertility은 대략 2.1명이다. 즉, 가임 여성이 2명 이상을 출산해야 현재 인구 5,000만 명을 겨우 유지할 수 있는 것이다. 그런데 통계청 자료에 따르면 2022년 한국의 가임 여성 1명당 평균 출산율은 약 0.78명으로 전 세계에서 가장 낮은 수치이다. 최근 MZ세대는 결혼을 기피할 뿐만 아니라 결혼을 하더라도 출산을 꺼리고 있는데 이 같은 사회적 분위기가 반전되지 않는 한 인구 감소 속도는 더 빨라질 것이다.

《인구론An Essay on the Principle of Population》의 저자인 토머스 맬서스 Thomas Malthus(1766~1834)가 기하급수적으로 늘어나는 인구 때문에 식량 문제가 심각할 것으로 우려했던 것과 정반대 상황이 벌어지는 것이다. 한국은 저출산으로 인구가 크게 감소해 인구의 절대 숫자는 생각보다 훨씬 적어질 수 있다. 그리고 한 번 줄어든 인구는 인구관성 때문에 다시 늘어나기 쉽지 않다. 일단 사람 수가 감소하고 나면 출산율이 예전 수준을 회복하더라도 머릿수 자체가 작아 전체 인구에 미치는 영향은 미미하기 때문이다.

인구가 줄어드는 이유?

농업과 의료기술의 발달로 아이를 충분히 낳을 수 있는 환경임에도 현대인들이 맬서스의 우려와는 상반된 선택을 하는 이유는 무엇일까? 먼저 자녀가 갖는 경제적 지위가 바뀌었다. 자녀가 주는 문화적·정서적 만족을 생각지 않고 출산과 양육을 이해득실 차원에서만 따져본다면 과거 자녀는 '인적 자산'이었으나 지금은 '인적 부채'에 더 가깝다. 과거 농경사회에서 자녀는 노동력을 제공하는 주요 수단이었다. 아이들은 15~16세만 되면 충분히

1인 몫 이상을 하며 가계에 보탬이 되는 구성원으로 자랐다. 잘 성장한 자녀들은 가계에 노동력을 제공했고, 결혼 후에도 늙은 부모를 부양해 주요한 노후대책 수단이 됐다.

그러나 오늘날 한국에서는 높은 대학 진학률과 학력 인플레이션에 발맞추려면 자식을 위해 상당한 교육비용을 지출해야 할 뿐만 아니라 결혼 시 주택자금 등을 지원해줘야 한다. 따라서 과거에 많은 자녀는 노동력과 노후를 보장해주는 재원이 됐지만 오늘날 자녀가 많다는 것은 지출 비용만 더 증가시켜 자녀 1인당 투자할 수 있는 자원을 줄이고 자신의 노후를 더 불안하게 하는 셈이다.

여성의 학력과 경제활동 참여가 늘어난 것도 출산율 하락의 주요 원인이 됐다. 과거에는 여성들의 학력 수준이 높지 않았고, 기업이나 산업 현장에서 보조 업무를 주로 담당해 임금이 상대적으로 낮았다. 반면 오늘날에는 학력 수준이 높아지고 남성과 같은 업무를 하는 여성이 늘면서 여성의 평균 임금도 높아졌다. 이는 과거에 비해 여성들이 출산과 육아로 경제활동을 포기했을 때 발생하는 기회비용이 커졌다는 것을 뜻한다. 이렇듯 최근 한국에서는 아이를 적게 낳을 사회·경제적 유인이 증가한 것이다.

그러면 인구 감소가 국가 경제에는 어떤 영향을 미칠까? 단기적으로 정부는 세율을 인하하거나 정부 지출을 늘려 소비와 투자 등 경기를 활성화시킬 수 있다. 그러나 장기적으로 경제 성장은 생산요소인 노동이나 자본의 투입이 증가하거나 기술 진보로 생

출산과 양육을 이해득실 차원에서만 따져본다면 과거 자녀는 '인적 자산'이었으나 현재 '인적 부채'에 더 가깝다.

산성이 향상되는 것 외에 다른 방법으로는 불가능하다. 투입을 늘리거나 생산성이 좋아지거나 하는 것 외에 정부가 인위적으로 소비와 투자를 진작시키는 수단은 경기회복을 위한 미봉책에 불과한 것이다. 경제 성장을 지속시키기 위해서는 충분한 노동인구가 필요하다는 뜻이다. 맬서스 인구론에 반론을 제기한 하버드대학교 마이클 크레머Michael Kremer(1964~, 2019년 노벨경제학상 수상) 교수에 따르면 한 사회의 기술 진보 속도는 인구 규모와 강한 상관관계가 있다. 혁신적인 기술 발전이 일어나려면 인구가 많을수록 유리하다는 뜻이다. 하지만 한국 사회에서는 개인의 출산과 육아는 득보다 실이 많은 선택이 됐고 이러한 경향은 시간이 갈수록 개인주의 성향과 결합해 더 강해지는 추세이다. 아이를 적세 낳는 선택은 개인 입장에서는 합리적일 수 있지만 국가 차원으로는 결코 바람직하지 않다.

집단과 개인의 이해관계가 서로 상충한다는 측면에서 경제학자 존 메이너드 케인스John Maynard Keynes(1883~1946)가 주장한 '저축의 역설Paradox of Thrift' 같은 '구성의 모순Paradox of Composition'이 발생하고 있는 것이다. 저축의 역설에 따르면 불확실한 미래를 대비하기 위해 소비를 줄이고 저축을 늘리는 것이 개인들에게는 합리적인 선택이지만 국가 차원에서는 유효수요를 감소시켜 경기를 침체시키는 잘못된 선택이 될 수 있다. 유효수요가 공급에 비해 부족한 상황에서는 정부가 댐을 건설하고, 도로를 건설함으로써 정부 지출 증가로 부족한 민간 소비를 대체하고 일자리를 직접 만들어 냄으로써 경기침체를 타개할 수 있는 촉매제가 될 수 있다. 그러나 출산은 정부가 대신할 수 없다. 즉, 저출산 문제는 저축의 역설처럼 정부가 직접적으로 개입해 해결할 수 있는 성격의 문제가 아니다. 오히려 개인의 사적 영역에서 존중받아야 할 성격의 것이다.

특정 선택으로 개인이 얻는 이득보다는 사회 전체 이득이 더 큰 현상을 '긍정적 외부 효과'라고 한다. 집 주변을 청소하거나 많은 사람이 다니는 길에 꽃을 심는 것과 같은 일들이 대표적인 긍정적 외부 효과의 사례이다. 이 같은 긍정적 외부 효과는 더 많이 생산될 수 있도록 정부가 보조금을 지급해 주기도 한다. 문제는 한국에서 출산은 긍정적 외부 효과를 미치는 개인의 선택인데 그것을 지원해주는 정부의 보조금 정책은 실효성이 없다는 평가가 많다. 앞서 얘기한 대로 아이를 키우는 데는 막대한 비용이 발생하는데 정부가 지원하는 수준은 그것에 비해 턱없이 부족하기 때문이다.

아이를 낳으려는 결정은 경제적 요인 외에 그 시대에 통용되는 사회 풍조와 가치관 등도 함께 영향을 미친다. 따라서 한국이 쪼그라져 작아지지 않으려면 정부의 실효성 있는 지원과 물질적인 기쁨보다는 생명과 인간 그 자체를 통해 기쁨을 얻으려는 인식의 전환 역시 필요하다.

최근 세계 주요국 사람들을 대상으로 한 설문 조사에서 한국이 유일하게 인생을 살아가는 데 있어 가장 중요한 최우선 순위로 '경제적 풍요'를 가장 많이 선택했다는 것은 이런 측면에서 많은 것을 시사한다. 금전이 우리 사회의 최고 존엄이 되어버린 것일까? 참고로 다른 주요국에서는 인생에서 중요한 것 중 최우선 순위로 '가족'을 가장 많이 선택했다. '가족'의 가치가 비단 개인적 측면에서 삶의 만족을 가져다줄 뿐 아니라 국가적 측면에서 성장과 번영을 위한 열쇠가 된 세상이다.

나만 실업자라고
생각했나?

실업자에 포함되지 않는 '비경제활동인구'

인기 드라마 〈응답하라 1988〉의 정봉이는 5년째 대학 입시를 준비한다는 핑계로 집에서 전화번호부만 읽고 있다. 말이 좋아 수험생이지 이웃이나 친척들은 백수라고 수군거린다. 중국의 주나라를 세우는 데 핵심적인 역할을 했던 뛰어난 전략가이자 정치가인 강태공은 자신의 주군을 찾을 때까지 바늘 없는 낚시를 들고 강가에서 하염없이 세월만 낚고 있었다. 강태공의 아내는 가장으로서 역할을 제대로 하지 않는 강태공을 원망하며 집을 떠나기도 했다. 현실에서 '정봉'이나 '강태공' 같은 사람들은 일하지 않고 놀고먹는 실업자라고 생각한다. 그러나 경제학에서는 이들을 '비경제활동인구'로 분류해 실업자에 포함시키지 않는다.

실제 실업자와 통계상의 실업자를 분류하는 기준이 서로 달라 정부가 발표하는 실업률과 체감하는 실업률 사이에 차이가 발생한다.

정봉이나 강태공은 실업률을 산출할 때 실업자에 포함되지 않기 때문에 이런 사람들이 늘어난다고 실업률이 높아지지 않는다. 오히려 이런 사람들이 늘어나면 실업률은 하락한다. 지난해 통계청이 발표한 우리나라의 월평균 실업률은 3% 수준이다. 통계대로라면 내 주변에 있는 사람들 100명 가운데 평균적으로 3명이 실업자라는 말이다. '실업자'는 일상에서 좀처럼 만나기 어려운 희귀한 사람이라는 이야기이다. 그럼 왜 인터넷이나 신문에서는 '이태백(이십대 태반이 백수)', '인구론(인문계 90%가 논다)'이라는 말이 유행할까? 앞서 언급한 바와 같이 우리가 생각하는 실업자와 통계청이 경제활동인구를 분류할 때 사용하는 실업자의 기준이 다르

경제활동 측면에서의 인구 구분 및 주요 고용지표

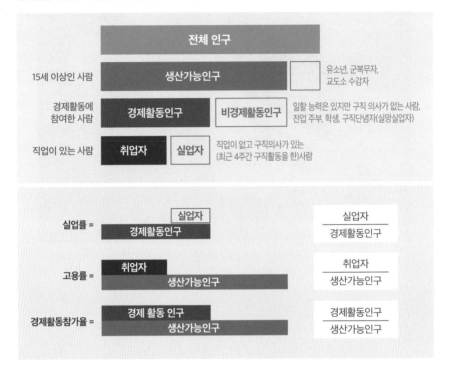

기 때문이다.

통계청에서 실업률을 산출할 때 실업자는 '일할 능력'이 있고 '일할 의사'가 있지만 일자리를 찾지 못한 사람을 말한다. 여기서 '일할 능력'이 있다는 말은 특별한 능력을 요구하는 것이 아니라 15세 이상 내국인으로 재소자나 의무복무 중이 아닌 사람이다. 이를 생산가능인구라고 하고 이들 가운데 일할 의사가 있는 사람을 '경제활동인구'로, 일할 의사가 없는 사람을 '비경제활동인구'로 분류한다. 실업자는 15세 이상의 인구(생산가능인구) 가운데 일자리를 적극적으로 찾았지만 취직을 하지 못한 사람들이다.

따라서 일자리를 적극적으로 찾지 않았던 비경제활동인구는 일을 하지 않고 있어도 통계상으로는 실업자가 아니다. 전업 주부, 학생 등은 고용통계를 조사하는 기간 동안 적극적으로 일자리를 찾지 않았던 사람들이므로 비경제활동인구로 분류된다. 즉, 출산 이후 여유가 생겨 일을 하고 싶지만 마땅한 일자리가 없어 구직할 엄두도 못 내는 주부들도 '비경제활동인구'로 분류된다. 또 대학을 졸업하고 취업이 녹록치 않아 공무원 시험 준비를 하는 수십만 공시생(공무원시험 준비생) 역시 가족들에게는 염치 없는 백수지만 적극적으로 일자리를 찾지 않았기 때문에 실업자가 아닌 '비경제활동인구'이다. 이처럼 실생활에서는 일을 하고 있지 않아 실업자로 생각되는 사람들 가운데 상당수는 통계상으로 실업자가 아닌 비경제활동인구로 분류된다. 일상적인 개념의 실업자와 통계상의 실업자를 분류하는 기준이 서로 달라 정부가 발표하는 실업률과 체감하는 실업률 사이에 차이가 발생한다.

실업자가 아닌 취업자로 분류되는 사례

실업자를 계수할 때와 달리 고용통계에서 취업자를 계수할 때는 본인은 실업자라고 생각하는데 취업자로 분류되는 사례들이 있다. 예를 들어, 마땅한 직업이 없어 용돈벌이로 전단지 아르바이트를 하는 사람은 스스로 실업자라고 생각하더라도 통계상으로 취업자로 분류된다. 경제활동을 분류할 때 취업자에 해당하는 기준이 주당 1시간 이상 유급으로 일을 한 사람이기 때문이다. 또 할 일이 없어 부모님이 운영하는 가게에서 일을 도와드려도 취업자가 된다. 가족의 사업장에서 주당 18시간 일을 했다면 돈을 받지 않더라도 '주당 18시간 이상 무급 가족종사자'라는 취업자로 분류하기 때문이다. 현실에서는 월급이나 연봉 형태로 임금을 받는 상근직 근로자들을 직장인, 즉 취업자로 생각하지만 고용통계에서는 고용의 질은 고려하지 않고 '주당 1시간 이상 유급 근무', '주당 18시간 이상 무급 가족종사자'와 같은 몇 가지 낮은 기준만 통과하면 취업자로 분류된다.

이처럼 현실에서는 실업자라고 생각하지만 통계상으론 비경제활동인구로 분류되어 실업자에 포함되지 않거나, 불완전한 고용에 처해 있는 사람들도 취업자로 포함되어 실제 체감하는 실업률보다는 통계청에서 발표하는 실업률이 낮게 나타난다. 따라서 현실적인 수준에서 각 나라의 고용 사정을 살펴보기 위해서는 실업률만 단편적으로 찾아볼 것이 아니라 생산가능인구들 가운데 비경제활동인구로 빠지지 않고 얼마나 많은 사람들이 경제활동에 참여하는지를 나타내는 '경제활동참가율'이나 생산가능인구 중 실제 직장을 가진 사람 비율인 '고용률'도 함께 살펴보아야 한다.

따라서 단순히 실업률이 하락했다고 해서 그 나라 고용사정이 좋아졌다고 예단할 수 없다. 가령 경제활동참가율에 눈에 띄는 변화가 없는데도 실업률이 하락했다면 고용률이 높아졌을 것이고 이는 실업자나 비경제활동인구 중 일부가 취업에 성공했음을 나타내는 긍정적 지표로 해석할 수 있다. 하지만 경제활동참가율과 실업률이 함께 하락했다면 어떨까? 이때 고용률이 상승한 것이 아니라면 실업자가 일자리를 얻어 취업자로 전환됐다기보다 실업자 중 일부가 비경제활동인구가 됐을 가능성이 크다. 따라서 이 경우 실업률 하락을 고용지표가 개선된 것으로 볼 여지는 없으며 오히려 고용상황이 나빠진 것으로 해석하는 것이 옳다. 따라서 고용상황을 올바로 판단하기 위해서 한 가지 지표만을 참고하는 것은 성급한 일이다. 여러 지표들을 이용해 다각적으로 분석하는 습관을 가져야 한다.

특히 고용지표와 같은 거시지표를 확인하고 개인적으로 미래 경제를 추정하는 데 가장 신뢰할 만한 자료는 각국의 중앙은행들이 통화정책을 결정하기 전에 먼저 발표하는 보고서이다. 연준 Fed 역시 통화정책회의를 앞두고 거시경제 보고서를 발표한다. 그것이 바로 미국 경제동향 보고서 〈베이지북 Beige Book〉이다. 〈베이지북〉은 연준이 연방공개시장위원회 FOMC를 개최하기 2주 전 미국 전역의 경제상황을 구역별로 조사하고 이를 정리한 것이다. 세계적인 석학들이 즐비한 연준에서 만든 보고서로 미국뿐만 아니라 전 세계 금융시장과 실물경제에 큰 영향을 미치는 자료인 만큼 〈베이지북〉에는 각종 복잡한 지표와 현란한 경제 모형이 가득할 거라고 생각하기 쉽다. 그러나 막상 〈베이지북〉을 확인해보면 의

외로 그 내용과 구성이 간단하다. 〈베이지북〉은 연준을 구성하는 12개 지역 연방은행이 해당 지역 경제 상황을 조사한 결과를 취합해 작성한다. 가장 핵심적인 내용은 물가와 고용시장에 대한 보고들이다. 미국은 50개가 넘는 주로 이루어진 만큼 각 지역이 처한 경제 상황이 달라 해당 지역별로 요구하는 경제정책에도 차이가 있다.

실업률과 인플레이션, 음의 상관관계

영국 런던정경대학의 윌리엄 필립스William Phillips(1914~1975)는 1861년부터 1957년까지 영국의 실업률과 인플레이션 데이터를 분석해 이 둘 사이에 '음(—)'의 상관관계가 있다는 것을 실증적으로 확인했다. 이는 이후 필립스 곡선Phillips Curve으로 알려졌으며, 정부가 거시경제 상황을 진단하는 기본 틀로 자리매김했다. 필립스 곡선은 미국 경제학자인 폴 새뮤얼슨Paul Samuelson(1915~2009)과 로버트 솔로Robert Solow(1924~2023)에 의해 미국에서도 여전히 유효한 것으로 검증됐다. 정부가 도로나 댐 건설과 같은 국책사업을 확대해 총수요를 증가시키거나 통화량을 늘리는 정책을 시행하면 단기적으로 생산량이 증가하면서 물가가 상승한다. 동시에 노동 통계에서 실업률은 생산량이 증가함에 따라 일자리가 늘기 때문에 하락하게 된다. 즉, 경제를 운영하는 정부 입장에서는 물가를 안정시키면서 일자리도 늘릴 수 있는 정책을 마련하면 좋을 텐데 이것이 필립스 곡선에 따르면 불가능하다는 것이다. 정부의 경기부양 정책은 물가상승을 대가로 일자리를 만드는 셈이다.

이러한 필립스 곡선은 1970년대에 들어서면서 첫 번째 도전을 받게 된다. 산유국들 모임인 석유수출국기구OPEC에서 원유 생산량을 감축하기로 결정함에 따라 유가가 급격하게 상승해 '오일쇼크Oil Shock'가 발생한 것이다. 산업 생산의 핵심 에너지인 원유 가격이 3~4배가량 급등하자 기업들은 제품 가격을 인상했지만 원가 상승으로 수익률은 오히려 하락했다. 또 큰 폭의 제품 가격 상승은 자연스럽게 소비를 감소시켜 거래를 위축시켰다. 판매를 해도 마진이 크지 않은 상황에서 거래량까지 줄자 기업은 생산량을 줄였고, 이는 다시 노동시장에서 실업을 증가시키는 요인으로 작용했다. 이렇게 오일쇼크가 발생하면서 물가와 실업률이 동시에 상승하자 경제학자들은 인플레이션과 실업률은 서로 상충관계에 있다는 기존 필립스 곡선으로 설명하기 어려운 경제 현상을 직면하게 된다.

인플레이션이 수요 측 요인에 의한 것이라면 '인플레이션과 실업률 간 상충관계'라는 필립스 곡선의 함의가 여전히 유효하지만, 에너지나 원자재 가격 상승처럼 경제의 생산비용 인상으로 촉발되는 인플레이션이라면 오일쇼크에서 경험한 것처럼 인플레이션과 실업률이 동시에 상승하는 '스태그플레이션Stagflation'이 발생할 수 있다. 이는 '인플레이션 심화를 대가로 실업률을 낮출 수 있다'고 주장하는 필립스 곡선 이론을 정면으로 반박하는 사례이다.

1970년대 경제학자들은 이러한 현상을 목도하고 당황했고, 어떻게 설명해야 하는지에 골몰했다. 많은 연구를 거쳐 생산비용 인상에 따른 인플레이션은 필립스 곡선 자체가 위로 이동하는 것으로 설명할 수 있음이 밝혀졌고 이에 따라 필립스 곡선의 유용성은 여전하다는 것이 확인됐다.

그런데 리먼브라더스 파산으로 촉발된 2008년 글로벌 금융위기 이후 필립스 곡선은 새로운 도전을 받고 있다. 미국은 2008년 글로벌 금융위기 당시 실업률이 10%에 육박했으나 최근에는 완전고용 상태인 4% 수준까지 하락했다. 미국 경제는 기업에서 생산이 늘어 일자리가 증가하고 실업률이 하락했음에도 임금이나 물가가 상승하지 않고 있다. 이는 '실업률이 하락하면 인플레이션이 심화된다'고 하는 필립스 곡선의 함의와 배치되는 것이다. 이 같은 현상을 두고 하버드대학교 래리 서머스Lawrence Summers(1954~) 교수 등은 필립스 곡선에 대한 회의론을 제기하고 있다. 서머스 교수는 미국 노동자들의 노조 가입률 하락과 생산직 근로자들의 지위 약화가 임금 상승과 물가 상승을 저지하는 주원인이라고 설명했다.

비슷한 논리로 미국 경제가 필립스 곡선에서 벗어난 모습을 보이는 원인으로 '긱 이코노미Gig Economy'가 꼽힌다. '긱'의 어원은 원래 재즈 공연에서 연주자들을 필요에 따라 그때그때 섭외하던 것에서 찾을 수 있다. 최근에는 정보통신기술ICT과 공유경제 관련 산업이 발달하면서 이들 산업에서 긱 이코노미가 나타나고 있는 것이다. 이처럼 주요국에서 필립스 곡선에 대한 회의론 더 나아가 무용론이 확산되고 있는 가운데 2008년 노벨경제학상 수상자인 뉴욕시립대학교 폴 크루그먼Paul Krugman(1953~) 교수는 최근 스페인의 실업률과 물가 자료를 근거로 래리 서머스와 반대되는 주장을 하고 있다. 그는 유럽 재정위기 이후 스페인의 인플레이션율과 실업률 사이에는 뚜렷한 '음(−)'의 상관관계가 있음을 실증적으로 밝혔다.

이를 근거로 크루그먼은 최근 미국의 경우 여러 예기치 않은 변수Noise 때문에 필립스 곡선이 선명하게 드러나지 않을 뿐이며, 필립스 곡선을 폐기해야 한다는 주장은 너무 성급한 결론이라고 반박했다. 이처럼 세계적인 석학들 사이에서도 필립스 곡선이라는 단순하면서도 오랜 기간 검증된 이론을 두고 이견이 분분한 것은 그만큼 오늘날 전 세계 주요 경제 상황이 과거와는 너무나 달라졌기 때문일 것이다. 전자상거래가 비약적으로 증가해 물류비용이 크게 하락했으며, 정보통신기술 발전은 새로운 형태의 노동시장을 등장시켰고 근로형태와 소득구성에도 큰 변화를 가져왔다. 이제 거시경제 지표를 해석하고, 미래 경제를 예측할 때 전통적인 경제이론을 불멸의 진리로 생각하고 따르기는 어려운 상황이 되었다.

얄미운 놈에게 당근을 주는 리니언시 제도

최선의 선택을 찾는 알고리즘, 게임이론

"아이를 둘로 잘라 저 여인들에게 나눠주어라."

솔로몬이 재판을 마치자 좀 전까지 자기 아이라고 주장하던 여인들 가운데 한 여인이 울면서 자신이 엄마가 아니라고 자백했다. 일반적인 재판이라면 죄를 자백한 범죄자가 처벌을 받아야겠지만 솔로몬은 오히려 끝까지 엄마라고 주장한 여인이 가짜 엄마라고 최종 판결을 한다. 이 이야기는 많은 사람들이 알고 있는 솔로몬의 판결이다. 친엄마라면 아이가 죽는 것보다는 아이를 키우지 못하더라도 포기할 것이라는, 어쩌면 상식적인 발상으로 친엄마를 찾아낸 솔로몬을 두고 지혜의 왕이라고 평가하는 것은 너무 과하다고 생각할 수도 있다. 그러나 게임이론Game Theory으로 두 여

인이 처했던 상황과 선택들을 분석해보면 솔로몬이 얼마나 지혜로운 판결을 했는지 알 수 있다.

다시 왕국의 법정으로 돌아가보자. 아이의 몸을 칼로 나누라는 왕의 판결 이후 두 여인은 다음과 같은 상황에 놓이게 된다. 여인들이 먼저 끝까지 자기가 아이 엄마라고 주장하는 행동을 선택했다고 가정해보자. 이때 상대방 역시 끝까지 자기 아이라고 주장하면 아이는 죽게 된다. 그러나 상대방이 아이가 죽는 것을 안타깝게 생각해 자신의 아이가 아니라고 진술하면 자신이 아이를 얻을 수도 있다. 하지만 이 경우 왕에게 엄한 형벌을 받거나 죽을 수도 있다. 따라서 친엄마가 아닌 여자는 아이가 죽는 것보다는 자신이 형벌을 받는 것이 더 큰 위험이기 때문에 끝까지 자기 아이라고 주장하는 것이 합리적인 선택이다. 그러나 친엄마는 상황이 다르다. 자신과 상대방이 끝까지 엄마라고 주장해 아이가 죽는 것보다는 차라리 자신이 처벌을 받는 것이 낫다고 생각한다. 따라서 친엄마는 자신의 아이가 아니라고 말하는 선택을 한다. 솔로몬은 이와 같은 판결을 통해 자백을 하면 형벌을 받고, 그러지 않으면 아이가 죽는 상황을 설정했다. 이는 친엄마와 엄마가 아닌 여자가 각각 자신이 처한 상황에서 가장 유리한 선택을 하도록 하고, 그 선택의 결과로 친엄마가 자연스럽게 드러나도록 유인 구조를 설정한 것이다.

이처럼 게임이론이란 상대의 행동에 따라 내가 어떤 행동을 하는 것이 최선인지, 또 내가 어떤 행동을 선택했을 때 그 결과는 어떻게 나타날지를 미리 예상해보고 최선의 선택을 찾는 알고리즘이다. 따라서 게임이론은 경쟁자의 수가 적고, 경쟁자들과 나의 선택에 따라 앞으로 나타날 수 있는 결과를 충분히 예측할 수 있을 때 효과적으로 적용할 수 있다. 가령 수백 명이 함께 뛰는 마라톤 대회에서 게임이론을 적용하려면 모든 참가자들의 능력과 장단점을 분석해 전략을 세워야 한다. 따라서 전략을 세우는 것보다는 개인의 운동 능력을 키우는 것이 우승에 더 큰 도움이 될 것이다. 그런데 축구 경기에서 상대를 이기려면 우리 팀이 열심히 연습해 실력을 키우는 것 못지않게 상대가 어떤 스타일인지를 분석하고, 상대의 특성에 따라 이길 수 있는 전략을 세우는 것 역시 중요하다.

과점 시장, 시장점유율을 높이기 위해 경쟁

경제에서도 이 같이 게임이론을 적용하는 상황이 있다. 완전경쟁시장에 가까운 농산물시장이나 주식시장에서는 공급자가 많기 때문에 공급자들이 전략적으로 행동하는 것이 불필요하다. 시장에 참여한 많은 사람들의 행동과 상황을 모두 분석하는 것이 어렵고, 각 사람의 행동이 전체 시장에 미치는 영향력이 미미해서, 이들의 선택으로 나타날 시장 변화를 예측하는 것이 무의미하기 때문이다. 예를 들어, 어떤 농부가 올해 농사를 짓기 전 재배할 작물과 그 생산량을 결정할 때 다른 모든 농부들이 할 것으로 예상되는 행동을 분석하고 대안을 마련하는 것은 중요하지 않다. 다른 농부와 직접 경쟁하는 관계가 아니며 상대방이 시장을 좌지우지할 수 있는 힘이 없다면 그 사람의 선택이 농산물 시장에 미치는 영향은 무시해도 좋기 때문이다. 이때 농부들은 단순히 현재 시장에서 거래되고 있는 농작물의 시장 가격이 얼마인지, 자신이 농작물을 재배할 때 얻을 수 있는 이익은 얼마나 되는지를 계산해보고 재배할 작물의 종류와 수량을 결정하면 그만이다.

그러나 소수의 생산자가 재화 공급을 책임지는 과점 시장에서 생산자들은 상대방의 행동을 미리 염두에 두고 생산량과 가격을 결정해야 하는 전략적인 상황에 놓이게 된다. 우리나라에서는 이동통신, 자동차, 가전제품과 같은 산업이 대표적인 과점 시장이다. 과점 시장에서 기업들은 가격이나 생산량 등을 결정할 때 다른 기업들은 현재 어떻게 행동하고 있는지를 면밀히 분석하고 고려한다. 즉, 경쟁 기업이 가격을 인상하는지, 신제품을 출시하는지, 어떤 광고를 하는지를 먼저 파악하고 이에 따라 자신에게 가장 유리한 의사결정을 한다.

과점 시장에서는 특정 상품이 인기를 얻으면 다른 제조사들도 연이어 비슷한 제품을 출시하고 광고와 마케팅에 돈을 아끼지 않는 등 시장점유율을 높이기 위해 경쟁한다. 한 방송사에서 복면을 쓰고 노래를 부르며 심사위원단에게 점수를 평가받는 형식의 경연 프로그램을 히트시키자 연이어 비슷한 콘셉트의 프로그램이 타 방송사에서 우후죽순 등장한 것이나, 제1금융권 은행들이 고금리 예·적금 상품을 출시해 시중 자금을 끌어들이자 제2금융권 금융기관들도 잇따라 비슷한 상품을 출시해 자금 이탈을 막는 행위들은 모두 과점 시장에서의 경쟁 사례이다. 이처럼 과점 시장 참가자들은 상대 행동에 따라 자신의 대응 전략을 설계해야 하는 피곤한 상황에 처해 있다고 볼 수 있다.

앞서 언급한 사례처럼 과점 시장에서 참가자들은 상대방의 행동에 따라 공급량이나 가격을 변화시켜 자신의 이익을 도모하는 경쟁에 뛰어들 수도 있지만 경쟁을 회피하고 서로 협조하는 선택을 할 수도 있다. 즉, 기업들이 서로 합의해 생산량을 감소시키고, 가격을 인상해 소비자가 누려야 할 몫을 줄이고 초과이윤을 얻으려고 시도할 수도 있다. 정부는 이와 같이 기업들이 의도적인 '담합Collusion'으로 가격을 인상하거나 생산량을 감소시키는 행동들을 불공정거래로 금지시키고 있으며 어느 나라나 예외 없이 이러한 자발적 경쟁제한 행위를 법으로 엄격히 금지하고 있다.

영화관에 가면 영화를 고르는 것 못지않게 고민하는 것이 있다. 고소하고 달콤한 냄새로 코를 유혹하는 팝콘을 '먹을지 말지' 결정하는 것은 쉬운 일이 아니다. 모처럼 가족이나 친구들과 즐거운 시간을 보내려고 영화관에 갔는데, 덤으로 팝콘을 먹는 것을 두고 '유혹'이라는 표현까지 쓰는 것은 너무 과한 것일 수도 있다. 그러나 팝콘을 먹고 난 뒤 '팝콘은 칼로리가 높으니 주의해야 한다'는 전문가의 이야기가 기억나거나 마트보다 2~3배가량 비싼 팝콘 가격을 보면서 극장 상술에 넘어갔다는 생각에 때늦은 후회를 해본 경험이 한 번쯤은 있을 것이다. 실제로 한국소비자단체협회 조사에 따르면 국내 3대 영화관의 팝콘 가격은 평균 4,500원 수준이며, 원가는 대략 600원으로 밝혀져 영화관들이 팝콘 판매로 지나치게 높은 이윤을 취한다는 지적을 받았다. 특별한 기술이나 고정비가 높지 않은 산업에서 원가 대비 8배가량 수익을 얻는 팝콘 판매와 같은 현상은 선진국 문턱에 있는 우리나라 상황에서는 쉽게 찾아볼 수 없는 사례이다.

이처럼 영화관들이 팝콘 판매로 쉽게 초과이윤을 얻을 수 있는 원인은 무엇일까? 만일 영화관들이 경쟁적으로 팝콘을 판매했다면 팝콘 가격은 지금보다 훨씬 낮은 수준에서 결정됐을 것이다.

특정 영화관에서 팝콘 가격을 현재 수준인 4,500원에서 3,000원으로 인하한다면 영화를 볼 때 꼭 팝콘을 먹어야 하는 사람들은 영화를 볼 때 지불하는 총지출액을 줄일 수 있는 팝콘 가격이 싼 영화관으로 발길을 옮길 것이다. 즉, 영화관 입장에서는 저렴한 팝콘을 활용해 관객을 유인하는 전략을 시행할 수도 있다. 그럼에도 불구하고 주요 영화관들이 모두 하나같이 높은 가격으로 팝콘을 판매하는 것은 쉽게 납득이 되지 않는다.

통상 경제학자들은 산업 내 상위 3개 기업의 시장점유율 합이 75% 이상이면 과점 시장으로 간주하는데 국내 3대 영화관 점유율의 합은 78.8%이며 스크린 점유율은 90.1%다. 소수 기업들만 존재하는 과점 시장에서는 상황에 따라 기업들이 서로 치열하게 경쟁할 수도 있고, 담합을 할 수도 있다. 과점 시장에서 기업들이 치열하게 경쟁을 하면 시장 전체의 생산량은 늘고 가격은 완전경쟁시장 수준으로 하락하는 것도 가능하다. 하지만 기업들이 담합을 하면 극단적으로는 독점시장에서 형성되는 수준까지 상품 가격을 인상해 초과 이윤을 얻을 수도 있다.

담합을 관리하기 위한 과징금 감면 제도

기업 입장에서는 독점기업처럼 가격과 생산량을 조절해 손쉽게 초과이윤을 얻는 것이 최선일 것이다. 그러나 기업이 소유하고 있는 생산 설비를 충분히 가동하지 않고 시장가격을 높이면 국가적인 차원에서는 유휴 설비로 인해 자원 활용의 효율성이 감소하고 거래량이 감소해 소비자들이 시장에서 거래를 통해 얻을 수 있는 이익이 줄어든다. 즉, 기업이 담합으로 생산량을 감소시키면 사회후생Social Welfare이 감소하게 되는 것이다. 따라서 오늘날 대다수 정부는 과점 시장에서 기업들이 담합하는 행위를 적발하면 과징금뿐만 아니라 형사고발까지 진행하는 등 강력하게 규제하고 있다.

담합은 명백히 불공정·불법 행위지만 이를 통해 얻는 이익이 워낙 막대한 만큼 그 유혹을 뿌리치고 상대와 피곤하게 경쟁하는 것은 기업 입장에서 달갑지 않을 것이다. 따라서 기업들이 담합을 할 때는 최대한 증거를 남기지 않고 은밀하게 진행한다. 따라서 심증은 있으나 물증은 찾기 어렵고 담합 결정 과정이 온통 베일에 싸여 있는 경우가 대부분이다. 따라서 담합을 공정거래위원회가 직접 적발하는 것은 쉽지 않은 일이다. 미국 공정거래위원회는 1978년 담합 행위를 효과적으로 적발하고 관리하기 위해 '리니언시Leniency 제도'를 처음으로 도입했다.

'리니언시'는 원래 '관대함' 또는 '너그러움'을 뜻하는 영어 단어로 담합에 가담했던 기업들 가운데 담합 사실을 당국에 먼저 신고한 기업에 과징금을 감면해주는 제도이다. 국내에서는 1997년부터 시행됐으며 가장 먼저 담합 행위를 신고한 기업은 과징금 전액을 면제받고 검찰 고발 대상에서도 제외된다. 상식적인 정서로는 얄미운 배신자에게 오히려 혜택을 준다고 생각할 수 있어 리

'리니언시'는 원래 '관대함' 또는 '너그러움'을 뜻하는 단어로 담합 사실을 당국에 먼저 신고한 기업에 과징금을 감면해주는 제도이다.

니언시 제도에 대한 거부감을 갖고 있는 일반인들이 많다. 그러나 리니언시 제도는 많은 사람들이 잘 알고 있는 게임이론의 '죄수의 딜레마' 상황을 적용한 대표적인 사례이다.

범죄자들 사이에서는 동료를 배반하고 자백한 배신자는 얄미운 사람이지만, 공익 측면에서는 이들로 하여금 이익 카르텔을 배신하도록 유도해 범죄 사실의 증거를 입수할 수 있으므로 담합 방지에는 대단히 효율적인 제도이다. 또한 내부자가 아니면 좀처럼 알 수 없는 정보를 확보할 수 있어 관련 수사 전반에 큰 도움이 됨은 물론 담합 조사에 지출해야 할 행정비용을 절감할 수 있다. 또 이러한 제도가 있다는 것 자체만으로도 기업들의 담합 결정을 제지하는 억지력을 행사할 수 있다. 담합 결성에 가담하는 당사자들 간 신뢰를 '언제라도 상대방이 배신할 수 있다'는 위험을 심어줌으로써 협상 성사 여부를 뿌리부터 뒤흔들 수 있기 때문이다. 제도의 존재 자체가 담합 예방효과를 갖춘 셈이다.

최근에는 담합을 주도해 가장 많은 초과이윤을 얻은 기업이 먼저 담합 사실을 신고하고 과징금을 면제받는 사례가 늘고 있어 리니언시 제도 악용에 대한 부작용을 우려하는 목소리도 커지고 있다. 담합을 예방하고 적발해 소비자 이익을 지키기 위한 '리니언시' 제도까지 초과이윤 향유를 위한 수단으로 전략적인 활용을 하는 셈이다. 참으로 초과이윤을 얻기 위한 기업들의 영악함에 혀를 내두를 수밖에 없다고 할까? '리니언시'는 문자 그대로 독과점 기업의 잘못된 이윤추구 행태에 대한 무조건적 관용이 아니다. 더 큰 선善을 위한 작은 악惡에 대한 용서라고 보는 것이 옳다. 따라서 '리니언시' 제도를 독과점 기업의 담합 유인에 대해 억지력을 행사할 수 있도록 설계하는 것은 산업조직이론을 연구하는 경제학자들의 중요한 과제가 될 것이다.

빵과 서커스의 로마 제국을
반면교사로 삼아야

경기를 조절하는 경제정책

좋은 부모와 좋은 스승은 어떤 사람들일까? 쉽게 생각하면 인자한 미소를 띠면서 아이가 잘못을 해도 너그럽게 용서해주는 모습이 먼저 떠오른다. 또 아이들이 좋아하는 간식을 넉넉히 주면서 자주 칭찬해주는 장면도 연상된다. 그렇다면 좋은 국가는 어떤 국가인가? 동서양에 따라 약간의 차이는 있겠지만 일반적으로 좋은 정부는 앞에서 언급한 좋은 부모나 좋은 스승과 비슷한 이미지를 갖고 있는 듯하다. 국민이 헐벗고 배고픈 것에서 벗어나게 도와주고 행복하게 해주는 것이 좋은 국가의 첫 번째 덕목이라는 것이다. 오늘날 많은 국가가 복지에 관심을 갖고, 정책을 입안할 때 우선순위를 두는 것은 이 같은 일반적인 인식과 맥락을 같이한다.

정부는 병원을 짓거나 빵을 나눠주는 직접적인 방법으로 국민의 기초 생활을 지원하기도 하지만 일반적인 민생정책은 일자리를 늘리고 경기를 부양해 소득을 증가시키는 것이다. 경기를 조절하는 경제정책은 크게 재정정책과 금융정책(통화정책)으로 나눌 수 있다. 재정정책은 예산과 조세를 관리하는 경제부처(한국은 기획재정부, 미국은 재무부)가 세금 징수와 정부 지출을 확대하거나 축소하는 것이다. 금융정책은 중앙은행(한국은 한국은행, 미국은 연준)이 기준금리나 통화량을 조절해 실물경제에 변화를 주는 정책을 말한다.

2008년 글로벌 금융위기 직후 세계 경제가 심각한 수준으로 침체돼 많은 국민이 일자리를 잃고 소득이 감소했을 때 많은 정부가 경기를 활성화시키는 정책을 시행했다. 이 시기 각국 정부는 세율을 인하하고 공공사업을 전보다 큰 폭으로 확대했다. 중앙은행 역시 정부와 마찬가지로 침체된 경제를 부양하기 위해 금리를 인하하고 통화량을 증가시켰다. 이처럼 글로벌 경기 침체 이후 확장적인 경제정책을 시행해오던 정부들이 최근 들어 정책 방향을 선회하고 있다. 특히 미국 연준Fed과 한국은행은 점진적으로 기준금리를 인상하고 통화량을 축소하려는 의지를 직간접적으로 밝히고 있다.

그렇다면 정부와 중앙은행은 경기 둔화 내지 침체 후 모처럼 경기가 살아나는 분위기에 찬물을 끼얹을 수도 있는 긴축적 재정정책이나 긴축적 금융정책을 실시할 필요가 있을까? 전통적인 경제 이론에 따르면 전쟁, 공황과 같은 특별한 사건이 없다면 정부

돈을 많이 푸는 확장적 재정정책과 통화정책은 실물경제, 특히 부동산, 주식, 채권 등 자산시장에 거품을 형성하는 부작용을 낳기도 한다.

의 올바른 재정운용 원칙은 흑자재정이나 적자재정이 아니라 균형재정을 유지하는 것이다. 정부가 거둬들이는 세금만큼만 계획대로 지출하는 것이 바람직하다는 것이다. 경기 부양을 위해 세입보다 많은 금액을 지출하는 적자 재정정책이 지속되면 경제에 부작용이 발생할 수 있기 때문이다. 통화정책 역시 마찬가지이다. 통화당국의 가장 중요한 정책 목표는 실물거래가 원활히 이뤄지도록 화폐량을 통제해 안정적인 물가 수준을 유지하는 것, 즉 물가안정이다.

그런데 경기가 공황 수준으로 급격히 침체되거나 전쟁과 같은 극단적인 위험에 처했을 때는 위기를 극복하기 위해 극단적인 확대 통화정책을 시행하기도 한다. 즉, 현재 정부의 수입(세입) 규모에서는 감당하기 어려운 높은 수준의 지출을 하고, 통화당국은 필요로 하는 통화량보다 훨씬 더 많은 양의 돈(유동성)을 시중에 공급한다. 이 같은 경기 부양 정책은 경제가 위급한 상황에서 한시적으로 사용해야 한다. 이를 지속하면 전통적인 경제 이론에서는 시간이 갈수록 실물경제는 균형을 잃고 여러 부분에서 부작용이 나타나게 된다. 특히 돈을 많이 푸는 확장적 재정정책과 통화정책은 실물경제, 특히 자산(부동산, 주식, 채권, 금, 가상화폐 등)시장에 거품(버블)을 형성하는 부작용을 낳기도 한다. 정부의 적자재정과 확장적 통화정책으로 나라 전체 생산 규모가 균형 수준을 넘어 과열 양상을 나타내면 물가와 임금이 상승하게 된다. 2020년 코로나19 팬데믹으로 전 세계 주식 시장과 부동산 시장의 가격이 급격히 상승한 사례가 대표적이다.

정부의 무리한 경기부양 정책은 버블경제로

1997년 외환위기, 2008년 글로벌 금융위기처럼 경제 외부에 예기치 않았던 충격이 발생하면 버블경제는 민낯을 드러내고 급격한 실물경제 침체로 이어지게 된다. 버블경제 이후 잃어버린 30년을 겪고 있는 일본이나 서브프라임 당시 세계 경제가 경험한 바와 같이 버블이 터지면 실물경제는 균형점보다 훨씬 낮은 수준으로 떨어져 많은 사람이 고통을 받게 된다. 집값이나 주식 가격은 투자를 위해 빌린 대출금액을 상환할 수도 없을 정도로 떨어져 많은 이들이 파산하고, 기업들은 도산해 상당수 사람들이 일자리를 잃게 된다. 일반적으로 이 같은 버블 붕괴로 경기 침체가 본격화하면 거품으로 누렸던 일시적 달콤함보다는 더 오랜 기간 저성장과 실업의 고통을 경험하게 된다. 따라서 각국 정부는 경기 침체로 확장적 재정정책을 시행하더라도 일정 시기가 지나 실물경제가 어느 정도 회복했다는 판단이 들면 버블이 형성되는 것을 예방하기 위해 그동안 진행해오던 경기 부양 정책을 약화시키거나 철회한다.

2020년 코로나19 팬데믹으로 인한 글로벌 공급망 붕괴가 초래한 경기침체 국면에서 전 세계경제가 서서히 회복되자 미국과 한국의 중앙은행이 긴축적 통화정책으로 정책 기조를 변경한 것도 이 같은 이유 때문이다. 미국 중앙은행에 해당되는 연준 이사회 위원들은 금융위기를 극복하기 위해 지급한 과도한 유동성(돈)을 회수해야 한다는 데 의견을 모았고, 유례를 찾기 어려울 정도로 빠른 속도로 기준금리를 인상했고 금융자산을 매각하며 통화긴축QT을 시행했다. 이에 따라 시중에 자금이 마르며 부동산과 주식 등 자산 가격이 빠른 속도로 하락했다. 눈치 빠른 사람들, 투자 고수들은 이미 자산 가격 고점 즈음 보유 자산을 팔고 수익을 실현하고 탈출했을 것이고 뒤늦게 자산 시장에 합류한 사람은 이를 떠안은 채 시름이 깊어졌다. 자산 가격 하락이 언제까지 지속될지 확실한 기약이 없기 때문이다. 그들로서는 정부와 중앙은행이 야속하게만 느껴지는 것도 무리는 아니다. 하지만 정부와 중앙은행이 마냥 이들을 가엾게 여겨 주저하는 것이 옳을까?

좋은 부모와 스승은 항상 칭찬하고 잘못을 용서해주는 사람이 아니라 잘못을 했을 때는 온전한 사람으로 성장하고 올바른 습관을 가질 수 있도록 혼을 내기도 해야 한다. 정부도 마찬가지이다. 경제를 부양하는 온건적인 정책만 마냥 시행하는 것이 아니라 잠시 어려움이 있더라도 장기적인 성장을 위해서는 나라 재정이나 물가가 안정을 찾을 수 있도록 정책을 때맞춰 시행해야 한다.

확장적 통화정책이 가져올 수 있는 폐해는 로마 역사에서도 찾을 수 있다. '모든 길은 로마로 통한다' 전성기 로마는 세계 인구 약 4분의 1을 통치하고 있었다. 로마의 법률, 공공 건축물, 화폐제도 등은 2000년 동안 그와 견줄 만한 문명을 거의 찾기 어려울 정도로 우수했다. 이처럼 찬란했던 로마를 쇠퇴하게 만든 원인은 무엇이었을까? 주류 역사학자들은 훈Hun족의 침입이 서로마제국이 멸망하는 데 결정적인 원인이었다고 설명하고 있다. 그러나 경제학의 시각으로 로마가 멸망의 길을 걷게 된 원인을 분석해보면 다른 이유도 찾을 수 있다. 로마의 랜드마크로 지금도 외국인 관광객들이 이탈리아를 찾을 때 가장 가고 싶어 하는 유적지 가운데 하나가 콜로세움이다. 오늘날 관광객들이 로마와 이탈리아를 찾게 만드는 효자 건축물인 콜로세움이 사실 로마를 멸망시킨 상징이라면 믿겠는가?

로마의 5현제 시대 이후 황제의 권력은 점차 약화되었다. 로마 황제들은 시민들 지지를 얻기 위해 콜로세움에서 로마 시민들이 좋아할 만한 오락을 제공하고 빵을 나눠주었다. 황제들이 이 같은 통치 전략을 지속하려면 막대한 재원이 필요했다. 전성기 로마제국은 이런 재정을 영토 확장과 그곳에서 징수한 세금으로 충당할 수 있었다. 그러나 영토 확장은 한계에 이르고 황제들은 재원을 확보하기 힘들어졌다. 이때 황제들은 임시방편으로 결코 해서는 안 되는 선택을 한다. 당시 거래되고 있던 화폐인 은화 '데나리온'의 은 함량을 줄여 더 많은 화폐를 발행한 것이다. 금속화폐의 경우 화폐의 소재가 되는 귀금속의 양이 화폐 가치 유지에 절대적으로 중요하다. 금속화폐 시대에 화폐의 가치는 현대 사회의 법정화폐처럼 정부의 공신력(국가 영토 내에서는 액면가만큼 지급결제 능력을 가지고 있으며 그 지급을 정부가 보증)과 그 사회 구성원의 집단 믿음에 의해서가 아니라 화폐가 함유하고 있는 귀금속의 가치에 의존하고 있었기 때문이다.

결과적으로 화폐 가치는 하락하고 물가는 급격히 상승했다. 화폐 가치가 하락해 급격한 인플레이션이 발생하자 당시 유통되던 동전은 화폐 기능(지급결제, 가치저장)을 대부분 상실하게 된다. 결과적으로 로마의 화폐경제 시스템은 쇠퇴했고, 화폐경제를 통한 교환경제의 효율이 저하되자 경제의 전반적인 생산성은 급격히 하락했다. 1세기 로마제국 화폐에 포함된 은 함유량은 90% 이상이었으나 이후 점차 줄어들어 200년 후인 3세기에 들어서면 4% 수준으로 감소한다. 당시 로마제국은 공공 건축물을 건설하고 은퇴한 군인들 연금을 지급하기 위해 필요한 재원을 순도가 낮은 화폐발행으로 충당한 것이다. 황제들은 동전에 은 함량을 줄이는 눈속임으로 전보다 최대 20배 넘는 양의 화폐를 더 발행할 수 있게 되었다.

근시안적인 황제들은 이 같은 방법으로 자신이 전보다 더 부자가 되었다고 기뻐했을 것이다. 화폐의 구매력이 아닌 화폐의 액면가를 실제라고 믿는 화폐환상Money Illusion에 빠진 것이다. 하지만 이러한 황제들의 무분별한 통화 발행은 치명적인 부메랑이 되어 돌아왔다. 당시 동전에 포함된 은 함량이 최저 수준으로 감소한 3세기 디오클레티아누스 황제(244~311, 재위기간 284~305)는 세금을 화폐가 아닌 현물로 납부하도록 조세 제도를 개편했다. 이는 황제가 자신이 발행한 화폐의 가치를 스스로 부정하는 모순된 행동이고, 사실상 로마 경제는 더 이상 화폐경제가 아닌 상품경제로 시스템이 퇴보했음을 선언한 것이나 다름이 없었다. 황제들의 방만한 통화정책과 포퓰리즘을 기반으로 한 재정정책은 로마 전체 생산성을 감소시켰다. 장기간 황제가 제공하는 '빵과 서커스'에 심취한로마의 중산층은 생산적인 활동보다 정부가 제공하는 경제적 지원에 더 의존하고, 남는 시간을 소비와 향락을 즐기는 데 사용한다. 이는 결국 로마의 실물 경제가 성장할 수 있는 동력을 상실하게 만들었다.

복지예산을 투입할 때는 장기적인 시각에서

유럽연합EU이 1993년 처음 결성되었을 때 EU회원국으로 가입하려면 국가의 재정적자 누적액이 국내총생산GDP 대비 60% 미만이어야 했다. 그런데 글로벌 금융위기 이후 2009년 그리스, 포르투갈, 이탈리아 등 남유럽 국가들의 재정적자 규모는 GDP 대비 120%를 넘어섰다. 이는 당초 EU 가입 기준 대비 2배를 넘는 수치이다. 남유럽 국가들뿐만 아니라 EU 회원국들 재정적자는 그리스 재정위기 이후에도 꾸준히 증가했다. 그럼에도 불구하고 최근 유럽중앙은행ECB 총재로 취임한 크리스틴 라가르드Christine Lagarde 총재는 유럽 경기 부양을 위해 당분간 확장적인 재정정책을 지속해야 한다는 견해를 밝혔다. 물론 전임자였던 마리오 드라기Mario Draghi(2011. 11~2019. 10 유럽중앙은행 ECB 총재) 역시 '마이너스 금리' 정책과 확장적 재정정책을 통한 실물 경제 회복을 강조했고, 지금도 같은 주장을 하고 있다.

유럽 평균 실업률은 대략 7.4%로 미국이나 다른 선진국에 비해 높은 수준이며, 물가상승률은 0% 수준으로 낮다. 이 같은 주요 거시 지표들만 고려하면 전·현직 유럽중앙은행 총재들 의견이 부적절하다고 평가할 수만은 없다. 그러나 2008년 글로벌 금융위기 직후인 11년간 유럽중앙은행은 지속적으로 통화량을 확대해왔으며, 마이너스 금리까지 적용했다. 일각에서는 남유럽 국가들의 재정건전성 악화와 지속적인 유동성 과잉은 은행 자산 부실로 이어질 가능성이 커 이에 대해 우려한다고 했었다. 또 코로나19 팬데믹 이후 러시아-우크라이나 전쟁 등으로 최근 세계적으로 실물 경제가 하강 국면에 있어 경기에 대한 불확실성이 증가했다. 전문가들은 이 같은 실물 경제 위축으로 유럽 국가들의 생산성이 저하된 상황에서 재정지출 확대로 얻을 수 있는 효과는 제한적일 것으로 예상하고 있다.

2009년 이후 재정위기로 어려움을 겪었던 남유럽 국가들의 재정 지출 항목을 구체적으로 살펴보면 공공사회복지 분야 지출이 1980년대 이후 꾸준히 증가한 것을 확인할 수 있다. 결과적으로 현재 남유럽 국가의 복지 지출 비중은 경제협력개발기구OECD 평균보다 높은 수준을 기록하고 있다. 남유럽 국가들의 복지 지출 가운데 특히 연금 관련 지출 비중은 북유럽 국가들보다도 높은 수준이다. 연금 지출이 증가하는 것은 고령화 사회로 진입하고 있는 국가에서 불가피한 것일 수 있다. 그러나 이 같은 복지 지출은 사회간접자본이나 교육에 대한 지출과 달리 미래 수익을 기대할 수 있는 투자 성격 지출이 아닌 소비적인 지출이다. 따라서 남유럽 국가의 재정정책은 소득분배 개선과 노인빈곤 문제 완화에는 효과적일 수 있겠지만 이것이 경제성장에 기여하거나 고용을 개선할 것으로 기대하기는 힘들다. 즉, 지속가능한 복지를 위한 성장 토대를 훼손할 수 있는, 이른바 황금알을 낳는 거위의 배를 가르는 격일 수 있다는 것이다.

어느 나라를 막론하고 할아버지, 할머니는 푸근하고 인자한 사랑의 아이콘이다. 조부모를 향해 손주가 느끼는 사랑과 이해는 특별한 의미를 갖는다. 군이 유교에서 강조하는 '장유유서'를 몰라도 아이들은 좋아하고 맛있는 음식을 조부모에게 양보할 의향이 있다. 물론 할아버지, 할머니도 이런 손주를 위해 더 많은 것을 희생하고 양보한다. 그런데 최근 전 세계적으로 저출산·고령화가 급격히 진행됨에 따라 돈독한 조손祖孫 관계는 제한된 예산을 두고 경쟁하는 관계가 됐다. 이른바 세대 간 갈등과 노인정치Gerontocracy 문제이다.

2012년 남유럽의 재정위기 이후 경제협력개발기구OECD 회원국들은 공공복지 지출이 감소하는 경향을 보이다가 최근 코로나 19 팬데믹으로 다시 증가하고 있는 추세이다. 역사 속 많은 왕조와 제국은 고도 성장기에 군사, 정치, 산업에 많은 국가 자원을 투입했다. 가난한 사람들과 취약계층을 돕는 일은 국가의 부수적인 역할에 머물렀다. 하지만 최근 OECD 회원국들은 공공사회복지 예산에만 평균 국내총생산GDP 대비 약 20% 막대한 재정을 지출하고 있다. OECD 평균 재정 지출 규모가 GDP 대비 평균 47%인 것을 생각하면 공공복지가 전체 예산에서 차지하는 비중을 쉽게 가늠할 수 있다. 이는 국방, 교육, 행정, 사회간접자본SOC에 지출하는 예산보다 단연 공공복지 정책에 지출하는 예산이 많다는 의미이다. OECD 평균을 어림잡아 계산하면 정부 예산 가운데 대략 42%를 공공복지 지출이 차지하는 것을 확인할 수 있다. 이처럼 공공복지 지출이 증가하고 정부 예산에서 차지하는 비중이 커

최근 전 세계적으로 저출산·고령화가 급격히 진행됨에 따라 돈독한 조손 관계는 제한된 예산을 두고 경쟁하는 관계가 됐다.

지면서 비용 대비 효율성을 진지하게 고려해야 할 시점이 됐다.

이처럼 공공복지에 대한 지출 규모가 확대되면서 사회복지 영역에도 '효율'이나 '예산 제약' 같은 개념들이 등장하게 된 것이다. 2019년 매사추세츠공과대학교MIT의 아브히지트 바네르지Abhijit Banerjee(1961~) 교수와 에스테르 뒤플로Esther Duflo(1972~) 교수, 하버드대학교의 마이클 크레이머Michael Kremer(1964~) 교수는 가난한 나라에 투입된 원조와 자원의 경제적 효과에 대한 연구로 노벨경제학상을 수상했다. 이제는 공공복지 규모가 커진 만큼 공공정책의 효율성을 적극 고려해야 하는 상황이 됐다. 막대한 규모의 예산과 사업들이 비효율적으로 집행되면 경제 전반의 인센티브 구조 왜

2부 | 생활 속의 경제학 **161**

곡과 도덕적 해이로 생산성이 저해될 수 있다.

실제 2012년 남유럽의 재정건전성 악화와 생산성 저하는 지나친 복지 재정 지출 때문인 것으로 추정하고 있다. 일반적으로 복지 정책은 어려운 계층을 돕는 소비적 성격이 큰 사업이다. 저소득 가계나 연령층에 현금으로 소득을 보전해주면 이는 일회성 소비로 끝날 가능성이 크다. 그러나 교육이나 보건과 관련된 지출은 인적자본 축적과 밀접하게 연결돼 장기적으로는 실물경제에 긍정적 영향을 미칠 수 있다. 사회의 전반적인 인적자본 향상을 이끌어 노동력의 질을 높이고 치안을 개선해 더 살기 좋은 나라로 가는 성장 동력이 되기 때문이다. 즉, 잘 설계된 복지 정책은 소비가 아닌 투자 성격의 프로그램이 될 수도 있는 것이다.

앞서 살펴본 바와 같이 OECD 회원국들의 공공복지 예산은 다른 어떤 정부 부문보다 큰 비중을 차지하고 있다. 2022년 한국의 GDP 대비 재정 지출 규모는 대략 38%이며, 이 가운데 공공복지가 차지하는 비중은 3분의 1 수준이다. 공공지출 규모는 저출산·고령화 현상과 소득 불균등 심화로 향후 확대될 가능성이 크다. 고령인구(65세 이상)가 늘고, 경제활동에 참여할 수 있는 생산가능인구(15세 이상~65세 미만 인구)가 감소함에 따라 노령연금 관련 지출이 전체 공공복지 예산 가운데 26.4% 이상을 차지한다. 경제활동을 지속할 수 없는 고령인구에 대한 지원은 불가피하다. 또 고령인구 증가에 따라 의료복지 지출도 늘고 있다. 그뿐만 아니라 빠르게 하락하는 출산율을 반등시키기 위해 각국에서 여러 노력을 하고 있는데 그 가운데 가족수당과 같은 출산 장려 프로그램이 차지하는 지출 규모도 전체의 10% 이상에 달한다.

여러 연구 결과에 따르면 공공사회복지 지출이 증가할수록 해당 경제의 성장과 생산성은 감소하는 것으로 나타났다. OECD의 경우 공공사회복지 지출을 총 9개 영역으로 구분해 회원국들의 지출 규모를 비교하고 자료를 정리해두고 있다. 9개 영역은 노령연금, 가족수당, 실업급여, 의료비 지원, 노동시장 참여 유도 등으로 구성되어 있다. 앞서 언급한 바와 같이 공공지출은 전반적으로 경제에 부정적인 영향을 미치는 것으로 나타났다.

복지정책의 경우 일반적인 경제정책과 달리 효율성이 반드시 첫 번째 덕목은 아니다. 그러나 지속가능성을 위해 효율성과 생산성을 결코 간과할 수만은 없다. 그래서 9가지 항목 가운데 노동시장에 적극적으로 참여할 수 있도록 유도하는 생산적 복지정책은 경제 성장과 생산성에 긍정적인 영향을 미치는 것으로 나타났다. 너무 자명한 것으로 보이지만 그동안 복지 지출에 대한 평가는 정교하지 못했다. 다분히 소비적 성격이 강한 지출은 지속가능한 복지를 위한 성장에 부정적이며, 다음 세대에 대한 투자로서의 성격이 강한 복지사업은 성장에 긍정적일 것이라고 막연히 추정만 했는데 이제 데이터가 많아지고 분석 기법이 발전함에 따라 이를 뒷받침하는 많은 실증적인 증거가 나타나고 있다.

앞서 소개한 것과 같이 한 가정에서 할아버지와 손주는 서로 양보할 수 있다. 이제 국가라는 큰 공동체에서도 지속가능한 복지 국가를 위해 서로 필요한 것들을 명확히 하고, 양보할 수 있는 부분을 찾아야 할 때이다. 지속가능한 성장을 위해 한정된 복지 예산을 투입할 때는 장기적인 성과를 고려하는 것이 무엇보다 중요하다. 그리고 첨예하게 대립되고 있는 세대 간 나눠먹기 싸움을 중재하고 더 큰 공공의 이익을 위해 양보시킬 수 있는 칼은 정부가 쥐고 있다.

채널마다 비슷한
예능 프로가 방송되는 이유

호텔링 모형, 왜 가운데 모이는가?

바닷가 마을에 사는 A와 B는 여름 휴가철을 맞아 해변을 찾는 관광객을 상대로 아이스커피를 팔기로 했다. A와 B가 살고 있는 마을 인근에는 한 일一자 모양으로 길게 늘어선 해안이 있다. 두 친구는 해수욕장이 개장하기 전날 서로 싸우지 않고 시장 수요를 비슷하게 나누기로 합의했다. 그렇게 해서 A가게는 해변의 왼편 끝에서 장사를 하고, B가게는 반대쪽인 오른편에서 아이스커피를 판매하기로 했다. 아이스커피 판매를 시작한 첫날, 해변 가운데 지점을 기준으로 왼편에 자리한 피서객들은 자연스럽게 가까운 A가게에서 커피를 샀고, 오른편 피서객들은 가까운 B가게에서 커피를 샀다. 커피 맛에 차이가 없었기 때문에 손님들은 자신이 있는 곳에서 가까운 가게에서 커피를 구입한 것이다.

장사를 시작하고 일주일쯤 지나 해변 가운데에 자리를 잡았던 손님이 B가게에 와서 커피를 마시며 불평을 했다. '커피 가게들이 해변 양 끝에만 있어 불편하다'며 가게를 너무 구석에 두지 말고 손님들을 생각해 좀 더 가운데로 자리를 옮겼으면 좋겠다고 제안을 했다. 이 이야기를 듣고 난 B가게는 다음날 가게 위치를 전보다 약간 오른쪽으로 옮겼다. B가게는 그날 매출을 정산하다 다른 날보다 금액이 조금 증가한 것을 발견했다. 해변 가운데 지점을 기준으로 약간 오른쪽에 있던 손님들은 B가게가 위치를 옮기기 전까지 가까운 A가게에서 커피를 구입했으나 이제는 B가게가 더 가까워 이용하던 가게를 바꾼 것이다. 매출이 늘어나자 욕심이 생긴 B가게는 다음날 더 오른쪽으로 가게를 옮겼다. 그러자 매출은 전날보다도 더 늘었다.

이런 사실을 모르고 있던 A가게는 얼마 후 해변을 찾는 관광객 수는 줄지 않았는데 가게 매출이 감소하게 된 원인을 발견했다. 민수가 원래 약속을 어기고 가게를 해변 가운데 쪽으로 옮긴 것에 화를 내면서 집으로 돌아왔다. A가게의 사정을 듣던 A가게의 언니가 조언을 해줬다. B가게가 먼저 약속을 어겼으니 내일부터는 A가게도 약속을 깨고, 가게를 더 왼편으로 옮겨 B가게보다 해변 가운데 지점과 더 가까운 곳에 자리를 잡으라고 한 것이다. 결국 이번에는 B가게 매출이 줄었고, A가게가 자기보다 더 해변 가운데와 가깝다는 것을 확인하게 된다. 여름 휴가철이 끝날 때쯤 둘은 누가 뭐라고 할 것도 없이 아예 해변 정 가운데로 가게를 옮기게 됐다.

앞의 사례는 아르바이트를 하다가 친구와의 약속을 어기고 다툰 어린 소년과 소녀의 철없는 이야기가 아니다. 이는 미국의 수리경제학자인 해럴드 호텔링Harold Hotelling(1895~1973)이 판매 경쟁이 치열한 산업에서 판매자들의 최적 입지 전략을 설명하는 호텔링 모형을 이야기로 각색한 것이다. 게임 이론의 고전적인 모형 가운데 하나인 호텔링 모형은 오늘날에도 판매자들의 경쟁 행태를 이해하는 데 꽤 설명력이 높은 틀을 제공한다. 길을 가다 보면 특정 지역에 유독 커피숍이 몰려 있고, 어떤 지역에는 주유소들만 가깝게 위치하고 있는 것을 확인할 수 있다. 비슷한 상품을 판매하는 점포가 대로변의 구석이 아닌 중심가로 모이는 것은 잘 알려진 집적 이익(경제 활동이 한곳에서 모여 누적될 때 발생하는 이익)만으로는 설명할 수 없다. 여기서 핵심은 판매자들이 '왜 모이는지'가 아니라 '왜 가운데 모이는지'에 있기 때문이다. 여기서 '가운데'는 판매자들 간 경쟁에서 시장 점유율을 높이기 위한 최적 입지라는 상징성을 가지는 입지 조건을 의미한다.

호텔링 모형은 사회 전반적인 효율은 감소하지만 판매자들이 시장점유율이나 고객을 더 확보하기 위해 전략적인 선택을 하다 보면 결과적으로 비슷한 위치에 수렴할 수밖에 없는 상황을 잘 설명한다. 물리적인 공간에서 점포 위치를 정하는 과정뿐 아니라 기업이 주력으로 삼는 상품 시장을 결정하거나 가격을 책정하는 과

한 예능 채널에서 짝짓기 프로나 가요 경연 프로를 성공시키면 곧 타 방송 채널에서 같은 콘셉트의 프로가 우후죽순 등장해 유행하게 되는 것이 호텔링 모형의 전형적 사례이다.

정에서 특정 상품군, 특정 가격대에 집중되는 현상도 잘 설명할 수 있다. 가령 한 예능 채널에서 짝짓기 프로나 가요 경연 프로를 성공시키면 곧 타 방송 채널에서 같은 콘셉트의 프로가 우후죽순 등장해 유행하는 것과 같은 이치이다. 오래 전인 2000년 대 초반에는 채널만 돌리면 짝짓기 예능이, 2010년대 중반부터는 가요 경연 프로를 쉽게 볼 수 있었던 것은 호텔링 모형의 전형적 사례로 볼 수 있다. 혹자는 우리나라 걸그룹이 여러 음악 장르가 있음에도 댄스곡을 중심으로 수렴하는 현상을 호텔링 모형으로 분석하기도 했다.

공공경제학자인 앤서니 다운스Anthony Downs(1930~2021)는 호텔링 모형을 이용해 공공선택Public Choice이 이뤄지는 원리를 설명하고자 시도했다. 과반수 득표로 당선자를 정하는 선거에서 유력 후보자들이 정책 의제를 선정하는 것은 판매자들 간 시장점유율을 놓고 펼치는 경쟁과 본질적으로 다르지 않기 때문이다. 대통령 선거 기간에 후보들의 공약은 대체로 대동소이하다. 특히 당선이 유력한 두 후보의 정치적 성향은 일반적으로 보수와 진보로 양분되는데, 그럼에도 불구하고 정치인들의 핵심 공약은 유사한 경우가 많다. 이런 현상은 비단 우리나라에서만의 일이 아니다. 양당 체제 대표 국가인 미국의 대선에서도 쉽게 관찰할 수 있으며, 기초지방자치단체장인 시장이나 도지사를 뽑는 지방선거에서도 빈번하게 나타난다.

서로 상반된 성향을 보이는 진보와 보수 정당이 선거 때 내놓는 정책이 서로 비슷한 이유는 무엇일까? 각 후보 선거 전략을 기획하는 참모들의 생각이 창의적이지 못해 내놓는 공약이 비슷하거나 유권자들이 선호하는 공약이 뻔해서 그렇다고 생각할 수도 있다. 그러나 앞서 살펴본 호텔링 모형 사례와 같이 다수결의 동의로 승패가 좌우되는 선거 시스템에서 각 정당과 후보자들은 과반수 표를 확보하기 위해 자신을 절대적으로 지지하는 극단적 성향의 유권자 입맛에 맞는 정책보다 중도에 가까운 유권자들이 좋아하는 정책을 공약으로 내놓는다. 양극단의 정당이 이와 같은 전략을 공약으로 만들다 보니 선거에서 각 정당이 내놓는 정책은 해변에서 가게 위치를 정할 때처럼 중간으로 수렴된다.

구매자도 판매자도 모두 이득을 보는 '가격차별'

오늘날 호텔링 모형은 다른 측면에서 시사점을 찾을 수 있다. 경쟁이 치열한 시장에서 빅 플레이어들은 전략적으로 중간 지점을 선택하는 것이 합리적이고 일반적인 의사결정이 될 수 있다는 것, 그러나 소규모 기업들은 '중간만 가면 된다'는 안일한 생각을 하면 경쟁에서 살아남기 힘들다는 것이다. 오히려 틈새시장을 공략해 중심에서 떨어져 있지만 일정 부분 자기 영역을 확보함으로써 이득을 취할 수 있다. 또 많은 사람들이 민주적 의사결정 방법으로 고민 없이 채택하고 있는 다수결의 원칙Simple Majority Rule이 경제적 자원 배분 측면에서는 반드시 가장 효율적인 선택이 아닐 수 있다는 것을 보여준다.

해변의 점포 경쟁 사례처럼 특정 산업에서 소수의 판매자가 존재하는 과점 시장에서 기업들은 상대방의 행동에 따라 자신이 어떻게 행동하는 것이 최선인지를 정하는 전략적 선택을 하게 된다. 과점 시장에서 주요 업체들은 다양한 형태의 전략을 실행하고 있다. 일반적으로 '차별Discrimination'이라는 단어는 현대 사회에서 주로 부정적인 뜻으로 자주 사용된다. 인종차별, 학력차별, 지역차별 등이 그 사례이다. 이같이 '차별'이라는 단어가 주는 특유의 부정적 뉘앙스 때문에 경제학 교과서에 등장하는 '가격차별Price Discrimination' 개념 역시 원래 의미와는 달리 많은 사람들에게 부정적으로 인식되는 사례가 종종 있다.

1,100×100
?

1,500×80
!

출처: 게티이미지

커피 한 잔을 1,100원에 판매할 때는 하루 100잔이 팔렸는데, 1,500원으로 가격을 인상했더니 하루에 80잔이 팔렸다면 카페 주인은 당연히 커피를 하루에 80잔만 생산해 1,500원에 판매할 것이다.

경제학을 처음 배우는 학생은 가격차별을 기업이 특정 소비자에게 정상 가격보다 턱없이 비싸게 판매해 부당한 이익을 얻는 불공정한 행위로 오인하기 쉽다. 그런데 경제학에서 정의하는 가격차별의 개념은 이러한 인식과 다소 차이가 있다. 시장 지배력이 큰 판매자가 있는 독점이나 과점 시장에서 기업은 굳이 박리다매로 많은 상품을 생산해 판매하기보다 생산량과 가격을 전략적으로 책정한다. 예를 들어, 카페가 하나밖에 없는 작은 마을을 생각해보자. 커피 한 잔을 생산하는 데 임대료 등을 포함해 비용이 1,000원가량 발생한다면 경쟁이 치열한 시장에서 커피 가격은 거의 이 비용에 가깝게 형성된다. 따라서 판매가격을 생산 원가 수준으로 낮출 수 없는 판매자는 시장거래에서 자연스럽게 배제될 것이다. 하지만 경쟁자가 없는 카페 주인은 생산 원가보다 높은 가격으로 커피를 판매할 가능성이 크다.

카페 주인이 커피 한 잔을 1,100원에 판매할 때는 하루 100잔을 판매했는데, 1,500원으로 가격을 인상했더니 하루에 80잔이 팔렸다면 카페 주인은 당연히 커피를 하루에 80잔만 생산해 1,500원에 판매할 것이다. 그러면 마을에는 커피 생산 원가 1,000원보다는 더 높은 가격을 지불할 의사가 있지만 판매가격(1,500원)보다 지불 의사가 낮아 커피를 마실 수 없는 사람들이 생긴다. 카페 주인 입장에서도 1,100원에 커피를 구매할 생각이 있는 주민에게는 따로 가격을 책정할 수 있다면 그렇게 하고 싶을 것이다. 1,100원으로 커피를 추가 판매할 수 있는 환경이 마련되면 카페 주인도 추가 이윤을 얻을 수 있고, 커피를 마실 수 없었던 주민도 커피를 즐길 수 있게 된다. 따라서 가격을 소비자의 지불 의사에 따라 달리 책정할 수 있다면 구매자도, 판매자도 모두 이득을 보는 셈이다.

가격탄력성과 기회비용

현실에서 가격차별의 대표적인 사례는 영화산업이다. 영화를 예매할 때 시간표와 가격을 찬찬히 살펴보면 아침 시간대와 저녁 프라임 시간대 영화 관람료가 서로 다른 것을 확인할 수 있다. 일반적으로 조조 시간대 영화 관람료는 다른 시간대에 비해 30%가량 저렴하다. 전통적인 경제 이론에 따르면 오전에 영화관을 찾는 고객과 저녁 시간대에 영화를 보는 고객은 영화 티켓 가격에 대한 가격탄력성, 즉 지불의사가 서로 다르다. 오전에 영화를 보는 사람은 가격에 민감한, 즉 지불의사가 작은 사람이고, 프라임 시간대에 영화를 보는 사람들은 가격에 상대적으로 덜 민감한, 즉 지불의사가 큰 사람이다.

이렇게 시간에 따라 가격탄력성을 구분할 수 있는 근거는 두 가지로 생각해볼 수 있다. 소득이 상대적으로 작은 학생이나 노인층은 시간적 여유는 많지만 상품 구매력(예산)은 적어 가격에 민감할 수밖에 없다. 따라서 이들은 지출을 줄이기 위해 영화 보는 시간을 조정할 유인이 충분하다. 반면 예산에 여유가 있지만 시간적 여유가 적은 직장인은 할인을 고려하지 않고 자신의 스케줄에 맞는 시간에 영화관을 찾는다. 일반적으로 합리적인 소비자들은 주어진 예산에 따라 자신의 만족을 극대화하도록 행동하므로 소득이 적은 사람이 가격에 민감한 것은 당연한 이치이다.

영화 관람과 같은 여가산업에서 소비자의 가격탄력성이 다른 원인을 한 가지 더 생각해볼 수 있다. '기회비용Opportunity Cost'이 바로 그것이다. 경제학에서 영화 관람을 위해 지불하는 비용을 산출할 때는 티켓 구입비처럼 자신의 호주머니에서 실제로 지출되는 비용인 '명시적 비용Explicit Cost' 외에도 자신이 선택하지 않아 포기해야만 하는 기회의 잠재적 비용, 즉 '암묵적 비용Implicit Cost'이 추가로 포함된다. 평일 낮 시간에 일하는 사람들이 업무 시간에 영화를 보려면 영화 관람료뿐만 아니라 그 시간에 벌 수 있는 수입을 포기해야 한다. 같은 영화를 보더라도 노동시장에서 일을 하고 있지 않는 사람이 영화를 볼 때 발생하는 경제적 비용은 관람료 1만 원에 그치지만, 일하는 사람들이 영화를 보게 되면 관람료 외에도 영화를 보는 동안 일을 할 수 없어 포기하는 수입까지 비용으로 발생한다. 즉, 영화를 보는 데 3시간이 필요하다면 시간당 2만 원을 벌 수 있는 직장인은 영화 관람료 1만 원 외에도 6만 원의 비용이 추가로 발생한다. 따라서 영화관이 상영시간을 기준으로 가격차별 정책을 시행하면 고객은 소득에 따른 구매력뿐만 아니라 기회비용까지 고려해 이를 가격탄력성에 반영한다. 평일 혹은 비수기 숙박 가격과 휴가철 혹은 주말 이용 가격에 30~40% 차이가 발생하는 이유도 마찬가지이다.

앞서 살펴본 바와 같이 생산자가 가격차별 정책을 시행하면 더 많은 이윤을 얻을 수 있다. 그러나 가격차별 전략은 생산자의 이윤만 증가시키는 것이 아니라 구매력이 낮아 거래를 할 수 없었던 사람들에게도 물건을 구매할 수 있는 기회를 제공한다. 즉, 주머니 사정이 넉넉하지 않지만 시간이 많은 사람들이 아침 시간대에 영화를 볼 수 있는 것은 가격차별이 소비자에게도 이득을 가져다줄 수 있음을 시사한다. 만일 앞서 살펴본 카페 사장이 소득이 높은 주민에게는 높은 커피 가격을 받지만 소득이 낮은 주민에게는 원가보다 저렴한 가격으로 커피를 판매한다면 소득이 적은 일부 고객이 시장에서 소외되는 것을 막을 수 있다. 향후 정보통신기술 발달을 마케팅에 접목해 개인의 가격탄력성을 더 정밀하게 추정할 수 있다면 보다 잘 설계된 가격차별이 이뤄질 가능성이 크다. 이때 가격차별은 과연 이론대로 더 많은 소비자에게 자신의 지불의사에 맞게 소비할 수 있는 이득을 가져다줄지, 그렇지 않으면 판매자가 소비자 이익을 착취하는 수단으로 전락할지 관심 있게 지켜볼 문제이다.

얻어먹는 라면이
더 맛있는 이유

한계효용체감의 법칙

늦은 밤 라면을 먹는 동생에게 '한 젓가락만 먹자'고 실랑이를 해본 경험이 한 번쯤 있을 것이다. 아이스크림을 먹고 있는 동생을 보면서 한 입만 달라는 말을 참지 못한 적도 있을 것이다. 눈치 보며 한 입만 달라느니 '차라리 내가 하나 끓여 먹고 말지', '새로 한 개를 더 사먹고 말지'라는 생각을 하면서도 한 입만 달라고 말하고 싶은 유혹을 뿌리치기 쉽지 않다. 왜냐하면 내가 끓여 먹는 라면보다 내가 사먹는 아이스크림보다, 얻어먹는 라면 한 젓가락이 뺏어 먹는 아이스크림 한 입이 더 맛있기 때문이다. 그렇다면 왜 얻어먹는 한 입이 더 맛있을까? 내 것보다 남의 것을 더 좋아하는 인간의 묘한 심리 때문일까? 경제학의 '한계효용_{Marginal Utility}'

이라는 개념을 이해하고 나면 이 같은 엉뚱한 심리에 상당히 납득이 간다.

18세기 '경제학의 아버지'라고 불리는 애덤 스미스Adam Smith(1729~1790)가 시장에서 거래되는 상품의 가격을 연구할 때는 한계효용 개념이 학문적으로 정립되지 않았다. 스미스는 인간의 생명과 직결되는 물은 거의 공짜인 데 비해 장신구 말고는 딱히 쓸모가 없는 다이아몬드 가격이 어마어마하게 비싼 이유를 설명하지 못했다(스미스의 역설Smith's Paradox, 가치의 역설Paradox of Value). 결국 그는 이 같은 현상을 설명하기 위해 재화의 가치를 사용가치와 교환가치로 나누고 물은 사용가치는 높지만 교환가치가 낮아서 가격이 낮고, 다이아몬드는 사용가치는 낮지만 교환가치가 높아 높은 가격으로 거래된다고 설명했다. 교환가치라는 개념을 사용해 다이아몬드 가격이 물보다 훨씬 더 비싼 이유를 설명한 것이다. 이때 스미스는 사용가치가 거의 없는 물건이 단순히 수량이 적다는 이유만으로 교환가치를 높이 평가받아 시장에서 비싸게 거래되는 이유가 명쾌하게 설명되지 않았는지 이를 '물과 다이아몬드의 역설The Diamond-Water Paradox'이라고 하면서 '역설Paradox'이라는 표현을 굳이 남겨두었다.

이러한 스미스의 퍼즐을 풀어준 이들이 바로 1870년대에 등장한 오스트리아의 한계효용학파(오스트리아학파, 재화의 가치를 한계효용의 관점에서 밝혀내려는 학파)이다. 한계효용이란 소비를 더할 때마다 추가로 얻게 되는 효용을 말한다. 한계효용을 이해하기 위해 앞의

물과 다이아몬드의 한계효용곡선

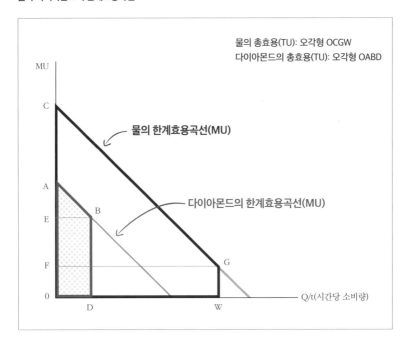

물의 총효용(TU): 오각형 OCGW
다이아몬드의 총효용(TU): 오각형 OABD

MU

C

물의 한계효용곡선(MU)

A

B

다이아몬드의 한계효용곡선(MU)

E

F
G

0
Q/t(시간당 소비량)

D
W

라면과 아이스크림 사례를 다시 생각해보자. 라면을 한 젓가락만 먹을 때와 온전한 1개를 먹을 때 얻는 전체적인 만족의 크기는 당연히 라면 한 개를 다 먹었을 때 더 크다.

그런데 라면을 딱 한 젓가락만 먹었을 때 얻는 만족도와 라면 한 개를 통째로 먹는 과정에서 마지막 젓가락을 먹을 때 만족도를 비교하면 어느 것이 더 클까? 대부분의 사람들에게는 허기질 때 처음 입안에 들어간 음식이 가장 맛있다. 그리고 먹는 양이 늘어날수록 추가로 얻는 만족은 처음 같지 않고 조금씩 감소하는 것이 일반적이다. 이처럼 소비가 진행될수록 추가로 얻는 효용의 크기가 감소하는 현상을 '한계효용체감의 법칙The Law of Diminishing Marginal Utility'이라고 한다.

물과 다이아몬드의 역설

오스트리아학파 경제학자들은 효용이라는 개념을 이용해 교환 가치와 사용가치를 분리하지 않고도 '물과 다이아몬드의 역설'을 설명할 수 있게 되었다. 즉, 지구상에 존재하는 물이라는 자원이 우리에게 줄 수 있는 총효용은 다이아몬드의 총효용보다 크지만 평소 물을 원하는 만큼 충분히 많이 소비하고 있던 사람들에게 물을 추가로 소비할 때 얻게 되는 한계효용은 크지 않다. 그러나 다이아몬드는 평소에 소비할 수 있는 것이 아니기 때문에 어쩌다 한두 개의 다이아몬드를 갖게 됐을 때 얻는 한계효용은 굉장히 크다는 것이다. 즉, 물의 총효용은 다이아몬드보다 크지만 물을 소비하는 순간마다 얻는 한계효용이 다이아몬드에 비해 작기 때문에 일반적인 소비 과정에서 거래되는 가격은 다이아몬드가 물보다 높다는 것이다.

이와 같은 한계효용의 적용 사례는 금융 산업에서도 찾아볼 수 있다. 많은 사람이 좋아하는 돈 역시 소유하는 양이 증가할수록 한계효용은 감소한다. 즉, 같은 1,000만 원의 금액이라도 처음 1,000만 원이 생겼을 때 얻는 기쁨이 두 번째 1,000만 원이 생겼을 때 얻는 기쁨보다 크다는 것이다. 이처럼 보유한 돈의 액수가 증가함에 따라 한계효용이 체감하는 현상은 불확실한 미래를 싫어하는 인간의 일반적인 성향과 밀접한 연관이 있다. 일반적인 사람들은 50만 원이 될 수도 있고, 150만 원이 될 수도 있는 불확실한 상황보다는 확실한 100만 원을 더 선호한다. 이는 100만 원을 기준으로 50만 원이 감소했을 때 잃는 효용이 50만 원을 추가로 얻었을 때 얻는 효용보다 더 크기 때문이다.

가령 어떤 사람이 50만 원일 때 느끼는 총효용이 100이고, 100만 원일 때 느끼는 총효용이 180, 150만 원일 때 느끼는 효용이 240이라고 가정해보자. 이 사람은 앞에서 이야기한 것처럼 50만 원, 100만 원, 150만 원으로 소유 금액이 증가할수록 총효용은 증가하지만 같은 50만 원씩 증가할 때마다 추가로 얻는 한계효용은 100, 80, 60으로 체감하게 된다. 이처럼 대부분의 사람들은 돈에 대해서도 한계효용을 체감해 같은 금액이라면 돈을 잃을 때 느끼는 상실감이 돈을 얻을 때 느끼는 만족감보다 더 크기 때문에 위험을 싫어하는 경향이 있다.

보험 산업은 이처럼 인간이 미래의 불확실성을 싫어하는 경향을 이용해 위험을 줄여주는 조건으로 보험료를 받아 이윤을 창출하는 금융 시스템이다. 만약 돈에 대한 인간의 한계효용이 증가한다면 100만 원을 가진 사람이 50만 원을 얻을 수도 있고, 50만 원을 잃을 수도 있는 상황이 되면 50만 원을 얻게 되었을 때의 한계효용이 잃을 때의 한계효용보다 더 크기 때문에 불확실한 상황을 더 즐기게 되므로 사람들은 보험을 들지 않을 것이다. 오히려 불확실성이 큰 도박이나 위험한 투자에 돈을 지불하고서라도 참가하려는 사람들이 생겨날 것이다.

1974년 우리나라의 평범한 가정과 50년이 지난 2024년 현재 중산층 삶을 비교해보면 어떨까? 1974년 일반 가정의 살림살이를 살펴보면 인터넷이나 스마트폰은 당연히 존재하지도 않았고 유선전화를 찾기도 어려웠다. 50년 전 고기반찬이나 설탕이 듬뿍 들어간 달콤한 음식은 특별한 날에나 먹는 귀한 음식이었지만 지금은 다이어트를 걱정해야 하는 상황이다. 이처럼 국민의 객관적인 생활수준은 50년 전과 비교할 수 없을 정도로 좋아졌지만 '지금 당신은 행복하십니까?'라는 질문에 '그렇다'고 응답할 수 있는 사람 수는 옛날보다 늘어났을까? 누구도 쉽게 단언할 수 없을 것이다.

국내에서는 이 같은 설문을 했던 자료가 없지만 미국에서는 비슷한 연구가 있었다. 1974년 리처드 이스털린Richard A. Easterlin(1926~) 교수는 1946~1970년 미국인들의 소득과 행복지수에 대한 상관관계를 분석한 논문(Does Economic Growth Improve the Human Lot? Some Empirical Evidence, 1974)을 발표했다. 이스털린 교수가 자료를 분석한 결과 미국의 국민소득이 가파르게 상승했던 1940년대와 1950년대 미국인들의 행복지수는 상승했지만, 1950년대 후반부터 1960년대 미국인들의 행복지수는 정체되거나 오히려 감소한 것으로 나타났다(이스털린의 역설Easterlin's Paradox). 객관적인 지표만 고려하면 대다수 사람들은 과거보다 물질적으로 더 풍요로운 시대에 살고 있는데 왜 더 행복하지 않다고 생각하는 것일까? 사람들은 행복에 대한 해답을 보통 종교나 철학에서 찾지만 경제학에서도 중요한 힌트를 얻을 수 있다. 바로 '한계효용'이라는 개념을 되짚어보면 절대적인 물질의 풍요가 반드시 개인의 행복으로 직결되지 않는다는 것을 발견할 수 있다.

소비가 행복에 기여하는 정도

앞서 설명한 바와 같이 경제학 교과서에서 한계효용이란 재화나 서비스를 더 많이 소비할 때 추가로 얻게 되는 만족을 의미한다. 교과서에서 한계효용을 설명할 때 활용하는 사례는 쿠키나 빵과 같은 음식을 먹는 상황이다. 배가 고플 때 처음 먹는 음식은 굉장히 맛있고 만족감이 높지만, 빵이나 과자를 먹는 숫자가 증가하면 처음과 같은 높은 만족감을 얻을 수 없다는 것이다. 경제학자들은 체감하는 한계효용 특성을 이용해 시장에서 상품 가격이 형성되는 원리를 설명한다. 앞서 일반적으로 시장에서 거래되는 물과 다이아몬드 가격을 비교해보면 다이아몬드의 시장 가격이 물 가격과 비교할 수 없을 정도로 높다. 이미 충분한 물을 확보하고 있는 사람들에게 추가로 주어지는 물은 매력적이지 않다. 반면 다이아몬드는 아주 희소하기 때문에 반짝이는 다이아몬드를 난생처음 갖게 된 사람들은 큰 효용을 얻을 수 있다. 따라서 시장에서 거래되는 상품 가격은 상품을 추가로 구매했을 때 얻게 되는 한계효용, 즉 소비가 행복에 기여하는 정도에 따라 결정되는 것이다.

애덤 스미스의 시대에는 사용가치가 거의 없는 물건이 시장에서 비싸게 거래되는 이유가 명쾌하게 설명되지 않아 '역설'이라고 표현하기도 했다.

　이처럼 한계효용은 시장에서 거래되는 상품 가격을 결정하는 데 핵심적인 역할을 한다. '이스털린의 역설(일정 소득 이상에서는 소득이 증가해도 행복이 증가하지 않는다는 것)'이나 '물과 다이아몬드의 역설'에서 확인한 바와 같이 인간은 이미 경험한 바 있는 소득이나 소비 수준으로는 더 이상 만족을 얻지 못한다. 기존의 경험치가 새로운 소비나 추가적으로 자산 증식으로부터 얻는 만족의 출발점이 되기 때문이다. 이미 충분히 부유한 사람들이 지속적으로 경제 활동을 하고, 몸과 머리를 혹사해 가며 부동산이나 주식에 투자하는 동기도 한계효용의 개념에서 단서를 찾을 수 있다. 소득이 높은 국가에 살고 있는 사람들이 계속해서 새로운 경험이나 더 맛있는 음식을 찾는 것도 이와 같은 이치이다. 아무리 좋은 전망을 가진 사무실이나 편리한 설비를 갖춘 고급 주택에서 생활을 해도 반복되는 일상에서는 행복을 얻을 수 있는 새로운 자극을 찾기는 쉽지 않다. 그래서 사람들은 다람쥐 쳇바퀴 돌 듯 반복되는 일상에서 벗어나 새로운 환경에 자신을 노출하려고 애를 쓴다.

오랜 기간 우리나라 자살률은 OECD 국가들 중 독보적인 세계 1위를 유지하고 있다. 연간 2만 명이 넘는 숫자가 자살로 생을 마감한다. 이는 내전을 치르고 있는 웬만한 국가에서 죽는 사람보다 더 많은 숫자이다. 인간의 감정을 중요시하는 심리학이 아닌 이성을 중요시하는 경제학에서도 '변화'는 행복을 결정하는 데 핵심적인 요소이다. 그런데 한국은 과거 어떤 때보다 풍요로운 사회에 살고 있지만 SNS를 비롯해 타인과의 비교, 과거와의 비교로 더 많은 사람들이 삶의 만족보다는 불만이 더 큰 상태이다.

이제는 물질적인 기준이 아닌 소소한 일상과 주변의 사소한 즐거움으로부터 삶의 행복을 얻을 수 있는 자신만의 새로운 일들을 찾는 것이 행복한 삶을 위한 가성비 높은 노력일 수 있다. 이러한 소소한 것들에서 한계효용을 높이는 기회를 찾을 가능성이 더 크기 때문이다. 그동안 너무 당연하게 생각했던 것들에 새로운 시야로 접근해보는 것도 좋은 대안이 될 수 있다. 이미 우리는 많은 성현들의 말씀과 그들의 삶을 통해 진정한 삶의 만족과 행복이 어디서부터 오는지 이미 잘 알고 있는지도 모른다. 다만 물질에 정신이 팔려 까맣게 잊고 있을 뿐이다.

인류 최고의 발명품,
화폐제도

표준화된 가치, 화폐

인류의 역사를 바꾼 위대한 발명품 세 가지를 뽑기 위해 투표를 한다면 무엇이 선정될까? 많은 사람이 메소포타미아 문명에서 처음으로 발견된 '바퀴'를 역사적인 발명품으로 꼽을 것이다. 바퀴는 인간이 엄청난 무게의 물자들을 수월하게 이동할 수 있도록 도왔다. 어떤 사람은 음식의 다양성을 활짝 피게 해준 불을 첫 번째로 꼽고, 어떤 사람들은 지식과 문명이 전파되고 발전하는 데 핵심적인 역할을 했던 종이를 추천한다. 젊은 세대들은 아마도 전기나 인터넷을 중요한 발명품으로 선정할 것이다. 경제학자들 생각은 일반인과는 조금 다르다.

'현대 경제학의 아버지'로 불리는 폴 새뮤얼슨Paul Samuelson(1915~

2009, 1970년 노벨경제학상 수상) 교수는 자신의 경제학원론 교과서 (Economics: An Introductory Analysis, 1948~2009)에 인류 핵심 발명품으로 주저 없이 화폐와 중앙은행제도를 들었다. 자본주의 시장경제 시스템을 유지하는 데 '돈(화폐)'이 중요한 것은 모두가 안다. 하지만 화폐가 정말 앞에서 말한 불이나 바퀴와 같이 인류의 역사를 혁신적으로 변화시킨 발명품이라고 할 수 있을지에 관해서는 고개를 갸우뚱할 수도 있다. 하지만 구체적인 사례를 들어 보면 상당수 사람이 새뮤얼슨 교수 의견에 동의하게 될 것이다.

화폐가 통용되는 시장에서 사람들은 다른 사람에게 물건이나 서비스를 제공하고 반대급부로 돈을 받는다. 즉, 교환의 매개 Medium of Exchange가 되는 것이다. 다른 사람에게 재화나 서비스를 제공하고 받은 화폐가 '언제든 내가 원하는 때에 원하는 상품으로 교환할 수 있다'는 신뢰 시스템은 경제 발전에 큰 동력이 됐다. 과거 위대한 제국을 건설했던 왕이나 부자들도 누릴 수 없었던 풍요로운 생활을 오늘날 중산층이나 그보다 소득이 적은 사람들까지 누리게 된 이유에도, 고속철도나 비행기를 이용해 반나절 만에 수백 킬로미터 이상 떨어진 지역을 쉽게 여행하게 된 배경에도 화폐가 자리하고 있다. 이처럼 평범한 인류가 수준 높은 생활을 향유할 수 있게 된 것은 고도로 전문화되고 분업화된 시장경제 덕분이다.

만일 인간이 자급자족하는 경제제도를 고수해왔다면 인류의 대부분은 정글에서 생활하는 예능 프로그램 출연자들처럼 생존을 위한 최소한의 필요도 다 채우지 못해 불안해하며 일상을 보냈을 것이다. 화폐는 많은 사람이 고도로 전문화되고 분업화된 자신의 고유 업무만 효율적으로 수행해 소득을 얻고, 그 소득으로 다른 사람들의 생산물과 교환하는 경제 시스템을 가능하게 하는 데 핵심적인 역할을 했다.

화폐는 모든 사람이 그 가치를 잘 알고 있는 표준화된 '가치척도', 즉 회계의 단위Unit of Account가 된다. 따라서 사람들은 화폐라는 공통된 단위(도구)를 사용함으로써 직관적이고 쉽게 특정 사물이나 행동의 가치를 가늠할 수 있다. 텔레비전에 나오는 래퍼들이 얼마나 음악을 잘하고 인기 있는 가수인지 어르신에게 가장 쉽게 설명하는 방법은 무엇일까? 이들이 1년간 벌어들이는 수십억 원의 출연료나 저작권료를 알려주는 것이다. 엄청난 수익을 듣고 나면 어르신들은 그들의 음악은 이해할 수 없지만 그것이 시장에서 어느 정도 가치로 평가받고 있는 것인지 직관적으로 알게 된다. 이처럼 화폐의 가치 척도 기능은 가치를 설명하는 수고를 덜어준다. 소위 시장의 보이지 않는 손Invisible Hand이라고 할 수 있는 가치가 현실에서 화폐라는 도구로 날개를 달게 된 것이다.

또 화폐의 가치저장 기능Store of Value은 사람들이 자신의 일에 더 집중하고 생산성을 극대화하는 인센티브를 제공했다. 과거 자급자족하던 사람들은 자신이 아무리 사냥을 잘해도 아무리 농사를 잘 지어도, 자신이 먹고 주변 사람들에게 나눠줄 수 있는 양 이상은 생산할 필요가 없었고 그럴 수도 없었다. 그런데 화폐가 통용

출처: 게티이미지

화폐는 모든 사람이 그 가치를 잘 알고 있는 표준화된 '가치척도'가 된다. 사람들은 화폐라는 공통된 단위를 사용함으로써 직관적이고 쉽게 특정 사물이나 행동의 가치를 가늠할 수 있다.

되면서 사람들은 자신의 생산물을 장기간 안정적으로 보관할 수 있게 된다. 사람들은 자신이 평생 다 쓰지 못한 양의 상품을 생산하고도 계속해서 더 많은 양의 물건이나 서비스를 생산할 유인을 갖게 된 것이다. 현대인들에게 화폐는 너무나 익숙하고 당연히 존재하는 물건이지만 공기나 햇볕처럼 그것이 없어지면 생존을 위협받을 수도 있다.

최근 정부의 재정적자와 통화정책 실패로 하이퍼인플레이션Hyperinflation(연간 물가가 수백 퍼센트 이상 상승하는 것으로 주로 통화를 무분별하게 늘릴 때 발생한다)을 경험하고 있는 베네수엘라를 생각해보면 화폐의 중요성을 쉽게 알 수 있다. 화폐를 발행하는 중앙은행이 신뢰를 잃으면 통화당국이 발행하는 법정화폐Legal Tender는 말 그대로 종잇조각에 불과하게 된다. 화폐 가치가 걷잡을 수 없이 폭락해 최근 살인적인 물가 상승을 경험하고 있는 베네수엘라에서는 물건 구하기가 하늘의 별따기만큼 힘들어졌으며 저축할 유인도 없다.

매일매일 물가가 하늘 높은 줄 모르고 치솟기 때문에 급여를 받자마자 레스토랑으로 달려가 쇠고기 스테이크를 먹든지 마트로 달려가 물건 사재기를 하는 것이 낫기 때문이다. 저축이 없으니 기업이 필요한 투자자금을 조달할 수도 없고 투자가 없으니 일자리가 생길 수도 없다. 많은 국민이 이웃 나라에 불법으로 취업해 생계를 유지하고 있는 이유이다.

비슷한 사례는 역사적으로 쉽게 찾을 수 있는데 1차 세계대전 이후 하이퍼인플레이션(전쟁 배상금을 갚기 위해 마르크화를 마구 찍어낸 것이 원인이다)으로 마르크화가 화폐 기능을 상실하자 독일 경제는 붕괴되었고, 냉정하고 지적이던 독인 국민들은 이성적인 판단력과 자제력을 상실하게 됐다. 이후 히틀러와 나치를 추종하고, 지금까지도 후회하고 부끄러워하는 역사적인 실수를 저질렀다. 이처럼 화폐는 현대의 경제 시스템을 유지하고 인류의 생산성을 극대화하며 삶을 윤택하게 하는 데 기여했다. 현대에 와서 국가의 역할은 위와 같은 화폐의 본질적인 기능이 훼손되지 않도록 유지·관리하는 것이고, 이것은 국방이나 복지 정책 못지않게 중요한 일이다. 화폐가치의 급격한 변동을 막고 화폐를 통한 시장의 교환 시스템을 원활히 유지하는 것이 중앙은행의 가장 큰 임무인 이유이다.

정보통신기술의 발전, 가상화폐의 등장

이처럼 인류 경제 발전에 한 획을 그었던 화폐는 최근 정보통신기술ICT 발전으로 새로운 도전을 받고 있다. 물리적인 실체가 없는 전자화폐가 등장했고, 중앙은행이 아닌 블록체인 기술을 기반으로 한 가상화폐가 사람들에게 주목받고 있다. 특히 가상화폐는 가격 변동성이 커 많은 사람들의 관심을 받기도 했고, 가격 급락으로 사회적인 문제가 되기도 했다. 비트코인이 처음 실물 거래에 사용된 사례는 피자를 재미 삼아 구매했던 일이다. 이때 비트코인 개발자가 피자 한 판을 구입하기 위해 지불했던 비트코인은 1만 비트코인이다. 대략 1비트코인의 시세를 5,000만 원으로 계산해도 5,000억 원이다.

팬데믹 머니(코로나19 팬데믹 이후 경기침체를 막고자 각국 중앙은행과 정부가 막대한 '돈'을 풀어 팽창된 시중 유동성)가 시중에 쏟아지면서 비트코인 가격이 급등하던 시절, 사람들은 비트코인을 투자(또는 투기) 수단으로만 보유할 뿐 실거래에 사용하는 사례는 극히 드물었다. 즉, 가상화폐는 가격 변동성이 커 아직은 화폐로서 가치척도, 가치저장, 교환 기능을 온전히 수행하기에는 어려움이 많다. 이러한 화폐의 3대 기능이 안정적으로 확보하려면 저변확대가 필수적이다. 많은 사람들이 사용해야 그 가치가 급격히 변동하지 않고, 활용도도 커진다. 화폐의 저변확대를 이해하려면 네트워크 외부성Network Externality에 대한 개념을 살펴볼 필요가 있다.

다른 사람들이 자신과 같은 상품을 많이 사용할수록 내가 갖고 있는 상품의 효용이나 가치가 상승하는 현상을 '네트워크 효과Network Effect'라고 한다. 외국어 공부를 할 때 기왕이면 사용 인구가 많은 언어를 선택하거나, 가능하면 이용자가 많은 SNS를 택하는 현상이 바로 네트워크 외부효과를 실생활에서 확인할 수 있는 대표적인 사례이다. 이처럼 네트워크 외부효과가 현저하게 나타나는 산업이나 상품 시장에서는 특정 상품의 이용자가 일정 수준 이상, 가령 시장 전체의 절반을 넘어서면 나머지 사용자들도 자연스럽게 해당 상품이나 시장으로 몰리는 현상을 쉽게 확인할 수 있다. 네트워크 외부효과는 앞서 예로 들었던 휴대전화, SNS와 같은 첨단 정보통신기술ICT 산업에서만 발생하는 것이 아니라 시장에서 없어서는 안 될 '화폐제도'에서도 발생한다.

네트워크 효과는 화폐의 3대 기능인 교환, 가치척도, 가치저장 기능과 밀접한 관계가 있다. 당연한 말이지만 내가 가진 것과 같은 종류의 화폐를 여러 사람이 많은 시장에서 두루 사용할수록 그 화폐의 사용가치가 상승한다. 많은 사람이 보유하고 있어 다양한 거래에서 빈번하게 사용할수록 해당 화폐의 교환 기능은 향상되는 것이다. 또 화폐의 교환 기능이 강화되어 같은 화폐를 사용하는 이용자들의 절대적인 숫자가 확보되면 화폐 가치가 특정 경제 사건이나 소수의 의도에 따라 쉽게 변동하지 않아 화폐의 가치저장 기능과 가치척도 기능이 함께 강화된다. 이와 같은 네트워크 외부효과와 화폐의 3대 기능 간 관계는 가상화폐의 미래를 예측하고 전망하는 데 훌륭한 통찰을 제공한다. 가상화폐를 실제로 보유하고 있는 투자자들의 절대적인 숫자나 가상화폐가 실물 거래에서 결제 수단으로 활용되는 사례는 달러화나 유로화 같은 전통

최근 정보통신기술 발전으로 중앙은행이 아닌 블록체인 기술을 기반으로 한 가상화폐가 사람들에게 주목받고 있다.

적인 통화와는 비교할 수 없을 정도로 아직은 미흡하다.

　한때 세계 최대 SNS 업체 페이스북Facebook, 지금의 '메타Meta'가 별자리 가운데 천칭자리Libra의 이름을 딴 가상화폐 '리브라Libra'를 발행하겠다는 계획을 발표해 큰 주목을 끈 바 있다. 페이스북 리브라는 단순히 빅테크 기업이 기획한 가상화폐이기 때문에 주목받는 것이 아니라 기존 가상화폐들이 갖고 있던 구조적 문제들을 영리하게 보완했기 때문에 정부, 기업, 금융 투자자 할 것 없이 많은 이에게 관심을 받았다. 당시 페이스북은 20억 명 넘는 이용자를 보유하고 있어 명실상부 SNS 업계에서 덩치가 가장 큰 기업이라고 할 수 있었다. 이런 페이스북 이용자 가운데 10%만 가상화폐인 리브라를 사용해도 앞서 언급한 네트워크 외부효과가 충분히 나타날 수 있어 글로벌 금융시장과 실물경제에 막대한 영향력을 미칠 것이라는 전망이 있었던 것이다.

이뿐만 아니라 페이스북은 기존 가상화폐의 약점을 극복하기 위해 리브라 리저브The Libra Reserve라는 제도를 마련했다. 리브라 리저브는 최악의 경우 페이스북이라는 발행 주체가 파산해도 안정적으로 그 가치를 담보할 수 있는 지급준비금 제도이다. 가상화폐 발행 주체인 페이스북이 리브라 리저브로 확보한 주요국의 통화량만큼만 가상화폐를 발행하겠다는 약속으로도 해석할 수 있어 시장의 신뢰를 확보할 수 있을 것으로 여겨졌다. 따라서 리브라에 투자하고 이것을 결제 수단으로 사용하는 사람들은 페이스북의 강력한 기술과 네트워크 효과로 인한 영향력뿐만 아니라 리브라 리저브 제도를 통해 안전성까지 확보할 수 있을 것으로 기대했다.

이와 같은 강점으로 페이스북은 리브라가 국가신용이 바닥까지 떨어져 사실상 은행권을 발행할 수 없는 베네수엘라(거듭된 경제 정책 실패로 하이퍼인플레이션을 겪고 있다)나 짐바브웨(2008년 1월~7월 기간 연간 물가상승률 2억 3,000만%, 2008년 공식 물가상승률 6억% 등 돈을 마구 찍어 방만한 재정운영을 뒷받침함으로써 사실상 자국통화가치는 없다시피 하다)와 같은 개발도상국에서는 법정화폐를 대신할 수 있을 것이라는 야심찬 기대를 하기도 했다. 하지만 이와 같은 페이스북의 야심찬 계획은 미국 상원의 높은 문턱을 넘지 못하고 수포로 돌아갔다.

그러나 2021년 9월 7일 중미의 엘살바도르El Salvador는 세계 최초로 가상자산인 비트코인을 법정화폐로 채택했고, 이어 아프리

카 중부에 위치한 국가 중앙아프리카 공화국Central African Republic, CAR
도 2022년 1월 세계에서 두 번째로 비트코인을 법정화폐로 채택
했다. 최근 세계 경제는 중앙은행이 은행권을 제대로 관리하지 못
하고 있는 국가들을 중심으로 새로운 화폐인 가상화폐를 법정화
폐로 유통시키는 위험천만한 실험을 하고 있다. 과연 이들 국가의
운명은 어떻게 될 것인가? 앞으로 비트코인 가격 그래프에 따라
이들 국가의 경제 상황이 어떻게 흘러가는지 관심을 갖고 살펴볼
일이다.

미국인이 인도인보다
소득이 30배 높은 이유는?

GDP에 영향을 주는 요소

가난한 나라의 어린이들에게 텔레비전이나 영화에서 얼핏 보게 되는 부자 나라의 생활은 선망의 대상이다. 잘사는 나라와 가난한 나라의 소득 차이는 얼마나 될까? 2017년을 기준으로 미국의 1인당 국내총생산GDP은 대략 7만 6,000달러이며 인도의 1인당 GDP는 약 2,400달러다. 이 수치만 보면 미국 사람들은 평균적으로 인도 사람들보다 무려 30배가량 더 소득이 높아 더 많은 상품을 소비하며 풍요롭게 산다고 생각할 수 있다. 그런데 1인당 GDP를 산출하는 기본적인 원리를 모르고 단순히 1인당 GDP로 나타난 수치로 각 나라의 생활수준을 비교하면, 잘사는 나라와 그렇지 못한 나라의 차이를 지나치게 과대평가하는 경향이 나타난다. 미

인도의 경우는 실물경제에서 지하경제가 차지하는 비중이 크다. 지하경제 규모가 2015년 미국은 GDP 대비 8%인 데 비해 인도는 GDP 대비 25%가 넘는 것으로 추정된다.

국의 1인당 GDP와 인도의 1인당 GDP 격차가 30배라면 이처럼 수치적으로 소득 차가 큰 원인을 구체적으로 살펴보자.

　먼저 인도는 미국보다 실물경제에서 지하경제Underground Economy 가 차지하는 비중이 더 크다. 맥킨지 보고서에 따르면 2015년 미국 지하경제 규모는 GDP 대비 8%인 데 비해 인도의 지하경제 규모는 GDP 대비 25%가 넘는 것으로 추정된다. 지하경제란 마약이나 불법 도박과 같은 범죄뿐만 아니라 시장 시스템이 아닌 비공식적으로 이뤄지는 거래들도 포함한다. 가령 유통 시스템이 발달한 미국에서 농부들이 사과를 생산하면 시장을 통해 판매하지만, 인도 사람들은 친척이나 이웃에게 나눠주거나 물물거래를 한다. 따라서 같은 양의 농작물을 생산하고 소비해도 미국에서는 이것이 시장을 통해 금전적인 대가를 받고 거래가 진행되기 때문에 GDP 산출에 포함되지만, 인도 GDP에는 반영되지 않는다.

또 외환시장에서 형성된 국가들 간 환율 역시 1인당 GDP를 산출하는 데 영향을 미치는 주요 변수이다. 환율이 GDP 산출에 미치는 영향을 살펴보기 위해 한 가지 사례를 살펴보자. 미국인 농부와 인도 농부가 똑같은 사과를 생산했다. 미국에서 거래되는 사과 가격은 2달러, 인도 사과 가격은 20루피이다. 외환시장에서 사과에 대한 구매력을 기준으로 환율이 평가된다면 1달러는 10루피와 교환돼야 한다. 그런데 외환시장에서 환율은 개별 화폐의 구매력뿐만 아니라 화폐를 발행한 정부의 신용등급과 기축통화로서 대외 영향력 등 다양한 요인의 영향을 받는다.

따라서 외환시장에서 달러당 시장 환율이 50루피라면 같은 사과를 생산해도 달러로 환산했을 때 집계되는 GDP가 달라진다. 다시 말해 미국 농부가 사과를 하나 생산하면 미국 GDP가 2달러 증가하지만 인도 농부가 사과를 하나 생산하면 20루피가 증가한다. 이때 인도 농부의 사과 가치를 외환시장에서 형성된 달러당 50루피로 환산하면 0.4달러가 증가하게 된다. 즉, 같은 사과를 생산해도 미국에서는 2달러가 증가하지만 인도에서는 0.4달러가 증가하게 된다. 실제로 인도의 경우 외환시장에서 거래되는 명목환율로 산출한 1인당 GDP는 대략 2,000달러지만 구매력평가Purchasing Power Parity, PPP에 따라 루피화 가치를 조정해 1인당 GDP를 다시 산출하면 대략 7,000달러 수준으로 증가한다.

결과적으로 30배가량 차이가 나던 미국과 인도의 1인당 GDP 는 지하경제와 환율 효과를 조정하면 7배 수준으로 줄어든다. 그렇다면 나머지 7배의 차이는 어디서 발생하는 것일까? 이 차이를 설명할 수 있는 주요한 변수는 두 국가의 국민이 가지고 있는 인적·물적 자본량의 격차이다. 일반적으로 미국은 인도에 비해 문맹률이 현저히 낮으며 교육 수준도 높다. 노동자들이 보유한 인적 자본이 더 많다는 의미이다(통상 학력은 인적자본을 측정하는 대리변수로 쓰인다). 이뿐만 아니라 개별 노동자들이 사용할 수 있는 사회간접자본과 물적 자본의 차이도 크다.

예를 들어, 인도 시골 마을에서 빵을 만들려면 자전거를 타고 멀리 있는 시장에 가 밀가루를 사와야 한다. 또 빵을 굽기 위해서는 땔감을 마련하고 화덕에서 불을 지펴야 한다. 반면 미국에서 빵을 만드는 과정은 다르다. 전화로 밀가루를 주문하면 빵가게 문 앞까지 직접 배달을 해주고, 수도꼭지를 틀면 바로 깨끗한 물을 받을 수 있다. 이렇게 쉽게 완성한 반죽을 가스오븐에 넣고 빵이 다 구워지도록 기다리면 된다. 따라서 인도와 미국에서는 비슷한 체력과 기술을 가진 제빵사라도 각자가 갖고 있는 사회적·물적 자본이 달라 빵 생산량에 차이가 발생할 수밖에 없다. 이처럼 개도국과 선진국에서는 환율이나 지하경제와 같은 GDP 집계 과정에서 발생하는 차이뿐만 아니라 각 노동자들이 보유한 평균적인 인적·물적 자본의 격차도 1인당 소득이나 생활수준의 차이를 만드는 원인이 된다.

브라운대학교 경제학과 석좌교수인 데이비드 와일David N Weil (1954~)에 따르면 2009년 기준 인도 노동자가 보유한 인적·물적 자본은 미국 노동자의 3분의 1 수준인 것으로 추정됐다. 그는 약 7배에 달하는 인도와 미국의 실제적인 생산량 차이의 상당 부분을 두 나라 노동자들이 보유한 평균 자본량의 차이로 설명했다. 그렇다면 인도 사람들이 지금보다 3배 더 많은 인적·물적 자본을 보유한다면 미국과 같은 소득수준에 도달할 수 있을까? 경제학자들이 일반적으로 생산량을 추정할 때 활용하는 생산 함수로 계산하면 지금의 인도 노동자들에게 3배의 자본량을 투입해도 인도의 1인당 GDP가 7배까지 증가하지는 않는다.

인도와 달리 한국 노동자들이 평균적으로 보유한 인적·물적 자본 수준은 이미 미국의 90%를 넘어서는 것으로 추정된다. 이제 우리는 성장을 위한 양적 투입은 충분히 이뤄졌다고 평가할 수 있다. 이렇게 한국 노동자들의 1인당 생산량이 지속적으로 증가해 나라 경제와 국민소득이 증가하기 위해서는 투입물의 양적 증가가 아닌 기술이나 문화·제도와 같은 생산 활동의 효율성을 향상시키는 질적 구조를 개선하는 전략이 더 중요하다.

환율과 자국의 화폐 가치

환율의 중요성은 GDP 산출뿐만 아니라 해외여행 사례에서도 쉽게 찾아볼 수 있다. 만약 뉴욕으로 여행을 간다면 음식 값이 비싸 햄버거로 끼니를 해결해야 하는 경우가 종종 발생한다. 그런데 비슷한 예산으로 동남아 여행을 간다면 고급 요리를 맘껏 즐길 수 있다. 일반적으로는 선진국이 물가가 높고, 개도국은 물가가 낮아 이런 현상이 발생한다고 생각할 수도 있다. 그런데 그 이면에는 단순히 물가만으로 설명할 수 없는 요소가 있다. 미국의 숙박 요금이나 음식 값이 개도국에 비해 상대적으로 비싼 것은 높은 인건비와 임대료 같은 원가가 주요한 원인이다. 또 외국인들이 구매하는 미국 제품 가격에는 제품의 생산원가뿐만 아니라 환율도 함께 영향을 미친다.

'구매력평가설'은 이처럼 환율로 인해 동일한 상품이 국가별로 다른 가격에 판매되는 현상을 분석하는 데 적합한 이론이다. 국내 시장에서 동일한 상품이 동일한 가격으로 거래가 되는 '일물일가의 법칙Law of One Price'이 성립하는 것과 같이 시장의 범주를 해외로 확장해도 관세나 운송비 등 교역에 장애가 되는 요인이 없다면 일물일가의 법칙은 여전히 성립하는 것이 마땅하다. 구매력평가설에 따르면 같은 상품이 국가별로 다른 가격에 판매되고 있다면 일물일가의 법칙이 성립할 수 있도록 환율이 외환시장에서 조정될 것이다.

화폐의 가장 중요한 기능은 상품의 대가를 지불하는 결제수단으로서의 역할이다. 따라서 외환시장에서 각국 화폐 간 교환 비율인 환율은 구매력평가설에서 말하는 것처럼 그 화폐 본연의 구매력에 따라 결정되는 것이 옳은 것처럼 보인다. 예를 들어, 한국에서 거래되는 사과의 시장가격은 1,000원이고, 미국에서 거래되고 있는 사과의 가격이 2달러라면 구매력에 따라 외환시장에서 거래되는 시장 환율은 '1달러=500원'이어야 한다는 것이다. 그런데 만약 외환시장에서 외환의 수급조건에 따라 결정된 시장 환율이 실제로 1,000원이라고 하면 우리나라 사람들은 한국에서 1,000원에 구입하는 사과를 미국에서는 2,000원에 사먹어야 한다. 이처럼 외환시장에서 결정된 시장환율과 구매력평가설에 따라 계산한 구매력평가환율은 괴리가 있다.

시장 환율은 각 화폐의 구매력뿐만 아니라 외환시장의 수급조건에 영향을 미치는 다양한 요인들의 영향을 받는다. 외환시장에서 각국 화폐는 주식시장에서 거래되는 주식과 같은 일종의 금융자산으로 발행 주체의 신용도와 유동성에 따라 가격(환율, 가령 '1USD=1,300KRW'은 미국 달러화 하나 사는데 1,300원을 지불해야 한다는 뜻이다)이 결정된다. 극단적으로 화폐를 발행한 국가가 전쟁이나 천재지변으로 패망한다면 주식을 발행한 기업이 파산한 것과 같이 해당 국가의 화폐는 휴짓조각이 될 수도 있다. 따라서 외환시장에서는 같은 구매력을 가진 화폐라도 미국 '달러'화와 같이 신뢰도가 높고 유동성이 풍부한 화폐의 가치는 높이 평가받는 반면 베트남의 '동'화는 상대적으로 낮은 평가를 받는다.

환율은 각 화폐의 구매력뿐만 아니라 발행국의 신용도와 경제 상황에 대한 영향을 받는다. 화폐의 구매력과 외환시장에서 실제로 형성된 시장 환율의 격차가 얼마인지를 쉽게 보여주는 대표적

미국에서 판매되고 있는 빅맥이 5달러이고 한국에서 판매되고 있는 빅맥이 4,000원이라면 구매력에 따른 적정 환율은 1달러=800원이다. 그러나 실제 외환시장 환율은 1달러=1,300원이다.

인 지표가 바로 영국 〈이코노미스트The Economist〉의 '빅맥지수Big Mac Index'이다. 빅맥지수는 각국에서 판매되고 있는 빅맥의 현지 가격을 시장 환율에 따라 달러화로 환산한 값이다. 동일한 상품인 빅맥의 가격을 시장 환율에 따라 달러화로 환산했을 때 그 값이 크다는 것은 상대적으로 해당 국가 화폐가치는 구매력에 비해 고평가됐음을 의미한다. 예를 들어, 미국에서 판매되고 있는 빅맥이 5달러이고 한국에서 판매되고 있는 빅맥이 4,000원이라면 구매력에 따른 적정 환율은 '1달러=800원'이다. 그러나 실제 외환시장 환율은 '1달러=1,300원'으로 원화가 구매력 대비 저평가됐으므로 한국의 빅맥지수는 약 3.07달러로 미국의 빅맥 값 5달러보다 낮다.

〈이코노미스트〉에 따르면 2023년 미국의 빅맥지수는 5.65달러이고, 한국은 4.05달러, 일본은 3.61달러, 베트남은 2.77달러이다. 따라서 2023년 빅맥지수에 따르면 외환시장에서 평가받고 있는 원화의 가치는 달러화에 비하면 저평가됐으며, 일본 엔화나 베트남의 동화에 비해서는 고평가됐다고 볼 수 있다(빅맥처럼 표준화 된 상품을 이용해 각국 화폐의 적정 가치를 산정하는 것은 쉽고 직관적이라는 장점은 있지만 맹신해서는 안 된다는 점을 명심하자. 비교하는 상품이 바뀔 경우 적정 가치도 따라 변하기 때문이다. 가령 아이폰지수, 스타벅스 라떼지수는 화폐가치를 산정하는 데 쓰이는 기준 상품이 각각 아이폰과 스타벅스 라떼 톨사이즈로 하고 있다).

최근 미국과 일본을 비롯한 주요국들이 수출을 증가시키고, 경기를 회복시킬 목적으로 자국의 화폐가치를 떨어뜨리는 확장적 통화정책을 실시하고 있다. 이는 자국의 화폐가치가 하락하는 것이 경제에 긍정적일 것이라는 견해를 기반으로 한 것이다. 과연 그럴까? 자국의 화폐가치가 외환시장에서 높게 평가받는 것이 반드시 나쁜 일만은 아니다. 자국의 화폐가치가 상승하면 앞서 살펴본 해외여행의 사례처럼 여행 경비를 줄여줄 수 있고, 외국에서 자금을 빌려온 기업에는 외채 상환 부담을 줄여주기도 하기 때문이다. 또 해당 국가의 화폐가치가 상승했다는 것은 그만큼 그 나라 경제의 펀더멘탈이 견실하고, 대외적인 위상이 상승했다는 신호이기도 하다.

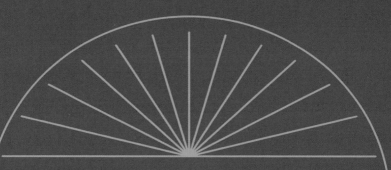

3부

역사 속의 경제학

흑사병이 중세 시대
장원에 미친 영향은?

흑사병 대유행과 봉건제

10년 전 사람들에게 '인류를 위협할 만한 재앙'이 무엇일지 묻는다면 아마 핵전쟁이나 운석 충돌 같은 대답이 돌아왔을 것이다. 2015년 빌게이츠가 TED강연에서 전염병에 대비해야 한다고 경고했을 때, 이를 심각하게 받아들이는 사람은 별로 없었다. 그러나 불과 4년 뒤, 코로나19가 창궐하면서 그는 예언자가 되었다.

전염병은 지진이나 태풍 같은 '눈에 보이는 재앙'에 비하면 그다지 심각한 위협요소로 여겨지지 않았다. 그러나 2020년 코로나19 팬데믹은 천재지변 이상으로 국내외 경제에 큰 영향을 미쳤다. 엄격한 방역활동과 거리 두기, 봉쇄로 인한 생산 차질은 물론 자영업자 영업시간 제한으로 경제활동이 위축되면서 이를 만회하기 위해 재정지출 규모가 크게 증가했다. 중앙은행의 완화적 통화정책으로 수많은 기업의 도산을 막을 수 있었지만 자산 버블을 초래했다.

질병이 세계 역사에 악영향을 끼친 가장 유명한 사례는 페스트Pestis였다. 쥐벼룩을 통해 전염되는 이 질병은 피부에 검은 반점이 생기며 높은 치사율을 보였기 때문에 흑사병Black Death, Great Plague으로도 불렸다. 흑사병은 1346년 유럽 동부에서 시작돼 1353년까지 유럽 전역에 걸쳐 유행했던 대규모 전염병이다. 사학자들의 연구에 따르면 4억 5,000만 명가량이던 세계 인구가 흑사병 유행 이후 약 3억 5,000만 명으로 감소한 것으로 추정된다. 물론 1억 명가량의 인구 감소가 모두 흑사병 때문만은 아니며 이 수치는 단순 인구 조사로부터 계산한 것이다.

2022년 독일·영국 공동연구팀이 역학조사를 통해 원인균 DNA를 추적한 결과 중앙아시아에서 유입된 페스트균Yersinia Pestis이 14세기 흑사병의 원인일 가능성이 유력한 것으로 밝혀졌다. 참고로 흑사병이라는 이름은 혈소 침전에 의해 피부가 검게 변하는 증상 때문에 1883년 붙여졌다. 중앙아시아에서 발현되어 6세기 동로마제국에 치명적인 피해를 입혔던 흑사병은 700년 뒤 유럽에서 또다시 대유행하게 된 것이다.

14세기경 중세 유럽은 농업사회였고 봉건제Feudalism가 사람들을 사회·경제적으로 옭아매고 있었다. 로마제국 및 프랑크 왕국 시절부터 뿌리를 내린 봉건제는 왕으로부터 토지 소유권을 하사

> 1346 1347 1348 1349 1350 1351 1352 1353

14세기 후반 흑사병 대유행. 흑사병은 1346년 유럽 동부에서 시작되어 1353년까지 유럽 전역에 걸쳐 유행했던 대규모 전염병이다.

받은 영주가 장원Manor을 운영하는 체제였다. 봉건 영주는 영지 내에서 독자적인 권력을 행사할 수 있었다. 장원에 거주하는 인구 중 상당수는 농노Serfdom의 신분으로, 이들은 사유재산을 가질 수 있어 고대 노예Slave보다 나은 처지였지만 거주지나 직업을 바꿀 자유는 없었다. 중세 유럽의 국토는 아직 개간이 덜 된 상태였기 때문에, 장원은 들판이나 숲 중간에 띄엄띄엄 존재했고 외부와의 교류에 의존하지 않는 농촌을 중심으로 한 자급자족적인 생활단위였다.

경작지는 쟁기의 사용에 적합하게 좁고 기다란 사각형 형태로 구분되었는데, 농노들은 영주에게 세금으로 돈이나 밀이 아닌 노동력을 징발당했다. 농노들은 주 6일 노동 중 3일가량은 영주 및 교회 소유의 토지에서 농사에 참여하거나 가구를 만들거나 가축을 돌보는 등의 잡일을 해주어야 했다.

한계생산물 체감의 법칙

10세기 이후 유럽 인구는 식량 생산량이 증가하면서 빠르게 늘어나 흑사병이 퍼질 때쯤에는 7,400만 명에 달했다. 토지에 비해 농민 수가 현격하게 늘어나자 추가적으로 투입된 농민이 농산물 생산량을 증가시키는 정도, 즉 노동의 한계생산물Marginal Product of Labor은 감소한다. 좁은 땅에 이미 많은 농부가 일하고 있는 상황에서는 한 명이 더 보충되더라도 그다지 도움이 되지 못하는 법이다. '한계생산물 체감Diminishing Marginal Product'이라고 불리는 이 현상은 노동력 공급이 풍부할 때 그들의 임금을 떨어뜨리는 힘으로 작용한다. 고용하는 인원이 늘어날수록 지급하려는 임금 수준이 하락하는 관계를 나타낸 것이 바로 '노동수요곡선'이다.

농민의 수가 늘어날수록 그들의 실질소득은 감소한 반면, 영주의 힘은 더욱 강해졌다. 농사지을 수 있는 땅의 양은 간척사업이나 숲을 개간하지 않는 이상 늘어날 수 없기 때문에 노동력에 비해 토지는 상대적으로 더 희귀해진 셈이다. 영주는 자신의 장원에 소속된 농노들에게 부과한 부역의 의무는 때로는 가혹했고 수탈

흑사병이 휩쓸고 간 모습을 묘사한 피터르 브뤼헐Pieter Bruegel(1525~1569)의 작품 〈죽음의 승리〉

이 너무 심한 경우 야반도주를 하는 경우도 있었다. 그러나 고향을 떠나더라도 정착할 만한 곳이 없는 경우에는 좋은 선택지가 되지 못했고 결국 영주의 착취를 감내하는 수밖에 없었다.

1347년 지중해 연안을 통해 유럽에 유입된 흑사병은 유럽 전역에 빠르게 전파되었다. 위생과 의료기술이 발달하지 않았던 당시에는 흑사병에 대한 치료제가 없었고 환자가 거주하는 집이나 마을 단위로 봉쇄하는 방법 외에는 대처할 방안이 없었다. 흑사병은 높은 전염력에도 불구하고 치사율이 50~90%에 달할 만큼 높았고 병의 진행 속도조차 빨라 감염된 지 6시간 만에 사망하기도 했다. 다행히도 의학의 발전으로 항생제가 개발된 현대에 흑사병은 더 이상 무서운 질병이 아니다.

흑사병은 1353년까지 기승을 부렸으며 당시 유럽 전역 인구의 3분의 1이 사망한 것으로 추정된다. 중세 의사들은 외부에서 유입된 인구를 격리시키거나 거리에 불을 피워 공기 속의 더러운 기운을 제거하려 했지만 큰 도움이 되지 못했다.

급격한 인구 감소는 큰 사회·경제적 변화를 초래했다. 노동력이 부족해지면서 농부들의 임금이 상승한 것이다. 몸값이 높아진 농민들은 흑사병에서 살아남은 특수를 누렸고 좋은 조건을 찾아 거주지를 이동하는 사례가 늘어났다.

한편 농민이 줄어들자 풍부해진 토지는 그 가치가 하락했는데 이는 토지 소유자인 봉건 영주의 위상을 약화시키는 요인으로 작용했다. 과거와 같은 조건으로 농민을 확보하기 어려워진 영주들은 농민 이탈을 금지하는 강압적인 정책을 취했다. 실질적 가치가 상승한 노동자를 경제적 유인이 아닌 강제력으로 통제하려는 이런 시도는 농민과 영주 사이 대립을 고조시켰고 봉건제 붕괴의 한 원인이 되었다. 노동력을 징발하던 관행은 점차 농산물이나 돈으로 세금을 내는 형태로 바뀌었으며, 토지를 직접 소유한 자영농이 늘어났다. 장원의 수와 면적은 점차 감소하여 프랑스 혁명기에 달해서는 법적으로도 인정하지 않는 제도가 되어 완전히 소멸하였다.

흑사병에 비하면 코로나19는 인류가 성공적으로 극복해낸 전염병의 사례로 기록될 것이다. 그러나 코로나19 팬데믹 또한 사회·경제에 적지 않은 충격을 남겼다. 포스트 코로나 시대에 우리가 마주할 미래는 어떤 모습일까? 또 코로나19는 역사적으로 어떻게 평가될까? 재택근무와 온라인 쇼핑 확대, AI 등 스마트 자동화 기술 발달로 인한 실업 증가 등 비대면 환경과 가상 현실세계로의 가속화에 항구적 영향을 끼친 기념비적 사건으로 경제사에 기록되는 것은 아닐까?

지구 반 바퀴 항해가 가능해진 '경영과 소유의 분리'

그 당시 첨단기술, 새로운 함선의 개발

1969년 인류가 처음 달에 도착했을 때와 달리, 현재의 우주개발 사업은 민간 기업이 주도하고 있다. 전기자동차 회사 '테슬라Tesla'의 CEO 일론 머스크Elon Musk는 로켓 발사 기업인 '스페이스X'로 더 유명해졌다. 과거 소련과 미국의 체제경쟁의 수단으로 우주기술 개발이 이루어졌던 것과 달리, 오늘날의 우주개발 회사들을 움직이는 원동력은 수익성이다. 스페이스X는 로켓을 재활용하는 기술을 개발하여 저렴한 비용으로 인공위성을 우주까지 옮겨줌으로써 건당 1,000억 원 안팎의 매출을 올린다고 한다. 가끔 로켓이 폭발하거나 추락하기도 하지만 충분히 매력적인 사업이다. 수익은 위험한 환경으로의 도전을 이끌어낸다. 이러한 유인Incentive의 원리는 인류가 아직 지구의 일부밖에 몰랐던 과거에도 존재했다.

1400년대 후반부터 시작된 '대항해시대Age of Discovery'는 자칫하면 목숨을 잃을 수도 있는 위험한 환경으로의 도전이 이루어지던 시기였다. 당시만 해도 항해는 바다가 잠잠하고 땅으로 둘러싸인 지중해에서 주로 이루어졌다. 외측 바다인 대서양은 지중해와 달리 파도가 거칠고 풍랑이 자주 일어 항해하기에 매우 위험했다. 또한 배가 다닐 수 있는 안전한 길(항로)이 개척되지 않아 수면 밑의 암초에 부딪혀 배가 침몰하는 일도 비일비재했다. 무엇보다 망망대해를 항해할 때 '자신의 현재 위치'가 어디인지 파악할 수단이 없었다. 먼 바다로의 항해는 로켓을 타고 우주탐사를 떠나는 것과 마찬가지로 위험한 일이었다. 세계지도에 아직 탐험하지 못해 빈 공간 투성이었던 때라, 항해자들은 해안선이 보이는 거리를 유지하면서도 해변의 암초를 피해야 하는 목숨을 건 아슬아슬한 줄타기를 해야 했다.

항해자들을 먼 바다로의 모험에 뛰어들게 한 상품은 향신료였다. 후추, 계피와 같은 향신료는 중세 유럽의 귀족들이 즐겨 향응하던 물품으로, 현대와 달리 매우 비싸게 거래되었다. 15세기에 후추 한 상자의 가격이 금 600g(약 4,500만 원)이었다는 기록이 남아있을 정도였다. 향신료는 인도네시아에서 재배되어 인도로 옮겨졌고, 아랍 상인들을 통해 지중해 연안으로 공급되었다. 베네치아의 상인들은 이를 유럽에 유통하면서 막대한 부를 축적할 수 있었다.

갤리선은 고대에서 중세까지 지중해 운항에 쓰이던 범선의 일종으로 마스트 1개와 삼각범으로 운항되었다. 일반 운송용으로는 많은 비용이 드는 관계로 향료처럼 가볍거나 고가의 물품 운송에 많이 쓰였다.

그러나 1453년 오스만제국이 동로마제국의 수도인 콘스탄티노플(현재 터키의 이스탄불)을 함락시키고 무역로를 차단했고, 향신료 공급을 독점하여 막대한 세금을 부과했다.

유럽인들은 중동지역을 통하지 않고 다른 길로 인도에 도착할 수만 있다면 큰 이익을 얻을 수 있다는 점에 주목하고 그때까지 해보지 않은 도전을 시작했다. 배를 타고 지중해를 나가 아프리카를 돌아서 인도까지 가는 것이다. 잠깐 '구글맵'을 실행해보면 유럽에서 아프리카를 거쳐 인도까지 가는 약 2만km의 바닷길이 얼마나 먼 거리인지 실감할 수 있다.

항해자들은 지중해에서 사용하던 노를 저어 가는 갤리선Galley을 버리고 돛으로 항해하는 범선Sailing Ship을 택했다. 대서양의 높은 풍랑에서 배가 전복되지 않으려면 길이가 짧고 흘수(배가 물에 잠기는 부분)가 깊어 오뚝이처럼 자세가 안정적일 필요가 있었다. 이러한 함선을 새로 개발하는 데 많은 시행착오와 새로운 조선 기술, 그리고 무엇보다 자금력이 필요했다. 현대의 로켓과 인공위성에 비견할 만큼 첨단산업이었던 것이다. 특히 당시 해상무역에는 난파 외에도 장거리 항해에 따른 영양실조, 식량 및 식수 부족, 원주민과의 전투 등 위험 요소가 많았기 때문에, 항해자를 후원할 때 투자손실을 입을 가능성도 컸다.

1498년 탐험가 '바스쿠 다 가마Vasco da Gama(1469~1524)'는 포르투갈 왕실의 지원을 받아 인도로의 항로를 개척했는데, 출발할 때 범선과 선원은 4척과 170명이었지만 모험을 마치고 귀국할 때는 2척과 55명으로 줄어 있었다. 그러나 이때 개척된 무역로를 통해 포르투갈은 막대한 부를 획득할 수 있었다. 아메리카 대륙 발견으로 유명한 콜럼버스Christopher Columbus(1451~1506) 역시 스페인의 이사벨 1세 여왕Isabella I of Castile(1451~1504, 1474~1504 재위)의 적극적인 후원으로 탐험을 시행할 수 있었다. 콜럼버스는 탐험에 성공하면 귀족 작위와 식민지 총독 지위 및 10%의 수익을 요구했다고 한다. 신세계 탐험은 당시의 '인생 한방' 전략이었다. 이사벨 여왕은 주위의 반대를 무릅쓰고 자신의 사재를 들여서까지 콜럼버스를 지원했다.

최초의 주식회사, 동인도회사

시간이 흐르면서 해상 교역의 규모는 증대했고 투자금의 확보가 점점 더 중요해졌다. 1602년에 설립된 네덜란드의 동인도회사 Verenigde Oostindische Compagnie, VOC는 경제사에서 중요한 사건인데, 바로 최초로 설립된 주식회사였던 것이다. 주식회사는 회사의 소유권을 '주식'이라는 형태로 분할해 판매함으로써 다수의 회사소유주를 확보하는 형태의 회사이다. 가령 인도에서 후추를 수입하기 위한 상선을 준비하는데 100의 자금이 필요하다고 하자. 상선의 선장은 보통 탐험에 나설 진취성은 있지만 자본은 없다. 대신 투자자들이 자금을 대고, 후추 무역이 무사히 끝나면 수익금을 일부 받아 간다. 상선을 일종의 기업으로 생각하면, 경영(선장의 항해)과 소유(투자자의 지분)가 분리된 형태인 것이다.

그런데 상선 준비자금 100을 전부 투자해줄 만큼의 부자는 많지 않다. 이때 주식회사를 설립하여 한 주에 10씩 판매할 경우, 소액주주 10명만 있으면 동일한 규모의 상선을 조성할 수 있다. 즉, 방대한 자금을 쉽게 조달할 수 있다는 장점이 있다. 주식회사 제도는 티끌처럼 흩어져 있을 때는 의미가 없던 재산을 한데 뭉침으로써 특별한 기능을 가진 자본재로 변환해주는 마법이었던 것이다.

부자 입장에서도 배 1척에만 투자하는 것보다 10척의 배에 1주씩 골고루 투자하는 것이 안전하다. 배가 난파될 확률이 50%라

출처: 유로넥스트 암스테르담 양사 웹사이트

세계에서 가장 오래된 증권거래소로 알려진 암스테르담 증권거래소

고 할 때, 한 척에 전 재산을 투자하면 절반의 확률로 무일푼이 되지만, 10척에 '분산투자'하면 그 확률은 0.1%보다도 낮아진다.

또 다른 주요 특징은 주식회사의 소유주(주주)는 '유한책임'을 진다는 것이다. 가령 어떤 선장이 투자자로부터 투자금 60과 대출금 40을 조달해 항해에 나섰다가 난파했다고 생각해보자. 이 회사가 무한책임 회사였다면, 투자자는 투자금 60을 잃을 뿐 아니라 회사 구성원으로서 대출금 40의 상환의무까지 지게 된다. 따라서 투자자는 투자에 소극적으로 되고 위험성이 높은 사업은 시작되기 어렵게 된다. 그러나 유한책임 회사의 경우 투자자는 최악의 상황에서도 자신이 투자한 금액까지만 손실을 보고 끝나기 때문에, 더 공격적으로 위험한 사업에 자금을 공급하게 된다.

동인도회사의 주식을 보유한 투자자는 타인에게 주식을 판매함으로서 그때그때 투자를 중단하고 자금을 회수할 수 있었기 때문에, 급전이 필요해지는 상황에서도 유동성(돈)을 용이하게 회수할 수 있었다. 최초의 주식 거래는 아마도 술집에서 이루어졌을 것이다. 뒤늦게라도 동인도회사에 투자하려는 사람들과 주식거래가 늘어나자 1602년 암스테르담에 세계 최초로 공식적인 증권거래소가 등장한다.

주식회사의 장점은 배를 로켓으로, 선장을 일론 머스크로 바꿔봐도 그대로 적용된다. 한 개인이 떠안을 수 없을 정도의 위험을 기꺼이 감수할 수 있고 유한한 개인의 수명과 능력을 여러 세대에 걸친 다양한 재능들로 이어지게 함으로써 슈퍼맨과 같은 초월적 힘을 갖고 어려운 투자와 사업도 척척 해내는 것이다. 괜히 자본주의 시장경제의 주역, 시장경제 역동성의 핵심으로 주식회사를 꼽는 것이 아니다.

실제로 우주산업뿐만 아니라 자동차, 핸드폰, 심지어 문화예술 산업에서도 주식회사 형태로 자본을 조달함으로써 막대한 자금이 필요한 공장이나 기술에 투자가 가능해졌고 놀라운 규모의 부가가치가 창출되고 있다. 대규모 자본재가 필수인 자본주의 경제가 정착하는 데에 주식회사 제도가 중대한 기여를 한 셈이다.

화약, 태양왕
그리고 중상주의

전쟁의 양상을 바꾼 '화약'의 등장

철판 갑옷으로 전신을 무장한 기사들, 사다리를 타고 성벽을 기어오르는 병사들…. 중세시대를 배경으로 한 영화에서 익숙하게 볼 수 있는 장면이다. 우리는 고풍스러운 장비와 냉병기冷兵器를 사용하는 영웅의 모습에 열광한다. 현실과 다른 상상력이 반영될 수 있는 판타지 영화에서도 시대적 배경을 주로 중세로 설정하는 이유도 바로 이런 이유일 것이다. 그러나 조금만 더 시간이 흐르고 미국 남북전쟁(1861~1865)이나 프랑스 대혁명(1789~1794) 기간에 이르러서는 사뭇 다른 풍경이 펼쳐진다. 병사들은 창과 칼 대신 규격화된 제복과 총을 들고, 적진으로 돌격하는 영웅 대신 군대를 조율하는 지휘관이 주인공이 된다.

중세시대의 전쟁은 다소 아마추어 같은 측면이 있었다. 왕이 동원할 수 있는 병력 중 상당수는 평상시 생업에 종사하던 농민들이었다. 일부 기사들이 선두에 서면 최소한의 훈련만 받은 농민, 장인, 상인들이 뒤를 따르는 식이다. 그마저도 징집병의 연간 의무복무일은 40일이었고, 농번기에는 소집을 피하는 것이 관례여서 전문성이 떨어졌다. 직업으로 전쟁만을 수행하는 용병들도 등장했지만, 이들은 돈을 대가로 일했기 때문에 임금이 체불되면 전선을 이탈하거나 배반하는 경우가 많았다. 또 공성전처럼 육중한 공성기구가 필요한 전투를 회피하거나 전쟁 장기화로 임금체불 기미가 보이면 태업하는 등 제대로 실력 발휘를 하도록 조건을 갖추는 것이 만만치 않았다. 병사들의 무장 역시 각자 알아서 준비해야 했기에, 창과 칼, 활 및 갑옷 같은 개인이 감당할 수 있는 수준의 무장이 사용되었다. 형편이 나은 경우에나 기병 혹은 중무장 병이 될 수 있었다.

전쟁의 양상이 변화하기 시작한 것은 '화약' 때문이었다. 중국에서 건너온 화약은 대포와 화승총의 발명으로 이어졌다. 초기의 대포는 현대처럼 폭약이 들어있는 고폭탄이 아닌 단순한 쇠구슬을 발사하는 정도였지만, 700~900미터 밖에서 발사되어 날아오는 2~5kg의 포탄은 그 운동에너지만으로도 충분히 위력적이었고 전투 초기 기선 제압에도 안성맞춤이었다.

화승총의 발달은 병사들의 무장에 큰 변화를 가져왔다. 기사들의 판금갑옷이 총탄에 관통당하기 시작하자, 차라리 무거운 갑

1453년 동로마제국의 수도 콘스탄티노플은 천년의 역사 끝에 함락되고 마는데, 이때 주물기술자 우르반이 제작한 19톤의 무게의 '우르반 거포'가 등장한다.

옷을 벗고 민첩하게 움직이는 것이 더 생존에 유리해졌다. 17세기를 배경으로 하는 소설 '삼총사(1844)'를 보면 갑옷은 사라지고 가벼운 검과 권총이 등장한다. 초기 화승총은 재장전에 시간이 오래 걸리고 명중률이 형편없이 낮았지만, 밀집대형을 이루어 일제사격을 가할 경우 적군에 명중할 확률이 높아지므로 보병의 주력 무장으로 자리 잡았다.

대포는 기존의 성벽을 무너뜨렸다. 적군의 침입을 막기 위해 얇더라도 수직으로 높게 쌓았던 성벽은 포격에 취약했다. 사정거리가 긴 대포는 농성 중인 수비군으로서는 요격하기 어려웠을 뿐만 아니라, 포격으로 성벽을 무너뜨림으로써 방어선 안으로의 돌입을 노릴 수 있었다. 1453년 동로마제국의 수도 콘스탄티노플 천년의 역사는 막을 내리고 함락되고 마는데, 이때 19톤 무게의 '우르반 거포(헝가리 왕국령 트란실바니아 브라소의 주물기술자 우르반이 제작한 거포)'가 등장한다. 60마리의 소가 필요했다고 하는 이 거대 공성포는 난공불락이라 일컬어지던 테오도시오스 성벽(해자를 갖추고 있는 높이 12m 가량의 삼중 성벽)을 돌파하는 데 일조했다.

포격에 대비한 새로운 성벽 구조

이후 이탈리아의 도시국가들로부터 포격에 대비한 새로운 성벽 구조가 개발되었다. 우선 성벽이 포탄의 충격에도 무너지지 않고 버틸 수 있도록 수직의 돌벽 대신 비스듬한 벽돌 및 흙벽을 구축하였다. 또 적군이 성벽 밑에서 총알을 피할 수 있는 사각지대를 없애기 위해 성벽은 곡선 대신 직선 형태로 반듯하게 변했으며, 원기둥 형태였던 망루를 바깥쪽으로 뾰족하게 돌출시켰다. 이런 설계가 반영된 도시는 상공에서 내려다보면 별 모양처럼 보이기 때문에 성형요새Star Fort라고 불린다.

군사기술의 발달은 다른 사회 문화적 요인과 결합되어 새로운 시대로의 전환을 야기했다. 봉건제 사회가 저물고 절대왕정이 출현한 것이다. 중세에는 전쟁이 벌어질 때마다 왕이 지역 영주들의 사병들을 소집해서 군대를 꾸렸다. 핵심 병종인 기사를 유지하는 데에도 비용이 많이 소요되지만, 영주 정도의 경제력으로 어느 정도 감당이 되는 수준이었다. 당시의 왕들은 영주들과 충성계약을 맺은 상태였지만, 그만큼 영주들의 이익을 보장해 주어야했기 때문에 왕의 권력이 약하고 의존적이었다.

그러나 병기 기술이 발전하면서 전쟁만을 전담하는 '프로' 군인들이 나타났다. 일사분란하게 밀집대형을 유지하는 화승총 부대는 강도 높은 훈련을 받는 상비군 제도를 통해 가능했으며, 군대를 차질 없이 보급하고 수행하기 위해 관료제가 도입되었다. 이러한 신식 군대 제도를 유지하기 위해서는 봉건영주 수준에서 감당할 수 없는 막대한 재정이 필요했으며, 대규모의 영토를 보유한 '절대왕정'과 '중상주의'가 나타났다. 절대왕정은 왕의 권력이 다른 누구에게도 의존하지 않으며 신성불가침하다는 뜻을 담고 있다. 절대왕정 국가들은 다른 국가들과 경쟁관계에 있었으며 군사 및 학문, 예술 측면에서 우위에 서고자 했는데, 그기 위해선 재정의 확보가 필수적이었다. 이러한 '국가의 부'를 증진하기 위해 여러 정책들을 통틀어 '중상주의Mercantilism'라고 부른다.

중상주의는 오늘날 경제학에서 강조하는 자유경쟁시장과는 거리가 멀었다. 정부에 재정적 기여를 하는 특정 상인들에게 생산과 유통에 대한 배타적 권리가 주어졌다. 상인들은 점자 자본 기업화되어 봉건제부터 유지되어온 길드Guild 중심의 상공업을 약화시켰고, 독점적 이윤을 확보해 그중 일부를 정부에 공급했다. 자연스럽게 중상주의적 사고방식을 가진 재상(군주의 국정 보좌관)은 소비자보다는 정부와 생산자 입장을 대변하는 경제정책을 펼쳤다.

1593년 완공된 네덜란드의 바우르탕어 성형요새

    중상주의의 대표적인 사고방식은 '귀금속 보유량이 곧 국가의 부유함'이라는 것이었다. 현대 관점에서 보면 정부 재정에 해당하는데, '짐이 곧 국가'라는 루이14세(1638~1715)의 말처럼 정부 재정이 곧 왕가의 재산이나 다름없었고 왕의 취미나 사치로 낭비되기 일쑤였다. 상비군과 관료제를 유지하기 위해서는 넉넉한 재정 유지가 필수적이었다. 금을 확보하기 위해서는 광산을 개발해야 하지만, 금광이 없는 국가에서는 수출을 통해 외국으로부터 금을 얻어낼 수 있다. 반면 상품을 수입할 때는 국내의 금이 외국으로 유출되는 셈이므로, 수출을 늘리고 수입을 억제하는 보호무역주의가 자연스럽게 자리 잡았다. 또 지리적 발견을 통해 발견한 신대

3부 | 역사 속의 경제학　225

류과 아시아 지역을 무력으로 점령해 식민지로 확보하는 제국주의Imperialism의 계기가 되기도 했다.

애덤 스미스Adam Smith(1723~1790)는 《국부론》(1766)에서 '국가의 부는 생산능력(오늘날의 GDP에 해당한다)에서 온다'며 중상주의를 비판한 바 있다. 실제로 경제 원리에 대한 깊이 있는 통찰과 이해보다는 상업적 직관에 기반한 중상주의는 잘못된 경제정책으로 백성들을 고통에 빠트렸다. 또 중상주의를 토대로 한 무역정책은 무역을 상호 모두에게 이로운 교환이 아닌 국가들 간 금 쟁탈전으로 보도록 해 불필요한 국가 간 분쟁의 원인이 되기도 했다. 이러한 시각은 현재까지 면면히 이어져오고 있어 무역 갈등의 원인이 되기도 한다.

'승자의 저주' 막는
경매이론의 등장

경매는 유서 깊은 자원 배분 방식

1970년대 미국에서는 새롭게 발견된 유전의 개발권을 두고 의외의 일이 벌어졌다. 유전을 개발하여 석유사업에 참여하려는 사람들은 개발권을 얻기 위해 경매에 참여했고, 가장 높은 가격으로 입찰한 사람이 승리의 영광을 맛볼 것으로 생각되었다. 그러나 유전에 매장된 석유의 양이 사전에 정확하게 측정하기 어려웠던 반면, 경매에 승리하기 위해 높은 가격으로 입찰하다 보니 실제 유전의 가치보다 더 높은 가격으로 구매하는 일이 빈번하게 발생했다. 이른바 승자의 저주 현상Winner's Curse이다. 이는 '승자의 재앙'이라고도 하며, M&A나 경매 등 공개입찰 시 치열한 경쟁 끝에 낙찰받는 데 성공했지만 이 과정에서 지나치게 많은 비용을 지불함으로써 위험에 빠지는 현상이다.

경매란 제한된 수량의 물품을 다수의 사람들이 구매를 원할 때, 구매 희망자 중 가장 높은 지불의사가격Willingness To Pay(특정 개인이 상품을 구매하기 위해 지불할 의향이 있는 최대 가격)을 가진 사람을 찾고자 고안된 판매방식이다. 우리는 종종 유명 화가의 그림이 수백억 원에 판매되었다는 기사를 보곤 한다. 경매는 고대 그리스로마 문명 때부터 존재해온 유서 깊은 자원 배분 방식이었으며, 경매 전문 회사로 유명한 소더비Sotheby's는 1744년에 설립되었다.

보통 경매에 참가하는 사람은 자신이 희망하는 구매가격을 제출하며 이때 구매를 희망하는 사람들(매수인)이 자신이 얼마를 써냈는지 모르게 봉투에 가려서 입찰하는데, 이를 밀봉 입찰Sealed Bid 혹은 경쟁 입찰Competitive Bidding이라고 부른다. 그러나 우리가 영화나 드라마에서 흔히 보는 공개 경매Open Auction도 있다. 영국식 경매English Auction가 대표적 사례로, 경매사가 낮은 수준부터 가격을 제시하고, 그것보다 높은 가격을 지불할 의사가 있는 사람들이 호가를 경매사Auctioneer(경매 과정을 주관하는 사람)에게 알리는 방식이다. 더 높은 가격을 제시하는 사람이 없어지면, 마지막으로 입찰한 사람에게 물건이 낙찰된다. 반대로 높은 가격부터 시작하여 가격을 인하Descending하다가 가장 먼저 응하는 사람에게 낙찰하는 네덜란드식 경매Dutch Auction도 있다. 보관이 어렵거나 상품이 부패되기 쉬워 빠르게 거래가 완료되어야 하는 농수산물 시장에서 주로 사용된다.

경매는 고대 그리스로마 문명 때부터 존재해온 유서 깊은 자원 배분 방식이었으며, 경매 전문 회사로 유명한 '소더비'는 1744년에 설립되었다.

 과거에는 경매가 미술품이나 골동품 거래에 주로 사용되었으나, 근현대에 들어 유전이나 통신용 주파수 사용권 등 대규모 사업의 필수요소를 배분하는 데 사용되면서 학문적 분석이 필요해졌다. 정부는 사업권에 대해 가장 높은 지불의사를 가진 사업자가 곧 가장 그 자원을 효율적으로 사용할 수 있는 기업이라고 생각한다. 또한 높은 가격으로 판매해야 조세수입을 확보할 수 있다. 그렇다면 이 두 가지 목표를 이루기 위해서는 어떻게 해야 할까?

내가 얼마만큼 입찰해야 최선인가?

캐나다 출신 경제학자인 윌리엄 비크리William Vickrey(1914~1996)는 경매 이론을 연구한 대표적 인물이다. 그는 원래 수학을 전공했으나 경제학으로 진로를 바꾼 경우였다. 그는 1960년대에 게임이론을 경매를 분석하는 데 접목했고, 밀봉 입찰에서 일반적으로 많이 쓰이던 최고가격 방식First-price Sealed Bid Auction보다 차점가격Second-price Sealed Bid Auction 방식이 효율성 측면에서 더 바람직하다는 것을 밝혀냈다. 비크리 경매Vickrey Auction라고도 불리는 이 방식에서는 가장 높은 금액을 적어낸 사람이 낙찰되지만, 내야 하는 돈은 두 번째로 높게 입찰한 금액으로 결정된다.

경매물의 가치에 대해 입찰자별로 상이하게 가치를 평가하는 경우 '내가 얼마만큼 입찰해야 최선인가?'의 문제에 봉착하게 된다. 비크리에 따르면 100만 원, 99만 원, 98만 원 등 적어낼 수 있는 각각의 입찰금액은 하나하나가 입찰자가 택할 수 있는 전략으로 볼 수 있다.

어떤 경매장의 A라는 상품에 대해 당신은 100만큼의 가치가 있다고 생각한다고 가정해보자. 이때 솔직하게 100으로 입찰해서 낙찰될 경우, 당신은 100의 가치를 100을 주고 구매한 셈이기 때문에 이득이 없어진다. 자신이 느끼는 효용만큼 제 값 다 치르고 물건을 차지한 셈이다. 따라서 2등으로 가치를 평가하는 누군가보다 아주 약간만 높은 입찰가를 추측해내는 것이 중요해진다. 입찰가를 낮출수록 낙찰받을 확률은 감소하지만, 대신 평가가치에서 낙찰금을 뺀 이득은 커지기 때문이다. 그러나 경매참가자가 증가할수록 경쟁이 치열해지기 때문에 합리적으로 입찰해야 할 금액은 상승하게 된다.

이제 차점가격 경매제에 대해 생각해보자. 가장 높은 입찰가로 낙찰받았더라도 낙찰자가 실제 지불해야 하는 금액은 두 번째로 높게 입찰된 가격이다. 100의 지불의사를 가진 당신은 최고가격 경매 때처럼 고민할 이유가 없다. 가령 두 번째로 높은 지불의사 가격을 지닌 사람 B가 98로 입찰한다고 가정해보자. 당신은 굳이 100보다 낮은 가격으로 입찰할 필요가 없다. 99로 낮춰 적어도 여전히 지불해야 하는 금액은 98이므로 자신의 마음에 있는 지불의사가격을 그대로 적어냈을 때와 차이가 없으며, 오히려 잘못해서 98보다 더 낮추었다가는 낙찰의 기회도 날릴 수 있기 때문이다.

B가 102까지 지불의사가 있는 상황도 살펴보자. 이 경우 당신은 낙찰받지 못할 것이다. 그러나 B를 제치고 낙찰받고자 102보다 높은 가격을 써내서 혹여나 낙찰받게 되면, 당신은 가치가 100인 물건을 102에 사는 셈이기 때문에 역시 손해이다. 따라서 자신의 지불의사가격만큼 입찰을 하는 것이 항상 이롭다. 이는 게임이론에서 말하는 우월전략Dominant Strategy(상대방이 어떤 행동을 하던 관계없이 항상 최선인 전략)에 해당한다. 당신뿐만 아니라 B와 같은 모든 입찰자가 마찬가지이다. 따라서 모든 경매 참가자가 자신의 지불의사가격만큼을 솔직하게 적어 입찰Truth-telling하게 되고 이것이 해당

비크리 경매의 보수행렬 예시

당신의 보수 \ B의 보수		B의 입찰가격				
		97	98	99	100	101
당신의 입찰가격	97	0.5 / 1.5	1 / 0	1 / 0	1 / 0	1 / 0
	98	0 / 3	0 / 1	0 / 0	0 / 0	0 / 0
	99	0 / 3	0 / 2	-0.5 / 0.5	-1 / 0	-1 / 0
	100	0 / 3	0 / 2	0 / 1	-1 / 0	-2 / 0
	101	0 / 3	0 / 2	0 / 1	0 / 0	-1.5 / -0.5

게임 상황에서 균형(참가자 중 아무도 자신의 전략을 바꾸려고 하지 않는 상황)이 된다. 낙찰받은 사람이 자신이 평가한 물건의 가치 이상으로 지불하게 되는 일이 없어지므로 승자의 저주 문제를 예방할 수 있다.

이와 같은 게임 상황을 표로 나타내면 위와 같은 보수행렬Payoff Matrix이 된다. 당신과 B가 입찰가격을 97부터 101까지 다섯 가지 전략 중 하나를 선택할 때 각자가 얻는 보수Payoff(선택에 따라 얻는 대가)가 총 25가지가 나열되어 있다. 대각선 아래의 숫자는 당신이 얻는 보수이며, 대각선 위는 B가 얻는 보수에 해당한다. 상대보다 높은 가격으로 입찰할 경우 자신의 보수는 지불의사가격에서 상대방의 입찰가격을 뺀 만큼이다. 두 사람이 같은 가격으로 입찰할 경우 1/2의 확률로 추첨하여 낙찰자가 정해진다고 가정해보자. 양쪽 모두 99로 입찰할 경우 당신의 보수는 절반의 확률로 1 혹은 0(낙찰 받지 못할 경우의 보수)이 되므로 보수의 기댓값은 0.5이다. 반면 B는 낙찰받을 때 98의 가치로 평가한 물건을 99에 사는 셈이므로 −1, 낙찰받지 못하면 0을 얻기 때문에 보수의 기댓값은 −0.5가 된다.

보수행렬에서 당신에게 유리한 입찰가격은 무엇일까? 지불의사가격인 100으로 입찰하는 경우가 나머지 입찰가격보다 (상대방이 어떤 입찰가격을 적어내던 간에) 더 유리하다는 것을 확인할 수 있다. 99로 입찰했을 때의 보수는 100으로 입찰했을 때와 거의 같으나 B가 99로 입찰하는 경우에는 0.5만큼 손해이다. 101로 입찰했을 때는 B가 101로 입찰하는 상황이 벌어지면 역시 0.5만큼 손해이므로 100으로 입찰하는 경우가 우월한 선택이다. B역시 98로 입찰하는 것이 가장 나은 선택지가 된다. 따라서 경매인은 자신의 지불의사가격대로 입찰하는 참가자들을 보게 될 것이다.

구매자가 스스로 자신의 지불의사가격을 정직하게 밝힌다는 특성은 판매자(높은 판매수익 및 효율적 배분)뿐만 아니라 구매자(낙찰의 불확실성 경감)에게도 이롭게 작용한다. 경매 이론은 우리가 관념적으로 상상하던 수요곡선을 실제로 도출하고자 할 때 활용될 수 있다. 사회적으로 바람직한 낙찰자와 가격을 찾아낼 수 있기 때문에 경매는 정부가 공공사업 시행자를 선정하는 경우 자주 사용된다. 대표적인 경우가 '주파수 경매'이다.

이동통신사가 영업을 하기 위해서는 특정 주파수 대역의 배타적 사용권을 얻어야 하는데, 소수의 사업자만 존재하는 이동통신업의 특성상 과점 시장이 형성되기 쉽다. 정부가 무상으로 주파수 사용권을 제공할 경우 막대한 독점적 이윤을 얻을 수 있으므로 차라리 주파수 사용료를 최대한 받아내 재분배하는 것이 사회적으로 이로울 수 있다. 통신사 입장에서 주파수 사용료는 회수할 수 없는 매몰비용 Sunk Cost(이미 지출돼 회수 불가능한 비용)이기 때문에 통신요금 책정에는 영향을 주지 않는다는 것이 경제학자들의 주된 견해이다. 다만 이때는 경매 참가자가 주파수의 실제 가치를 정확히 모르는 불확실성이 존재하여 단순한 경매 방식으로는 다시 '승자의 저주' 문제가 생길 수 있다. 이에 따라 로버트 윌슨 Robert Wilson(1937~)과 폴 밀그럼 Paul Milgrom(1948~)이 연구한 '동시 다중 경매'라는 경매방식이 사용되고 있다.

비크리는 경매이론을 개척한 공로로 1996년 노벨경제학상 수상자로 선정되는 영광을 맛보았다(한편, 윌슨과 밀그럼은 2020년에 노벨경제학상을 수상한다). 그러나 운명의 장난일까? 비크리는 선정 연락을 받은 3일 뒤 사망하면서 수상의 기쁨을 온전히 누리지 못하고 만다.

'바다의 지배자'
영국을 만든 해상시계

지금 당신의 위치는?

위성항법시스템GPS이 대중화된 현대에는 누구나 간편하게 자신의 위치를 파악할 수 있지만 300년 전만 해도 이것은 쉬운 일이 아니었다. 주변에 아무런 육지가 없는 망망대해의 배 위에서는 더욱 그렇다. 먼 거리를 항해할 때는 식량과 식수가 바닥나지 않도록 적시에 항구에 기항할 필요가 있으므로, 배의 위치를 파악하는 것은 생명과도 직결되는 중대한 문제였다. 이 때문에 과거의 선장들은 해안선이 보이는 거리를 유지하며 항로를 설정했다. 대서양을 횡단하여 인도에 도달하겠다는 콜럼버스(1451~1506)의 탐험은 우리의 상상 이상으로 용감한 시도였던 셈이다.

지구 표면 위에서의 위치는 흔히 위도Latitude와 경도Longitude로

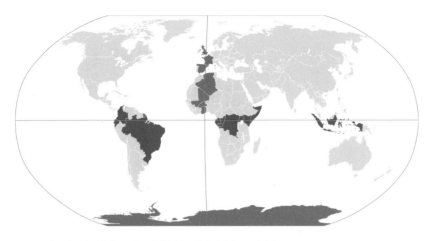

붉은색은 '적도'가 지나가는 국가, 푸른색은 '자오선'이 지나가는 국가이다.

표시한다. '위도'란 적도Equator(북극과 남극과의 거리가 같은 가상의 선)로부터 북쪽 혹은 남쪽으로 어느 정도 떨어졌는지 나타내는 단위로, 적도에서는 0도, 북극 혹은 남극에서는 90도가 된다. 간단히 말해 지도나 지구본에 그려진 격자무늬의 가로선에 해당한다. 한편, 격자의 세로선은 '경도'에 해당하는데, 기준선인 본초자오선 the Prime Meridian Line으로부터 동쪽 혹은 서쪽으로 어느 정도 떨어졌는지를 각도로 나타낸다. 본초자오선은 영국 런던 그리니치에 위치한 그리니치 천문대Royal Observatory, Greenwich(1675년 8월 10일 세워진 영국의 천문대로 설립 당시 이름은 '왕립 그리니치 천문대'였다)를 지나는 자오선으로 경도의 기준이 되는 선이다. 경도 0도로 1884년에 열린 국제회의에서 그리니치 천문대를 지나는 본초자오선을 표준으로 삼기로 결정했으며, 1972년 협정 세계시Universal Time Coordinated, UTC로 바꾸기 전까지 시간대의 기준이 되었다. 협정 세계시는 1972년 1월 1일부터 시행된 국제 표준시로 그리니치 평균시Greenwich Mean Time, GMT에 기반하고 있다. 하지만 그리니치 평균시와는 초의 소수점 단위에서만 차이가 나므로 일상에서는 혼용되고 있다. 그리니치 천문대는 낮 12시(오선)를 구분 짓는 경계선이고, 지구 반대편 태평양을 종으로 가로지르는 밤 12시(자선, 날짜변경선) 경계가 존재한다. 한편, 1984년 본초자오선을 그리니치 자오선에서 동쪽으로 5.3초(거리로 102.5m) 떨어져 있는 IERSInternational Earth Rotation and Reference Systems Service(국제 지구 자전회전 관리국) 기준 자오선으로 변경해 현재까지 국제적으로 통용되고 있다.

경도와 위도를 파악하는 방법

현대 과학의 힘을 빌리지 않고 위도를 파악하기 위해서는 우선 북극성North Star을 찾아야 한다. 밤하늘의 별자리는 지구가 자전함에 따라 원을 그리며 회전하는데 그중 북극성은 지구 자전축의 연장선에 위치하므로 유일하게 회전하지 않는 별이다. 이를 바탕으로 옛사람들은 북극성과 수평선 사이의 각도를 측정하면 그 값이 곧 위도가 된다는 사실을 알아냈다. 측정 도구는 돌을 묶은 실과 각도기를 이용하는 약식 방법에서 시작하여 사분의나 육분의라는 좀 더 정교한 장치가 개발되었다. 낮에는 태양의 고도를 이용해 위도를 측정할 수 있는데, 강렬한 태양 빛을 반복적으로 보다가 시력을 잃어버린 항해자들도 많았다고 한다.

경도는 조금 다른 방식을 사용한다. 지구는 24시간에 한 바퀴 자전하기 때문에 1시간의 시차가 나는 두 지점은 경도가 15도(360도÷24) 차이가 나게 된다. 가령 항해 중인 배에서 정오(낮 12시)가 되는 순간 런던의 시간이 오후 1시라면 배는 런던에서 서쪽으로 15도 위치한 곳에 있는 셈이다. 문제는 배 위에서 기준지점의 시간을 정확히 측정하는 것이 쉽지 않다는 데 있었다. 18세기 초만 해도 시계 기술은 24시간당 15분 가까이 오차가 발생했는데 이는 영국에서 대서양을 가로지르기 위해 걸리는 6주 동안 10.5시간, 경도로는 157.5도의 오차가 날 수 있음을 의미했다.

원시적인 방법에 의지해 경도를 측정하던 당시 선장들은 망망대해에서 종종 위치를 잃고 긴 항해를 하다 식수 부족이나 괴혈병으로 선원을 잃곤 했다. 그러나 무엇보다 두려운 것은 파도 속에 숨은 암초였다. 항해자들이 항구 근처의 암초 지대를 숙지했더라도 현재 배의 위치를 착각한 상태라면 위험한 해협으로 향하고 있다는 사실도 인지하지 못할 수 있다. 1707년 영국 남동쪽 실리제도 근처를 항해하던 함대에서 그런 일이 실제로 발생했다.

지중해에서 본국으로 복귀하던 21척의 영국 해군 함대는 비스케이 만(스페인과 프랑스 해안으로 둘러싸인 만)을 지나면서 늦가을 대서양의 변덕스러운 날씨에 고전하고 있었다. 강풍과 높은 파도에 먹구름까지 몰려와 천문을 관측할 수 없게 되자 함대는 침로(선수미선과 선박을 지나는 자오선이 이루는 각, 간단히 배가 진행하는 방향이라는 뜻으로 쓰

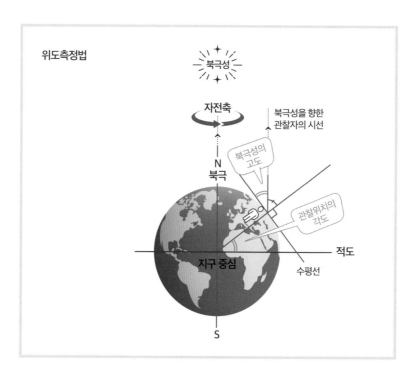

위도측정법

북극성

자전축

N
북극

북극성을 향한
관찰자의 시선

북극성의
고도

관찰위치의
각도

적도

지구 중심

수평선

S

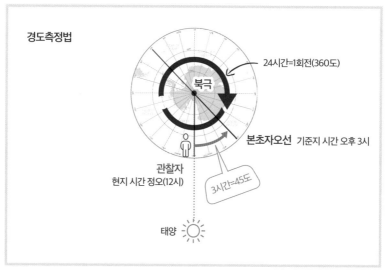

경도측정법

24시간=1회전(360도)

북극

본초자오선 기준지 시간 오후 3시

3시간=45도

관찰자
현지 시간 정오(12시)

태양

인다)와 속도로 현재 위치를 추측하여 항해할 수밖에 없었다. 그러나 바람이 배를 북쪽으로 밀어 올리면서, 함대가 영국과 프랑스 사이를 통과하고 있다고 생각했던 소벨Cloudesley Shovell(1650~1707) 제독은 풍랑 사이로 실리 섬을 발견하고 경악했다. 실리 섬 인근은 암초가 많은 위험지역이었고, 결국 4척의 배와 소벨 제독을 포함한 2,000여 명의 해군이 목숨을 잃었다.

사상 최악의 해상사고를 경험한 영국은 1714년 '경도법Longitude Act'을 제정하기에 이르렀다. 해상에서도 신뢰할 수 있는 수준의 정확도로 경도를 측정할 수 있는 방법을 고안하는 사람에게 거액의 상금을 걸었다. 경도를 1도 이내의 오차로 측정 가능할 경우 1만 파운드, 0.5도(시간으로 환산 시 2분) 이내의 경우 2만 파운드(2023년 기준 약 60억 원)를 받을 수 있게 된 것이다.

위원회를 설치하자 경도측정 문제를 해결하기 위한 많은 아이디어가 쇄도했지만 실용적인 것은 거의 없었다. 혹자는 바다 위의 경도·위도 교차점마다 함대를 배치하고, 매 시간마다 대포를 쏘아 주변 배들에게 경도를 알리자고 제안하기도 했다. 그러나 배를 정해진 위치에 어떻게 정박시킬지, 또 수많은 함선과 선원 확보 비용과 보급 문제는 전혀 고려되지 않은 탁상공론일 뿐이었다.

결국 현실적인 경도측정법은 기준지점의 시간을 지구 어디에서든 정확하게 알아내는 것으로 좁혀졌다. 그런데 그 구체적 방법을 두고 경도측정법은 두 갈래로 나뉘었다. 가장 직관적인 방법은 기준지점에서 시간을 맞춘 시계를 가지고 항해하면서 현지시각과 비교하는 것이다. 그러나 전자시계가 당연해진 현재와 달리, 18세기 초반의 기술수준으로는 시계의 오차가 하루에도 몇 초씩 발생하곤 했다. 시계추의 진자운동으로 정확도를 확보하는 당시 시계 방식은 흔들림이 심하며 온도와 습도가 일정하지 않은 선상에서는 오차가 더욱 커졌다. 하루에 5초씩만 오차가 발생해도 영국에서 출항한 배가 미국을 들러 다시 영국에 도착하는 약 150일 동안 3도가 넘는 오차가 발생한다. 경도위원회는 해상시계Chronometer를 이용한 경도측정에 회의적이었다.

또 다른 방법은 세계 어디서든 동일하게 관찰할 수 있는 천체의 움직임을 이용하자는 것이었다. 가령 달이 지구그림자에 가려지는 월식은 지구 어디에서나 (달을 볼 수만 있다면) 동시에 관측된다. 하지만 월식은 매우 드물게 발생하는 천문 현상이므로, 적시에 경도를 측정해야 하는 해상에서는 활용하기 어려웠다.

다양한 해상시계의 발전

과거 갈릴레이Galileo Galilei(1564~1642)는 목성과 그 위성들의 공전주기를 파악하여 그들의 배치 형태를 통해 시간을 파악하는 방법을 고안했다. 하지만 흔들리는 배 위에서는 망원경으로도 간신히 보이는 목성을 안정적으로 관찰하기가 불가능에 가까웠다. 대안으로 관측이 비교적 용이한 달과 다른 천체와의 각도를 통해 경도를 측정하는 월거법Lunar Distances이 제시되었고, 뉴턴Isaac Newton(1643~

1727)과 핼리Edmond Halley(1656~1742), 그리고 경도위원회의 천체물리
학자들은 당연하게도 해상시계보다 이 방법을 더 지지했다. 그러
나 복잡한 달 운행방식의 비밀이 풀리기까지는 수학의 발전이 더
필요한 상태였다. 뉴턴역학은 태양과 지구처럼 두 개의 천체 사이
의 관계는 명쾌하게 풀이했지만 태양, 지구, 달 사이의 중력을 한
꺼번에 고려해야 하는 삼체문제Three-body Problem는 해결하지 못한 상
황이었다. 또한 기상 상황이 나쁘거나 그믐달이 뜨면 정확한 달의
위치를 측정하기 어렵다는 단점이 있었다.

1730년 경도위원회에 존 해리슨John Harrison(1693~1776)이라는 인
물이 방문하면서 해양시계는 발전의 계기를 맞이하게 된다. 그의
본업은 목수였지만 시계의 작동원리에 매료되었고, 독학으로 시
계 제작 기술을 습득하는 한편 독창적인 기술을 고안했다. 그가
제작한 브로클스비Brocklesbury 공원 시계는 톱니장치에 녹이 슬지 않
고 기름칠 할 필요가 없도록 유창목Lignum Vitae이라는 나무로 만들
어져 있는데, 300년이 지난 지금도 정확하게 작동하고 있다.

흔들리는 배 안에서 급격한 환경 변화로 인한 오차를 줄이기
위해 그는 평생에 걸쳐 '해리슨 1~4호(H1~H4)' 해상시계를 차례
차례 개발했다. 온도 변화가 금속제 부품의 팽창을 일으켜 기후에
따라 시간이 부정확해지는 문제를 해결하기 위해 고안한 바이메
탈 띠Bimetallic Strip(열팽창계수가 서로 다른 금속 띠를 온도변화에 따라 기계적으로
변형되도록 하는 장치)나, 회전하는 부품의 마찰을 줄이기 위해 개발
한 롤러베어링은 오늘날에도 널리 사용되고 있다.

해리슨의 시계는 몇 차례 시험항해에서 정확도를 인정받았다. 그러나 우수한 성능에도 불구하고 월거법을 지지하던 경도법 심사위원의 방해로 인해 상금을 일부밖에 수령하지 못하고 제작한 시계를 압수당하는 등 시련을 겪었다. 우여곡절 끝에 해리슨의 시계 기술은 점차 다른 시계공Watchmaker들에게 전파돼 다량의 해상시계가 제작되기 시작했다.

초기에는 해상시계의 가격이 비싸고 수량이 부족하다 보니 항해자들은 대안으로 월거법을 이용하였다. 천문학 쪽에서도 진전이 있었는데 수학자 오일러Leonhard Euler(1707~1783)가 고안한 방법을 이용하여 시각별 달의 위치를 예측한 항해력Nautical Almanac이 책으로 만들어지기 시작한 것이다. 그리니치 천문대를 기준으로 매년 발간되어 수년치 달의 움직임을 수록한 이 책은 해상시계보다 저렴했기 때문에 널리 사용되었고, 그리니치 천문대를 지나는 본초자오선을 국제 표준으로 설정하게 된 역사적 배경이 된다. 그러나 해상시계의 가격이 저렴해지면서 측정 및 계산이 복잡한 월거법은 점차 사양화되었다.

영국 해군은 해상시계를 함선에 장착하여 장거리 항해 능력을 크게 개선시켰다. 이미 알려진 위험 지역을 피하는 것이 용이해졌을 뿐만 아니라, 탐험선을 세계 각지에 파견하고 해안선을 측량함으로써 정확한 세계지도를 만들 수 있었다. 오스트레일리아, 뉴질랜드 및 전설 속의 남방대륙(남극대륙)을 탐험하고 하와이를 처음 발견한 제임스 쿡James Cook(1728~1779)의 항해도 해상시계로부터 큰 도움을 받았다. 원거리 항해의 위험이 감소해 세계 각지에 위치한 식민지와의 물류가 원활해졌고 영국이 세계 최고의 해군력을 확보하는 것에도 보탬이 되었다.

영국이 세계의 바다를 장악하는 데 큰 역할을 한 존 해리슨은 위대한 영국인 100인 중 39위(2002년, 참고로 유명 축구선수 데이비드 베컴은 33위이다)에 선정되기도 했다. 오늘날 너무나 흔하게 사용하는 시계가 과거에는 '해가 지지 않는' 대영제국과 막대한 부를 형성하는 데 기여한 최첨단 기술이었던 셈이다.

산업혁명의 명암,
자본주의 태동과 아동 착취

2022년부터 적용 중인 '중대재해처벌법'은 시행 이후로도 논란의 중심에 있다. 산업 현장에서 사망 같은 중대한 재해가 발생할 때 경영자까지 처벌할 수 있도록 한 이 법은 너무 가혹하다는 비판도 받지만 근로자들의 안전을 확보하는 데 꼭 필요하다는 견해도 많은 지지를 얻고 있어 두 주장이 서로 첨예하게 맞서고 있다. 그렇다면 근로자 안전과 처우 개선에 대한 노력은 언제부터 시작됐을까? 이는 공장이 처음 등장한 산업혁명기로 거슬러 올라간다.

기계장치, 획기적인 생산성 증대

18세기 중반 영국에서 시작된 산업혁명Industrial Revolution(18세기 중반~19세기 초기)은 인류의 삶에 중대한 변화를 가져온 획기적 사건이었다. 제품 생산 방식에서 기계장치를 활용한 기술 혁신이 발생했고, 생산성이 현격하게 증대되어 산업이 융성하는 등 자본주의 경제가 자리 잡는 계기가 되었기 때문이다. 1700년대 후반 영국은 상품 제조가 전통적인 수공업 방식에서 기계를 이용한 생산으로 옮겨가던 때였다. 원래 영국 주력 상품은 양털을 가공해 만드는 모직물이었다. 모직물은 소규모 수공업 공방에서 생산됐는데 비교적 오랜 역사를 가진 모직물 산업은 장인이 조수이자 제자인 도제Apprentice를 받아들여 생산하는 도제 제도Apprenticeship가 일반적이었다. 중세시대부터 내려오던 유서 깊은 생산방식이었던 도제 제도에는 자연스럽게 형성된 고용과 근로자 보호를 위한 공식·비공식 규칙이 존재했다.

한편 18세기 후반이 되면서 영국에서 면직물 산업이 크게 성장하게 된다. 목화솜에서 채취한 섬유로 만들어진 면은 질기고 부드럽다는 특성 때문에 큰 인기를 얻었다. 하지만 실의 생산이 수요를 따라가지 못해 공급이 턱없이 부족한 상황이었다. 면은 목화솜에서 실을 뽑아내는 방적Weaving과 실을 가로 세로 교차시켜 천을 만드는 방직Spinning 공정을 통해 만들어진다. 가장 기초적인 방적기는 석기시대부터 사용되어 온 물레였는데 사람이 손으로 작동시키며 한 번에 한 가닥의 실만 만들 수 있었기 때문에 생산성이 낮았다. 비용 측면에서 경쟁력을 갖추기 위해 사업가들은 더 높은 생산성을 달성할 방법을 모색했다.

아크라이트가 계곡물에 수차를 설치해 회전력을 얻는 방식의 '아크라이트 방적기'를 발명하면서 본격적으로 기계를 통한 생산 시대가 열렸다.

영국의 발명가 제임스 하그리브스James Hargreaves(1720~1778)에 의해 한 번에 실 8개를 만들어내는 제니 방적기Spinning Jenny가 등장했고, 여기에 아크라이트Sir Richard Arkwright(1732~1792)가 계곡물에 수차를 설치해 회전력(동력)을 얻는 방식의 '아크라이트 방적기Arkwright Spinning Frame'를 발명하면서 본격적으로 기계를 통한 생산 시대가 열리게 됐다. 또 실의 자동 생산에 발맞춰 동력에 의해 자동으로 천을 짜는 역직기Power Loom가 발명되면서, 자본재가 생산 활동에 주요 요소로 사용되는 시대가 도래했다.

면직물 생산성이 높아지면서 영국 내 농업만으로는 면화를 조달하기 어려워졌고, 이는 미국에 대규모의 목화 농장이 생겨나는 계기가 되었다. 영화로도 유명해진 마거릿 미첼Margaret Mitchell(1900~ 1949)의 소설 《바람과 함께 사라지다Gone with the Wind》에 등장하는 미국 남부 목화 농장 지대가 이때 형성된 셈이다. 면화 생산지에서도 기계가 발명되어 생산성을 비약적으로 향상시켰는데, 목화솜에서 씨앗을 분리하는 조면기Cotton Gin가 바로 그것이다.

조면기는 목화솜에서 씨를 분리해내는 기계로 1793년 일라이 휘트니Eli Whitney(1765~1825)가 최초로 개발했다. 기존에 사람이 손으로 하던 작업을 기계로 대체함으로써 미국 면화 산업 성장의 전환점이 됐다. 쉽게 복제가 가능했기 때문에 1794년 3월 14일 특허를 냈지만 널리 복제되어 미국 남부지역의 목화산업에 일대 혁명을 일으킨다. 쉬운 복제 때문에 휘트니는 특허를 받았음에도 불구하고 조면기 사업에는 실패하고 만다. 조면기의 보급은 면화 생산량을 비약적으로 늘려 남부 경제가 번성하는 데 기여했으나 한편으로는 흑인 노예의 수를 크게 늘리는 계기도 되었다.

기존에는 사람(노예무역으로 미국에 팔려온 흑인 노예들)의 수작업에 의존한 이 작업은 손에 피가 맺힐 정도로 고된 중노동이었고, 인력이 많이 필요하다 보니 목화사업은 그리 수익성이 높지 않았다. 그러나 조면기의 발명으로 기계 한 대가 1,000명분의 작업량을 해결해주면서 목화재배가 그리고 불행하게도 노예무역이 크게 융성한다. 노예무역은 이미 유럽대륙에서는 대부분 불법이었고, 미국 내에서도 여론이 좋지 않았다. 면직물은 마치 현대의 반도체처럼 18세기 최첨단 상품이었다. 면직물을 주력으로 수출하던 영국은 세계에서 가장 진보한 산업기술을 보유하여 세계 최강국으로 부상했다.

제임스 와트James Watt(1736~1819)가 증기기관의 효율성을 개선하면서 기존에는 수력을 활용하기 위해 산골과 계곡에 위치했던 공장들이 입지의 자유를 얻었고, 노동력을 확보하기 쉬운 도시로 이동한다. 증기기관은 석탄광산에 고이는 물을 퍼낼 용도로 도입되기 시작했는데, 적은 연료만으로도 작동할 수 있게 개선되자 석탄의 채산성이 높아졌다. 그러면서 증기기관이 더욱 널리 사용되는 선순환이 발생했다. 스티븐슨George Stephenson(1781~1848)이 증기기관을 이용한 기관차로 철도운송을 개시하면서 영국 내 운송비가 크게 하락하고 도시 간 연결이 기민해졌다. 또 증기선의 등장도 운송비용을 절감시키고 면직물 수출을 유리하게 만들었다.

눈부신 성장 이면, 공장 노동자의 비참한 삶

빛이 있으면 어둠도 있는 법이다. 눈부신 성장 이면에 있는 공장 노동자들의 비참한 삶이 그것이다. 제조업 역사가 짧아 공장 근로자를 보호할 규칙이나 법규가 미비하다 보니, 초기 자본주의는 이윤 동기로만 작동했고 지금처럼 근로자 인권은 고려 대상이 아니었다. 소수의 부유층 남성에게만 선거권이 주어지던 것도 한몫했다. 당시 공장 노동에서 가장 취약했던 근로자는 어린이와 청

기계장치의 발전으로 근로자가 직접 힘을 쓰는 일이 줄어들면서 성인 남성 대신 어린이나 청소년을 고용해 물건을 생산하는 상황으로 이어졌다.

소년, 여성이었다. 방직기가 수력이나 증기기관에 의해 작동하게 되면서 근로자가 직접 힘을 쓰는 일이 줄어들었고, 이는 성인 남성 대신 어린이나 청소년을 고용해 물건을 생산할 수 있는 상황으로 이어졌다. 특히 방직기 밑에 들어가 기계 작동 중 끊어진 실을 잇는 위험한 작업은 체구가 작은 아이들에게 알맞은 일로 여겨졌다. 석탄 사용으로 인해 수요가 늘어난 굴뚝청소도 아이들의 주요 일감이었다. 깜빡하고 지핀 불 때문에 청소를 하기 위해 굴뚝에 들어가 있던 아이가 질식사 하는 일도 종종 벌어졌다.

산업혁명기의 생산력 및 의료기술 향상은 인구 급증으로 이어져 다수의 자녀를 가진 부모들이 많았는데, 자녀를 공장에 취직시켜 돈을 벌어오게 함으로써 생계를 해결하는 가정이 많았으며 구빈원(오늘날의 고아원)에서 생활하던 고아들도 일터에 투입되었다. 당시 공장 근로자 가운데 3분의 2가 어린이와 여성이었다. 영국의 작가 찰스 디킨스Charles Dickens(1812~1870)의 소설 《올리버 트위스트 Oliver Twist》(1837년 출간된 영국 런던의 뒷골목을 배경으로 한 구빈원 소년 올리버 트위스트의 파란만장한 일대기로, 당시 영국 사회의 빈곤과 불평등 등 산업화의 폐해를 예리하게 비판한 장편 소설)에 묘사된 당시 영국 런던의 음울한 뒷골목 풍경은 결코 과장이 아니었다.

공장에서 일하는 아이는 교육받을 기회를 상실하고 휴일도 없이 하루에 12시간 이상 일해야 했다. 개중에는 9살 이하의 어린이도 있었으며, 건강 상태도 양호하지 못해 '백인 노예'라고 불릴 정도였다. 열악한 근무 조건에 대해 계몽적 사고를 가진 영국 공장주들은 '공장법Factory Acts' 도입을 주장했다. 치열한 격론 속에서 공장법은 1819년부터 도입되었고 이후 수차례 개정되었다. 면화공장 종사자를 대상으로 시작된 이 법은 범위가 점차 확대되었으며, 어린이 및 여성 근로자를 보호하는 조항도 점점 강해졌다. 최대 12시간까지 일하도록 하는 조항은 7시간까지로 조정되었으며, 9세였던 고용연령의 하한선은 점차 상향되었다. 또 공장의 위생 상태를 외부의 감독관이 점검하도록 했으며, 어린이의 의무 교육시간을 부여해 근로 부담을 줄이고 교육기회를 박탈하지 못하도록 법을 만들었다.

공장법은 근로 환경 개선을 위한 최초의 법률적 규제로 의미가 컸다. 영국보다 산업화 대열에 늦게 합류한 프랑스와 독일도 최대 근로시간을 설정했고 이는 영국 공장법의 영향을 받았다.

카네기와 록펠러,
규모의 경제를 탄생시키다

포브스Forbes(미국의 출판·미디어 기업)가 발표한 2023년 세계 최고 부자는 일론 머스크Elon Reeve Musk가 차지했다. 테슬라와 스페이스X 의 경영자인 머스크는 테슬라의 주가 상승에 힘입어 2,513억 달러(약 330조 원)의 자산규모를 기록했으며, 이는 같은 해 미국 전체 국내총생산GDP의 약 1% 수준에 해당한다.

그러나 기업인 역사상 최대 부자였던 카네기Andrew Carnegie (1835~1919)나 록펠러John Davison Rockefeller(1839~1937)에 비하면 소박한 수준일 것이다. '철강왕'이라고도 불린 카네기의 유산은 1937년 14억 달러였는데, 현재가치로 환산하면 약 3,300억 달러에 달했다. '석유왕' 록펠러의 재산은 1913년 9억 달러로 추정되는데, 그해 미국 GDP의 2.3% 수준이었다.

미국 산업혁명기의 상징, 카네기와 록펠러

카네기와 록펠러는 어떻게 막대한 재산을 모았을까? 남북전쟁 (1861~1865년) 이후 미국은 내전으로 인한 사회적 갈등을 봉합한 뒤 큰 경제적 확장기를 맞는다. 상공업이 발달한 북부와 농업 위주의 남부 경제권이 통합되면서 시장의 규모가 확대되었고, 지역별 자급자족형 경제체계에서 가내수공업 단계였던 제조업은 전국 단위의 시장에 대응하여 대형화하기 시작한다. 산업 혁명기에 본격적으로 접어들면서 1800~1860년 사이 1.3% 수준으로 추정되던 연간 경제성장률은 1860~1929년 기간에는 4.1%로 증가했다.

그러나 괄목할 만한 성장과 부의 축적에는 어두운 이면이 있었다. 1860~1920년 시기의 미국은 현대 경제와 비교하면 '야생' 상태에 가까웠고, 기업가들은 자신의 사업에 걸림돌이 되는 경쟁자를 제거하기 위해 온갖 수단을 강구했다. 그 과정에서 가격 인하 경쟁, 즉 덤핑Dumping이나 인수 합병M&A을 통한 독점, 거래처에 대한 리베이트 제공 등의 방식이 사용되면서 한 개 기업이 산업의 대부분을 점유하는 독점Monopoly 시대가 도래했다. 문필가 마크 트웨인Samuel Langhorne Clemens(1835~1910)은 당시를 도금 시대Gilded Age라 부르며 급성장한 미국의 자본주의를 재치 있게 풍자했다. 부유함이 진짜 황금이 아닌 도금된 가짜 금이라는 것이다. 자선가들은 사업적 특혜를 위해 정부나 공무원들에게 뇌물을 제공하는 것도 불사했다.

'철강왕' 카네기는 미국 산업 혁명기를 상징하는 핵심 인물 중 하나였다. 12세 때 가족을 따라 스코틀랜드에서 미국 펜실베이니아로 이주한 그는 방직공장에서 보빈 보이Bobbin Boy(실타래를 나르고 교체하는 아동노동자)로 사회생활을 시작했다. 성실하고 영민했던 카네기는 이후 전신회사에서 전보 배달부를 거쳐 철도회사의 전신기사가 될 수 있었다.

남북 전쟁 기간 중 기관차를 이용한 물류 이동의 효율성이 부각되면서 철도 산업이 크게 성장했다. 카네기는 철도 관련 산업으로 사업경력을 확장했는데 첫 출발은 철교 회사였다. 철교는 우수한 내구성 때문에 목재 교각을 빠르게 대체했고, 카네기는 오하이오강, 미시시피강 등에 다리 건설 사업을 수주하여 빠르게 성장할 수 있었다.

카네기는 철제 제품을 생산하면서 철강 수요가 늘어날 것으로 판단하고 제철소를 설립했다. 당시 제철소 경영자들은 품질관리나 원가관리 없이 감으로 경영하는 경우가 대부분이었는데, 카네기는 생산 공정을 직접 관리하면서 원가를 절감할 방법을 모색했고 과감한 신기술 도입을 통해 우위를 점할 수 있었다. 카네기는 '강철Steel시대'가 도래할 것을 예견하고 고가에 소량만 생산되던 강철을 대량생산하여 대중화했다. 당시 철로는 주철Cast Iron(탄소 함유량이 높아 단단하지만 잘 깨지는 특성이 있음)로 만들어져 수명이 짧았고 철도운송의 비용을 높이는 요인이었다. 카네기는 주철보다 덜 깨지고 인장강도가 높은 강철에 주목했고, 영국의 발명가 베세

머$_{\text{Henry Bessemer}(1813\sim1898)}$가 발명한 전로$_{\text{Converter}(\text{탄소 함유량이 높은 선철}}$ $_{\text{Pig Iron을 강철로 전환하는 장치})}$를 영국 기업들보다도 공격적으로 도입한다.

또한 카네기는 원료인 철광석과 코크스 조달부터 철강의 운반 및 가공 단계까지를 통합한 수직계열화를 단행함으로써 효율성을 높이고 '규모의 경제'를 달성할 수 있었다. 덕분에 카네기 철강 회사는 톤당 80달러에 달하던 강철 가격을 30달러까지 낮출 수 있었고, 1900년에는 미국 철강시장의 30%를 차지하게 됐다. 그해 카네기는 자신의 사업을 J.P 모건$_{\text{J.P. Morgan}(1837\sim1913)}$에게 판매하고 자선사업에 매진하게 되었지만, 카네기 철강 회사는 다른 철강 회사들과 합쳐져 시장의 60%를 차지하는 US스틸의 모태가 된다.

훗날 '석유왕'으로 불린 록펠러는 농산물 위탁판매 회사의 회계보조원으로 첫 경력을 시작했다. 방문판매원 일을 하던 그의 부친은 무책임하고 사기꾼 기질마저 가진 사람이었지만, 자식에게 근검절약의 경제관과 '누구도 믿지 말라'는 교훈을 체득시켰다.

남북전쟁 시절 군수물자 독점공급으로 큰돈을 벌었던 록펠러는 1859년 펜실베이니아에서 유정이 발견되자 석탄에서 석유로 연료의 패러다임이 바뀔 것을 간파하고 원유 정제 사업에 투자했다. 1860년대는 아직 자동차가 대중화되기 전이었기에 석유가 어디에 쓰였나 싶겠지만, 전기 역시 보급되기 전이었던 그 시대에 정제유는 조명을 사용하기 위한 필수재였다.

당시의 석유 사업은 막 그 가능성이 열리던 시대로, 소액의 자

뉴욕 맨해튼의 록펠러센터. 1870년 설립 당시 미국 시장의 4%를 점유했던 록펠러의 회사는 1899년에는 석유산업 시장의 약 90%를 장악하며 정점에 도달한다.

본으로도 창업할 수 있어 수많은 사람들이 시추 및 정유 사업에 뛰어들었다. 대다수의 정유업자들은 소규모로 사업을 유지하며 적당한 수준의 마진을 얻는 것에 만족했지만, 록펠러는 현장뿐만 아니라 회계장부를 끊임없이 검토하여 비용을 줄이는 방법을 모색했다. 그는 정유업에서 사업 규모가 클수록 단위당 비용이 하락한다는 점을 포착했고, 공격적인 대출과 사업 확장으로 생산 규모를 키웠다.

회사의 크기가 커지자 제품운송에 사용되는 목재통을 자체 생산하기 위한 설비 및 숲을 구매하거나 유조탱크를 장착한 화물열차를 도입하는 등 유통에 있어 수직계열화Vertical Integration(부품 생산에서 유통까지 수직적 가치사슬 중 2개 이상을 동시에 운영)를 통한 비용 절감도 가능해졌다. 또한 등유를 정제하는 과정에서 버려지던 석유 찌꺼기를 재활용해 왁스, 연료유 등의 부산물을 판매하는 수익모델을 도입하기도 했다.

급성장하던 석유업계는 1870년경 공급초과와 그로 인한 등유 가격 하락으로 불황기를 맞게 되고, 3/4 가량의 정유사들이 손실을 보는 가운데에서도 록펠러는 저비용 구조 덕분에 여전히 이윤을 얻을 수 있었다. 동업자들과 공동사업 형태였던 회사를 오하이오주 스탠더드오일Standard Oil of Ohio이라는 회사로 재편한 록펠러는 인근의 22개 경쟁사를 인수하고 클리블랜드에서 90%의 시장점유율을 달성한다.

스탠더드오일은 제품 운송과정에서 막대한 물동량을 기반으로 철도회사와의 운임협상에서 우위를 점했고, 리베이트(운송요금의 일부를 되돌려 받는 것) 정책을 통해 운송비 측면에서도 경쟁사보다 우위를 점할 수 있었다. 1870년 설립 당시 미국 시장의 4%를 점유했던 록펠러의 회사는 1899년에는 시장의 약 90%를 장악하며 정점에 도달한다.

반독점법, 한 기업의 독주를 막아라

기업의 거대화는 규모의 경제Economies of Scale(생산규모가 커질수록 평균비용이 감소하는 현상으로 초기비용이 많이 드는 철도·석유·전력 등 장치산업에서 주로 관찰된다)로 인해 낮은 비용 및 가격으로 제품을 공급할 수 있다는 의의가 있었다. 특히 제철소나 정유소는 대표적인 장치산업으로 고정비용이 크지만 생산설비가 대형화될수록 평균비용이 크게 하락하는 특성이 있었기에 자연 독점Natural Monopoly이 발생하는 업종에 해당했다.

19세기 말 미국에서 각각의 주는 타 주 소속 기업에는 더 높은 세금을 부과하는 한편, 자기 주에 소속된 기업이 타 주에 소속된 기업 주식을 사들이는 것을 금하는 법률이 있었다. 기업의 투자자금이 타 주로 유출되는 것을 막기 위한 이 법으로 인해 전국적 규모National Wide의 회사 성립이 제약받자, 기업가들은 트러스트Trust(신탁)라는 법적 방법을 고안해냈다. 기업 소유자가 소유권을 유지하면서 기업의 경영권만을 수탁자에게 넘김(신탁)으로써 사실상 한 개의 기업처럼 경영할 수 있었다. 기업합동이라고도 불린 이 형태는 독점의 상징이 되었다.

기업가의 힘이 강해질수록 독점의 폐해에 대한 우려 역시 커졌

고정비용이 크지만 생산설비가 대형화될수록 평균비용이 크게 하락하는 특성이 있기에 자연 독점이 발생하는 업종이 생긴다.

다. 불공정거래 관행에 대한 비판과 더불어 노사분규에 대한 가혹한 대응, 그리고 파업 진압 과정에서 발생하는 인명사고는 사회적으로 많은 지탄을 받았다. 대중들에게 스탠더드오일을 포함한 대기업들은 '일상생활 어디에나 관여되어 있음에도 소수의 특권층에 의해 좌우되지만, 사회적 해악에 대해서는 일절 책임지지 않는 것'으로 인식됐다. 이에 따라 시어도어 루스벨트 대통령Theodore Roosevelt Jr.(1858~1919)은 셔먼 독점 방지법Sherman Act(기업들의 담합이나 트러스트를 규제하는 법)을 이용해 스탠더드오일과 J.P. 모건의 철도 지주회사 노던 시큐리티스를 해체하기에 이르렀다. 현재의 세계 굴지의 석유회사 엑슨모빌Exxon Mobil, 셰브론Chevron Corporation, 마라톤

Marathon Oil Company이 스탠더드오일의 후예에 해당한다.

　이러한 반독점법은 미국의 상징적인 기업 정책으로 남아 있다. 경쟁의 과정이 정당한 것이든 그렇지 않든, 한 기업이 지나치게 높은 시장점유율을 차지하고 독주하는 것은 소비자 후생은 물론 장기적으로 시장의 역동성 유지에도 바람직하지 않다는 시각이 반영된 것이다. 반독점법은 근래인 1998년 마이크로소프트 소송이나 더 최근에는 엔비디아의 ARM 인수, 디즈니의 20세기 폭스 인수 과정에도 개입하면서, 기업의 운명과 시장의 경쟁질서에도 큰 영향력을 미치고 있다.

석유와 중동 갈등의 역사가 빚은 오일쇼크

석유의 부상과 제국주의의 탐욕

전기와 전구의 보급으로 등유Paraffin, Lamp Oil(원유를 분별 증류하여 얻는 석유의 한 종류)는 조명시장에서 주연 자리를 내주게 된다. 그러나 포드Henry Ford(1863~1947)의 자동차 혁명으로 운송의 패러다임이 증기기관에서 내연기관으로 옮겨가자 석유는 더욱 중요한 자원이 되었다. 선박 또한 석탄 대신 석유를 사용함으로써 속도와 항해거리를 개선할 수 있었다. 석유는 그 활용도에 비해 부존량이 특정 지역에 치우침이 심한 자원으로, 세계 석유 매장량의 절반이 중동 지역에 집중되어 있다. 중동 지역의 복잡한 갈등관계는 석유를 둘러싼 제국주의의 탐욕이 한 원인이다.

연료를 미국에서 수입하는 처지가 된 영국은 석유 산지를 찾

262

기 위해 해외로 눈을 돌렸다. 훗날 영국 수상이 되는 처칠Winston Churchill(1874~1965)은 해군장관 시절 함대의 연료를 석탄에서 석유로 전환하는 결단을 내리는데, 이로 인해 영국은 해군력 측면에서 독일 제국보다 우위에 설 수 있었지만, 본토에서는 구할 수 없는 석유를 확보하기 위해 국운을 걸 수밖에 없었다. 마침 영국인 사업가 윌리엄 다아시William Knox D'Arcy(1849~1917)가 이란(당시 페르시아)으로부터 석유채굴권을 획득하고 유전을 발견하면서 중동지역은 역사적 격동에 휘말리게 된다.

이란 이외의 지역에서도 석유가 발견될 가능성이 보이자 오스만 제국의 영토 내에서 유정을 찾기 위해 1912년 터키석유회사Turkish Petroleum Company, TPC가 설립되는데, 영국과 독일계 자금으로 설립된 이 회사는 이라크 지역의 석유개발에 다른 국가의 참여를 막는 진입장벽이 되었다. 한때 중동지역뿐만 아니라 발칸반도와 북아프리카까지 지배했던 오스만 제국Ottoman Empire(발칸 반도를 중심으로 서아시아·북아프리카·남동유럽 세 대륙에 걸쳐 광대한 영역을 지배하며 중세부터 근대까지 유럽과 경쟁하던 국가)은 1차 세계대전(1914.7~1918.11)에서 패전하면서 영토가 잘게 분할되었고 승전국인 영국과 프랑스의 관리를 받게 되었다.

종전 이전부터 영국은 요르단, 팔레스타인, 이라크 지역을 확보하는 대신 프랑스가 시리아와 레바논을 관리하자는 밀약(사이크스-피코 협정Sykes-Picot Agreement, 1916년 5월)을 맺었다. 그와 동시에 영국은 아랍 부족들에게 오스만 제국에 대한 공격에 협조할 경

포드의 자동차 혁명으로 운송의 패러다임이 증기기관에서 내연기관으로 옮겨가자 석유는 더욱 중요한 자원이
되었다. 중동 지역의 복잡한 갈등관계는 석유를 둘러싼 제국주의의 탐욕이 한 원인이다.

우 독립국 설립을 도와준다는 협정(맥마흔-후세인 서한McMahon-Hussein
Correspondence, 1915년 10월)을 맺는다. 〈아라비아의 로렌스Lawrence of
Arabia(1998)〉는 이 시기를 배경으로 한 영화로, 영국군 장교로 아라
비아 반도의 지도자인 하심Hashim 가문에 파견되어 아랍인들의 독
립을 위해 함께 싸웠던 로렌스Thomas E. Lawrence의 일대기를 다루고
있다. 아랍인들은 예상 밖의 선전으로 다마스쿠스(현재 시리아의 수
도)까지 점령하는 데 성공했지만, 전쟁 후 독립을 허락받지 못하고
영국과 프랑스의 지배를 받았다. 한편 영국은 전쟁자금조달을 도
운 유대계 로스차일드가문과 유대인을 위한 민족국가National Home for

the Jewish People(현 이스라엘) 설립을 돕는다는 또 다른 모순된 약속(밸푸어 선언Balfour Declaration, 1917년 11월)을 하여 오늘날의 중동 갈등 상황을 만들고 만다.

국제 석유시장을 좌지우지하는 거대한 힘

1차 세계대전 이후 영국은 아랍인들의 불만을 잠재우기 위해 하심 가문에게 헤자즈(메카를 포함한 홍해 서안 지역), 이라크 및 요르단에 왕국을 세우도록 했다. 그중 헤자즈 왕국의 국왕인 후세인 스스로 모든 무슬림들의 군주인 칼리프Caliph임을 선언했으나, 이는 큰 반발을 일으켜 아라비아반도의 사우드 가문의 공격을 받고 정복당한다. 사우드 가문에 의해 통일된 아라비아반도는 오늘날의 사우디아라비아가 된다.

1925년 영국이 이라크 키르쿠크Kirkuk(이라크 북쪽 도시로 키르쿠크 유전과 쿠르드족 중심지)에서 유전을 발견하자, 프랑스와 미국이 영국의 석유 독점을 견제하기 위해 합류한다. 당시 5개 석유 메이저 회사(현재 영국의 BP, 영국과 네덜란드의 로열 더치 쉘, 프랑스의 토탈에너지스, 미국의 엑손과 모빌)가 서로 경쟁하지 않고 이라크 석유회사Iraq Petroleum Company(구 TPC)의 공동주주 형태로 카르텔을 형성함으로써 중동 지역 석유를 공동 개발하기로 합의한다. 이른바 적선 협정Red Line Agreement이다. 한편, 사우디아라비아에서는 미국의 소칼Standard Oil of California(훗날 셰브론Chevron)이 석유개발에 성공하는데, 이후 미국계

1925년 당시 5개 석유 메이저 회사는 서로 경쟁하지 않고 공동주주 형태로 카르텔을 형성함으로써 중동지역 석유를 공동 개발하기로 합의한다.

석유회사들의 참여로 아람코Arabian American Oil Company·Aramco(사우디아라비아 국영 석유회사로 여기서 내는 배당금 및 세금이 정부 재정의 80% 이상을 차지한다. 왕실이 100% 지분을 가지고 있다)가 설립된다.

소위 일곱 자매Seven Sisters라 불렸던 7대 정유사는 중동지역의 석유채굴권을 가지고 유가 공시가격을 결정하는 등 국제 석유시장을 좌지우지하는 위치를 점했었다. 또한 메이저 석유회사들은 별도의 비밀협정을 통해 석유생산량을 할당하고 공동으로 조정하는 등 담합구조를 유지했다. 메이저 석유회사의 횡포에 불만을 품은 산유국들은 석유산업을 국유화하는 한편 자신들의 수익을 보호할 목적으로 석유수출국기구Organization of the Petroleum Exporting Countries, OPEC를 창설한다.

사우디아라비아와 남미의 베네수엘라를 주축으로 이란, 이라크, 쿠웨이트가 참여한 OPEC은 초기에는 석유시장에서 큰 영향력을 갖지 못했다. 그러나 1차 세계대전 이후 켜켜이 쌓인 중동

지역 갈등이 폭발하면서 그 위력을 발휘하는 계기가 마련되는데, 바로 1970년대 두 차례에 걸친 석유파동Oil Shock(아랍석유수출국기구 OAPEC와 석유수출국기구OPEC의 원유 가격 인상 및 생산 제한으로 세계 각국 경제가 겪은 혼란으로 1차 석유파동은 1973, 1974년에, 2차 석유파동은 1979년에 발생)이다.

밸푸어 선언 이후 유대인들의 팔레스타인 지역으로의 본격적인 이주가 시작되었는데, 특히 독일 나치정권의 유대인 박해는 이주민 폭증의 주요 요인이 되었다. 팔레스타인 지역의 기존 거주민들은 상당수가 아랍계 지주들의 소작농 상태였는데, 유대인들의 토지매입 및 유대인 난민의 증가로 두 집단 간의 갈등이 심화된다.

2차 세계대전(1939.9.1~1945.9.2) 이후 영국이 팔레스타인의 위임통치를 포기하면서 유대인들이 이스라엘 건국을 선언(1948.5.14)하자 주위의 아랍 국가들은 극심히 반발했고, 결국 1948년 1차 중동전쟁이 시작(1948.5.15)된다. 군사력은 우세했으나 국가 간 갈등이 심했던 아랍 연합군은 맹렬히 저항하는 이스라엘군에게 패배했고 이스라엘은 팔레스타인 지역의 80%가량의 영토를 확보한다.

1차 중동전쟁에 참여했던 이집트군 대위 나세르Gamal Abdel Nasser(1918~1970)는 동료 장교들과 함께 쿠데타를 일으켜 영국의 비호를 받고 있던 이집트 왕국을 무너뜨리고 대통령에 취임한다. 이후 수에즈운하를 국유화하고 영국-프랑스-이스라엘과 전쟁(2차 중동전쟁 또는 수에즈 위기, 1956년 말 이스라엘이 이집트를 침공하고, 여기에 영국·프랑스가 개입한 전쟁)을 치르는 등 아랍 민족주의의 거물로 성장한다.

이집트는 1973년 시리아와 함께 이스라엘을 기습 공격했다. 이는 6년 전에 벌어졌던 3차 중동전쟁(1967. 6. 5. ~6. 10), 즉 이스라엘과 이집트·요르단·시리아·레바논이 연합해 벌인 전쟁에서의 굴욕적 패배를 설욕하고 빼앗긴 영토(시나이 반도)를 회복하기 위해서였다. 앞서 전쟁에서 6일 만에 압도적으로 승리했던 이스라엘은 치밀하게 준비된 이집트와 시리아 연합군을 상대로 열세에 처하게 된다. 중동 지역에서 우방국을 잃을 수 없었던 미국은 군수물자를 이스라엘에 지원하고 결국 이스라엘의 승리로 전쟁이 마무리 되었지만, 이에 불만을 품은 아랍권 산유국들이 석유 생산량을 줄이고 이스라엘 편에 섰던 서방 국가에 석유수출을 중단했다. 이 사건이 바로 제1차 석유파동이다.

이 당시 OPEC의 중심이었던 사우디아라비아는 석유 생산량을 매월 5%씩 감소시키는 전략을 사용했다. 이는 전체 석유 소비량에 비하면 낮은 수치일 수 있지만 중동의 석유 감산에 대비해 생산량을 늘릴 여력이 있는 국가가 없었기 때문에 비산유국들에 고통을 주기에는 충분한 조치였다(전면 수출 금지 조치는 회원국들의 배반을 초래할 수도 있어 이런 전략을 택했다). 이로 인해 배럴당 2.5달러였던 국제유가는 11.7달러로 4배 넘게 상승했다. 1979년에는 이란 혁명(입헌군주제인 팔라비 왕조가 무너지고 루홀라 호메이니의 이슬람 공화국이 들어선 사건으로, 종교 지도자가 최고 권력도 가지는 사실상의 신정 체제로 정치 체제가 변모)과 이란-이라크 전쟁(1980년 9월 22일 이라크의 사담 후세인이 이란 혁

명정권 타도 등을 목적으로 이란을 침공하면서 발생한 전쟁)으로 인해 석유가
격은 또다시 3배 상승했다(2차 석유파동).

고 인플레이션, 석유파동의 영향

그때까지만 해도 저유가로 인해 값싸게 에너지 자원을 이용할
수 있었던 전 세계는 생활필수품인 휘발유 가격이 상승하면서 큰
경제적 고통을 겪었다. 특히 집이 교외에 위치해 자동차 운행이
필수적이었던 미국인들은 휘발유 소비량을 줄이기가 어려웠고 대
신 다른 소비를 줄일 수밖에 없었다. 우리나라도 2차 석유파동으
로 1980년 물가상승률이 30%에 달하는 등 큰 고통을 겪었다. 당
시 중화학공업으로 산업구조를 개편했던 우리나라는 핵심 원자재
인 원유가격이 올라 비용상승 압력을 받게 됐고, 기업들은 신규
투자를 중단할 수밖에 없었다. 고용감소와 불황이 찾아왔고, 온
국민은 동결된 임금으로 높아진 물가를 감내해야 했다.

석유파동은 경제학의 조류에도 큰 영향을 미쳤다. 당시 거시경
제학의 주류였던 케인스학파 경제학Keynesian Economics을 광범위하게
받아들인 세계 주요국 정부는 경기 침체와 디플레이션(물가 하락)이
발생할 때마다 경기안정화 정책(재정지출 확대, 통화 공급 증가)으로 경
기 회복을 도모하곤 했다. 그러나 오일쇼크로 물가상승에 경기 침
체가 동반되는 스태그플레이션Stagflation이 발생했다. 정부가 실업을
해결하기 위해 돈을 풀자니 물가상승이 더욱 심해지고, 물가를 진

정시키기 위해 돈줄을 죄니 실업이 극심해지는 진퇴양난의 상황에 빠진 것이다. 이로 인해 정부의 적극적 경제 개입을 주장하던 케인스학파로부터 작은 정부와 자유시장경제를 옹호하는 신고 전학파 계열New Classical Economics로 경제학의 주류가 이동하게 된다.

2차 석유파동 이후 유가는 비교적 빠르게 하락세로 돌아섰지만, 미국경제는 높은 물가상승률이 장기간 지속되는 것을 경험했다. 물가상승률은 마치 '관성Inertia'과도 같은 성질이 있어, 공급측면에서의 충격이 사라지고 시간이 지난다고 해서 자연스럽게 예전 수준으로 원상복구 되지 않기 때문이다. 이는 현재 물가가 원자재가격, 실업률 등 경제 여건에 의해서 결정될 뿐만 아니라 '미래 물가수준에 대한 기대Expected Inflation'에 의해서도 영향을 받기 때문이다. 내년에 물가가 더 오를 것이라고 모두들 생각한다면, 생활비 상승에 대비해 더 높은 임금을 요구하게 되며 이러한 임금상승은 제품가격에 전가되고 현재의 물가를 상승시키는 요인으로 작용한다. 이를 임금-물가 상승 악순환Wage-price Spiral이라고 한다.

고高 인플레이션의 지속은 화폐가치 하락으로 사람들에게 큰 고통을 주기 때문에, 정부는 반드시 적정한 수준의 물가상승률로 복귀시킬 필요가 있다. 그러나 물가안정을 위해서는 고통스러운 긴축정책이 동반된다. 경기활성화를 위해 금리를 인하하는 것과 반대로, 고금리를 유지해 투자와 소비를 억제하여 물가상승 압력이 사라질 때까지 실업률 상승을 감내해야 하는 것이다.

80년대 초 12%에 달하던 물가상승률을 적정수준까지 낮추기 위해서는 얼마만큼의 고통을 감수해야 했을까? 경제학자들은 역사적 자료를 이용한 통계분석을 통해 물가상승률을 1%p 낮추기 위해서는 적정수준(당시 미국의 경우 약 6%)보다 1.8% 높은 실업률을 감수해야 한다고 추산했다. 즉, 단번에 목표 물가상승률(4%)에 도달하기 위해서는 실업률이 20%에 가깝게 상승해야 한다는 것이다. 반대로 약한 경기침체(실업률 8%)로 물가상승률을 조금씩 낮추는 전략Gradualism(점진주의)을 취할 경우 약 7년이 걸린다.

다수의 경제학자들이 후자(점진주의)를 지지하는 가운데 '큰 고통 없이도 단시간에 물가상승률을 낮출 수 있다'는 주장이 제기되었다. 대중들이 합리적이고 중앙은행의 물가안정 노력을 진심이라고 믿어줄 경우(보통 정부는 경기호황을 좋아하기 때문에, 시장참여자들은 중앙은행이 정말로 돈줄을 죌 것이라고는 잘 믿지 않는다), 중앙은행이 물가상승률을 낮출 것이라는 발표를 보고 곧바로 기대물가 수준을 낮추고 이에 따라 임금도 하향 조정할 것이다. 이 경우 물가안정에 수반되는 경기 위축도 최소화될 것이다. 이러한 주장이 허황되다는 지적이 제기되었지만, 적어도 2차 석유파동 직후 연준 의장으로 임명된 폴 볼커Paul Volcker(1927~2019)는 진지하게 받아들였다.

볼커는 재무부에서 국제금융 및 통화정책 관련 업무를 맡아온 관료 출신으로, 번즈Arthur F. Burns(1904~1987)와 밀러George William Miller(1925~2006) 등 연준 의장을 보좌하면서 그들이 긴축정책을 택하는 데 주저하다가 고 인플레이션을 초래한 것을 목격한 바 있다. 카터James E. Carter Jr.(제39대 미국 대통령) 정부 시기 볼커는 자신의 평소 소신에 따라 단호한 결단을 내린다. 물가상승률을 낮추기 위해 금리가 20%까지 상승하는 것을 용인한 것이다. 정치적으로는 자살행위에 가까운 이 조치로 인해 실업률은 약 10%까지 상승했지만, 약 3년 만에 물가상승률을 4%대로 하락시키는 데 성공했다. 경기침체는 피할 수는 없었지만 대중들에게 중앙은행에 대한 신뢰를 심어준 계기가 된 셈이었다. 볼커는 중앙은행이 정치권의 압력으로부터 독립적인 의사결정을 내려야 한다는 중요한 교훈을 남겼다. 이 교훈은 현재 전 세계 중앙은행에 계승되고 있으며, 현재는 대부분의 경제학원론 교과서에 소개될 만큼 보편적 지식이 되었다.

아메리카 대륙의 운명, 제도의 차이가 뒤집었다

500년 전만 해도 문명의 중심지는 중남미

현재 미국은 세계에서 가장 잘사는 나라다. 지난 100여 년간 미국은 '기회의 땅'이라고 불리며 많은 사람들이 정착하길 희망하는 곳이었고, 지금도 멕시코를 비롯한 많은 국가에서 미국행 이민을 선택하고 있다. 미국에서 일하는 것이 고향에서보다 나은 물질생활을 제공해주기 때문이다. 그러나 500년 전만 해도 아메리카 대륙 문명의 중심지는 북미가 아닌 중남미였다.

현재 페루와 볼리비아, 칠레 등지에 자리 잡았던 잉카제국(1438 ~1533년, 약 100년간 남아메리카 일대를 다스린 제국으로 현재 페루, 에콰도르 서부, 볼리비아 남서부, 칠레, 아르헨티나 북서부, 콜롬비아 남서부 지역에 해당한다) 은 16세기에 1,500만 명의 인구를 유지하던 문명으로 당시 프랑

잉카제국은 1500년대에 1,500만 명의 인구를 유지하던 문명으로 이 규모는 당시 프랑스 전체 인구와 맞먹는 수준이었다.

스 전체 인구와 맞먹는 수준이었다. 멕시코의 아즈텍제국(1428~ 1521)도 900만 명 수준이었다. 철을 제련하는 기술을 개발하지 못 해 석기·청동기 문명에 머물러 있었지만 바퀴와 가축 없이도 신 대륙 최대의 도시 테노치티틀란Tenochititlan(인구 약 8~20만 명으로 추산되 는 대도시)을 건설할 정도로 남다른 건축기술과 천문기술을 가지고 있었다. 또한 시장을 통한 물물교환 경제의 증거도 쉽게 확인할 수 있다.

반면 광활한 북미 대륙의 인구는 300만 명이 채 되지 못했고, 인구밀도는 잉카제국의 500분의 1 수준이었다. 당시 북미 원주민 (인디언)은 부족 연맹을 결성하였으나 수렵과 채취에 의존했고, 중앙집권 국가나 발달한 도시 문명을 만들지 못했다. 주된 생산물은 옥수수와 담배, 가죽 등이었다. 잉여 생산물의 교역도 상거래 행위라기보다는 '선물 교환present exchange'에 가까웠다.

두 지역의 경제력은 무엇에 의해 뒤집혔을까? MIT 대런 애쓰모글루Daron Acemoglu(1967~) 교수는 두 지역의 제도적 차이가 '운명의 역전the Reversal of Fortune'을 가져왔다고 주장한다. 남미는 사유재산과 시장경제를 억압하는 '착취적 정치·경제제도Extractive Institutions'가 자리 잡았기 때문이라는 것이다. 개인의 사유재산이 보장되지 않고 언제든지 정치적 권력을 가진 통치자에게 빼앗길 수 있는 사회에서 개인들은 근면한 근로와 절약을 통해 재산을 형성할 유인이 없어진다.

스페인에서 온 탐험가들은 금으로 치장된 남미 도시를 보고 정복자로 돌변한다. 아즈텍의 정복자 에르난 코르테스Hernan Cortes(1485~1547)는 원주민들의 지도자를 납치해 인질로 삼고 그들이 축적한 재물을 몸값으로 갈취하는 사업 모델을 확립했다. 보물이 다 떨어지자 유럽에서 온 이방인들은 기존 원주민들의 세계에서 새로운 귀족계층으로 자리 잡았고 획득한 권력을 이용해 착취적인 경제정책을 시행했다. 아즈텍과 마찬가지로 스페인의 식민지로 전락한 잉카제국에서 은 광산이 발견되자 식민지 총독은 '미타'라는 잉카제국 시절의 강제노역 제도를 부활시켰다. 인디오 청년들은 7명 중 1명꼴로 광산에 끌려가 강제노역을 수행해야 했는데 이 제도는 1825년까지 계속됐다. 원주민 농지 몰수와 강제 노역 및 높은 세금과 생필품의 강제 매입 정책은 번영했던 남미 문명의 경제적 잠재력을 송두리째 앗아가 버렸다.

착취적 경제제도보다 포용적 경제제도

반면 북미에서는 다른 운명이 기다리고 있었다. 영국이 뒤늦게 신대륙 쟁탈에 합류했을 때 남은 곳은 빼앗을 보물이 없는 북미뿐이었다. 영국은 이곳에서도 남미에서 재미를 본 '착취적 제도'를 시행하려고 하였으나 번번이 실패했고 초기 정착민들은 겨울을 못 넘기고 사망하기 일쑤였다. 결국 영국 정부는 식민지 개척민들에게 토지 소유권과 참정권을 일부 보장해 자발적으로 일할 유인을 부여할 수밖에 없었다. 즉, 착취적 경제제도가 아닌 '포용적 정치·경제제도Inclusive Institutions'가 자리 잡게 된 것이다. 미국의 초기 13개주 식민지에서는 총독 외에 정착민 대표로 구성된 의회를 보유해 상대적으로 민주주의에 가까운 정치체계를 갖추었다. 이는 훗날 영국에서 독립해 미합중국이 성립되는 배경이 됐다.

또 미국은 영국에서 시작된 산업혁명과 특허제도의 영향을 받아 새로운 아이디어로 사업체를 만들어 부자가 되겠다는 기업가적 창의력을 자극하는 공간이 되었다. 발명왕이자 제너럴일렉트릭GE 창업자로 유명한 에디슨Thomas Edison(1847~1931)은 창의적 기업가의 대표적 사례이다. 반면 멕시코 등 남미 지역에서 산업은 주로 농산물과 천연자원의 판매에 집중될 뿐 제조업이 발달하지 못

영국은 미국에서도 '착취적 제도'를 시행하려고 했지만 번번이 실패했고 결국 식민지 개척민들에게 토지 소유권과 참정권을 일부 보장해 자발적으로 일할 유인을 부여했다.

했고 빈부 격차 문제 역시 해결되지 못한 채로 현재에 이르고 있다. 한번 자리 잡은 제도가 21세기에도 지속적으로 경제와 경제주체들에게 영향을 미치고 있는 것이다.

또, '포용적 정치·경제제도'는 천연자원을 경제성장의 동력으로 만들지만 '착취적 정치·경제제도'는 오히려 경제 성장의 발목을 잡기도 한다. 앞서 경제성장에서 포용적 경제제도의 중요성을 강조했던 애쓰모글루 교수는 천연자원이 풍부한 것이 반드시 경제성장에 긍정적 역할을 한다고 단정할 수는 없다고 주장한다. 그는 천연자원으로 얻는 수익이 고르게 분배되고, 해당 수익이 효과적으로 재투자돼야 '자원의 저주Resource Curse'가 아니라 '자원의 축복Resource Blessing'이 될 수 있다고 강조한다. 경제학자들이 경제성장의 필수 요소로 높은 기술 수준, 선진적 제도, 풍부한 인적 자본과 물적 자본을 꼽지만 풍부한 천연자원은 필수 요소에 포함하지 않는 것도 이 때문이다. 오히려 제프리 삭스Jeffrey Sachs(1954~)와 앤드루 워너Andrew Warner(1949~) 교수는 "천연자원이 풍부한 국가는 다른 나라보다 상대적으로 낮은 경제성장률을 기록한다"며 일반적인 상식에 반하는 주장을 한다.

실제 97개국을 대상으로 과거 20년간 경제 성장 자료를 분석한 결과, 세계에서 가장 빨리 경제가 성장한 18개국 가운데 천연자원이 풍부한 나라는 2개국에 불과했다. 세계은행World Bank 역시 이와 유사한 근거를 제시했는데, 천연자원이 상대적으로 희소한 나라에서 내전이 발생할 위험은 0.5%인 반면, 천연자원에 의존해 수익을 얻는 나라는 23%라고 발표했다. 천연자원이 풍부한 나라일수록 자원을 둘러싼 막대한 이권으로 독재나 부패가 심각해질 가능성이 크고 분쟁이 일어날 여지가 많다는 것이다. 레오나르도 디카프리오 주연의 2007년 개봉 영화 〈블러드 다이아몬드Blood Diamond〉가 천문학적 금액의 핑크빛 다이아몬드를 둘러싸고 용병업체와 원주민, 반란군 사이에 벌어지는 핏빛 싸움을 그린 것은 단순한 픽션이 아니다. '피의 다이아몬드' 혹은 '분쟁 다이아몬드'는 '자원의 저주'의 또 다른 이름인 셈이다.

그러나 언제나 예외가 있듯이 '자원의 저주'를 '자원의 축복'으로 바꾼 나라도 있다. 1970년대 노르웨이는 북해 지역에서 유전을 발견했지만 다른 나라와 같은 과오를 범하지 않고자 정교한 시스템을 구축했다. 노르웨이는 석유 수출로 유입되는 막대한 달러화가 자국 환율과 물가에 교란 요인으로 작용하는 것을 막기 위해 해당 수익을 기반으로 대규모 기금, 국부펀드를 조성했다. 노르웨이는 이 국부펀드를 활용해 달러화 유입으로 자국 화폐 가치가 상승하는 것을 지연시키고, 국부펀드 운용으로 얻은 수익을 교육과 연구개발, 보건위생, 사회간접자본soc 확충에 투입했다. 결과적으로 북유럽 국가들은 천연자원을 복지재정으로 활용하며 지속적인 경제성장과 지속 가능한 복지를 추구하고 있다.

최근 모바일 산업이 발전하고, 전기자동차 생산이 급격히 늘어나면서 전기 배터리 산업이 크게 성장하고 있다. 이슈가 되고 있는 2차 전지의 핵심적인 원자재는 바로 리튬이다. 미국의 지질조사국이 발표한 자료에 따르면 남미 지역에 매장된 리튬의 부존량은 다른 지역에 비해 압도적으로 많다. 볼리비아의 리튬 매장량은 전 세계 매장량의 24.4%를 차지하며, 아르헨티나가 22.4%, 칠레가 11.2%인 것으로 나타났다. 남미 3국에 매장된 것으로 추정되는 리튬의 양이 전 세계 매장량의 50%를 넘어선다. 그럼에서 불구하고 현재 전 세계에서 가장 많은 리튬을 생산하고 있는 국가는 남미가 아닌 오세아니아 대륙에 있는 호주다.

현재 호주는 전 세계 리튬 생산량의 절반가량을 차지하고 있다. 앞서 미국 지질조사국의 자료에 따르면 호주에 매장된 것으로 추정되는 리튬의 부존량은 볼리비아나 아르헨티나 매장량의 30%

수준이지만 생산량은 두 국가보다 더 많다. 호주의 리튬 생산량이 남미보다 더 많은 것은 채굴에 필요한 자국 내 축적된 자본이 많은 것도 주요한 요인이지만 제도적인 안정성 또한 큰 역할을 했다. 남미의 경우 정치적 불안이 대규모의 장기 투자를 꺼리는 요인으로 작용한다. 일례로 전 세계에서 가장 석유 매장량이 많은 것으로 추정되는 베네수엘라는 2007년 차베스 정부 당시 미국의 석유 기업인 엑슨모빌ExxonMobil과 코노코필립스ConocoPhillips 같은 외국계 기업들을 추방했다. 차베스 정부는 다국적 기업의 자산을 몰수해 국영기업과 합병을 했던 것이다. 이와 같은 전례를 지켜본 글로벌 큰 손들은 제도가 불안정한 남미 국가에 쉽게 주머니를 열 수 없다. 이처럼 특정 국가의 경제 제도는 직접적으로 경제 생산함수에는 포함되지 않지만 어쩌면 다른 어떤 경제성장 요인보다 중요하다고 할 수 있다.

20세기 경제학의 거두, 케인스와 프리드먼

소비의 중요성을 간파한 케인스

거시경제학의 주요 관심사는 국민소득과 물가, 실업, 화폐와 금융, 환율과 이자율, 국가 간 교역에 이르기까지 다양하지만 그 중에서도 물가와 화폐는 특별한 위치에 있다. 지난 세기 경제학자들의 머리를 가장 아프게 했던 문제는 '물가는 왜 계속해서 상승하는가?'였다. 이 문제를 추적해 들어가다 보면 존 메이너드 케인스John Maynard Keynes(1883~1946)의 유산과 마주하게 된다.

케인스는 영국의 경제학자로 대공황의 원인을 수요의 부족으로 보고 이를 타개하기 위한 해법으로 금리 인하와 재정지출 확대를 통한 수요 창출을 제안했다. 전후 케인스의 이러한 아이디어는 시장경제 국가의 경제정책에 충실히 반영됐으며, 현재 시장경제

케인스는 영국의 경제학자로 대공황의 원인을 수요의 부족으로 보고 이를 타개하기 위한 해법으로 금리 인하와 재정지출 확대를 통한 수요 창출을 제안했다.

국가의 기본 경제정책 방침으로 자리 잡고 있다. 흔히 그는 20세기 전반의 경제학계를 지배한 경제학자로 불린다.

케인스는 전간기Inter-war Era 세계를 덮친 대공황Great Depression(1929~1939) 때 주가가 폭락하고 수많은 기업들이 도산하며, 많은 사람들은 일자리를 잃고 무료 배급소를 전전하는 모습을 보며, "공급은 그 스스로의 수요를 창출한다Supply creates own its demand"는 고전학파의 세이의 법칙Say's Law을 부정하게 된다. 전간기는 1차 세계대전(1914~1918)과 2차 세계대전(1939~1945)의 사이의 시기라는 뜻으로 경제학사적으로는 대공황으로 인해 '케인스 경제학'이 태동하게 된 시기이다. 아이러니하게 2차 세계대전이 발발함으로써 '케인스식 처방'이 실제로 광범위하게 시행됐고 이로써 대공황이 끝나게 된다.

미국의 저명 경제학자 갤브레이스John Kenneth Galbraith(1908~2006)는 이를 두고 '군사 케인지언'이라고 명명한 바 있다. 미국을 비롯한 많은 국가들이 국내총생산GDP의 적지 않은 부분을 군사비 관련 지출에 쓰고 있다는 점을 감안하면 일리 있는 지적이다. 또 직업 군인을 고용함으로써 고용에도 기여하고 있는 측면이 있다.

세이의 법칙은 18세기 후반~19세기 초반 활동한 프랑스의 경제학자 장 바티스트 세이Jean Baptiste Say(1767~1832)가 주장한 것으로 공급이 있으면 반드시 그에 따른 수요가 있기 마련이라고 하는 이론이다. 가령, 애플에서 새롭게 나오는 아이폰 시리즈나 매번 업그레이드되어 출시되는 자동차 등은 반드시 소비자가 원해서 등장하는 것만은 아니다. 기업가들은 끊임없이 더 좋은 것을 소비하고자 하는 사람들의 욕망을 자극하고 그 욕망을 부추기는 재화와 서비스를 시장에 내놓게 되며 이렇게 부추김을 당한 소비자들은 그 재화가 꼭 필요하지 않더라도 사게 된다. 현대 문명의 이기들 가운데 상당수는 이렇게 만들어진 것이다. 즉, 공급이 수요를 창출한 것이다.

고전학파 경제학에 따르면 국민소득은 경제의 재화와 서비스 생산력에 의해 결정되며 재화시장과 노동시장의 초과수요와 초과공급은 물가와 임금의 신속한 조정에 의해 해소된다고 봤다. 이이론에 따르면 노동자가 일자리를 찾아 헤매거나 재화가 팔리지 않고 재고로 수북이 쌓이는 일은 상상하기 힘들다. 하지만 이이론은 대공황을 맞아 아무런 대안도 내놓을 수 없었다.

케인스는 불황의 원인이 공급 능력 부재가 아닌 수요의 부족이라고 봤다. 잘 알려진 유효수요이론의 출발이다. 아무리 물건을 잘 만들어 시장에 내놓더라도 이를 소비할 여력이 시장에 남아 있지 않다면 재고로 쌓이고 이는 기업을 도산시켜 실업이 발생한다는 것이다. 이렇게 발생한 실업은 다시 수요 부족으로 이어져 기업의 투자와 생산력을 감퇴시킨다. 즉, 경제가 수요 부족으로 인해 공급과 수요가 연쇄적으로 위축되는 악순환이 발생하는 것이다. 이를 타개하기 위해 케인스가 제시한 해법은 단순 명료하다. 기업의 자금조달이 용이하도록 금리를 낮춰 돈을 풀고 불황을 맞아 소비를 꺼리는 민간경제 주체를 대신해 정부가 돈을 쓰라는 것이다. 이른바 '케인스식 처방'이다. 경기 침체기에 흔히 볼 수 있는 금리 인하나 정부 주도의 투자 및 보조금 지급 등이 그 사례이다.

통화량 증가에 주목한 프리드먼

전후 미국 대통령 닉슨Richard Nixon(1913~1994)이 "우리는 모두 케인스주의자이다We are all Keynesians now"라고 토로했던 것처럼 불황에 대처하는 케인스의 아이디어를 광범위하게 받아들인 시장경제 국가의 앞길에는 번영과 풍요만 남은 것 같았다. 경제가 불황에 빠질 기미가 포착되면 정부가 돈을 풀어 소비와 투자를 자극해 수요를 창출할 수 있기 때문이다. 실제로 일본과 미국 등 주요 시장경제 국가들은 전례 없는 장기호황을 누렸다. 하지만 이는 시간이 흐른 뒤 인플레이션이라는 부메랑으로 돌아왔고, 사람들은 지속적으로 오르기만 하는 물가로 인해 고통받게 됐다. 많은 사람들

프리드먼은 경제에서 통화의 중요성에 주목하는 통화주의의 시초이며 시카고대학교를 중심으로 한 경제학의 조류인 시카고학파를 태동시켰다.

은 20세기 후반 장기간 지속되는 인플레이션의 원인이 무엇인지 궁금해 했고 경제학자들은 인플레이션의 범인을 찾아 나서기 시작했다. 하지만 오랜 기간의 연구에도 확실한 단서를 찾지 못하고 헤매었다. 이때 경제학 구루Guru가 등장했으니 그가 20세기 후반의 경제학계를 지배한 경제학자라고 평가받는 밀턴 프리드먼Milton Friedman(1912~2006)이다.

프리드먼은 1970년대 스태그플레이션Stagflation(인플레이션과 실업률 상승이 동시에 발생하는 현상)을 규명하면서 과도한 통화팽창과 재정지출 확대를 비판했다. 인플레이션의 원인을 통화량 증가로 보았고, 통화 공급량이 증가하는 속도를 정해진 규칙에 따라 일정하게 억제해야 한다고 주장했다. 이러한 주장은 경제에서 통화의 중요성에 주목하는 통화주의Monetarism의 시초이며 시카고대학교를 중심으로 한 경제학의 조류인 시카고학파Chicago School를 태동시켰다. 뿐만 아니라 교육과 소득재분배 정책 등 사회정책에도 큰 족적을 남겼으며 가상화폐의 출현을 예고하기도 했다. 프리드먼은 이러한 공로를 인정받아 1976년 노벨경제학상을 수상했으며, 20세기 후반의 경제학계를 지배한 경제학자로 불린다.

프리드먼은 인플레이션의 원인으로 지속적인 통화량 증가를 지목했다. 소비할 수 있는 재화와 서비스의 양이 증가하는 속도보다 이를 교환하는 데 필요한 화폐가 더 빠르게 늘어나면 필연적으로 물가는 상승할 수밖에 없다는 것이다. 실제로 통화량과 물가 간에는 대단히 뚜렷한 양(+)의 상관관계가 존재한다는 사실이 실증적으로 밝혀짐에 따라 프리드먼의 주장은 설득력을 얻었다. "인플레이션은 언제 어디서나 화폐적 현상이다Inflation is always and everywhere a monetary phenomenon"라고 한 프리드먼의 발언은 인플레이션을 바라보는 그의 관점을 잘 대변한다.

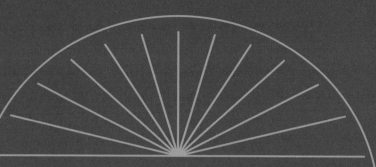

4부

키워드로
읽는
경제학

돈 쓸 일 많은 정부,
그 돈 마련할 방법은?

정부의 재원 조달 수단, 조세·차입·화폐발행

현대 사회에서 정부는 가계와 기업과 마찬가지로 소비와 투자 활동을 하는 경제주체로서 경제성장과 경기안정을 위해 다양한 지출 활동을 한다. 정부의 지출 활동은 댐과 도로 등 사회간접자본 건설에서부터 공공기관 운영, 이전지출(실업급여·노령연금·양육수당·재난지원금)에 이르기까지 그 범위가 대단히 광범위하고 규모도 크다. 이러한 정부의 지출 활동을 재정지출이라고 한다. 이처럼 정부는 공공투자를 통해 생산에 필요한 공공재를 적재적소에 공급하고 저소득층 생계비 보조와 같은 소득재분배 정책을 시행함으로써 경제의 안정적인 성장을 도모한다. 또 불황기에 공공기관 채용을 늘리고 재난지원금을 지급하는 등 민간을 대신해 지출 활동을 함으로써 경제가 침체에 빠지는 것을 막는다.

그러면 정부는 지출 활동에 필요한 수입을 어떻게 마련할까? 정부의 재원 조달 수단에는 크게 조세와 차입, 화폐발행(돈을 찍어 재정지출 재원을 마련하는 것은 통상적인 방법이 아니며 이 경우 대부분 1년에 수백 퍼센트 이상 물가가 상승하는 하이퍼인플레이션의 원인이 된다) 세 가지가 있다. 이 중 조세는 정부의 가장 기본적인 재원 조달 수단으로 소득세·법인세·부가가치세·재산세 등이 여기에 해당한다. 정부가 조세수입을 늘리는 손쉬운 방법은 세율을 인상하는 것이다. 하지만 세율을 인상한다고 해서 조세수입이 한없이 늘어나지는 않는다. 세율이 높아지면 노동과 투자의 유인이 감소해 생산 활동이 위축되기 때문이다. 특히 과도한 조세부담은 필연적으로 조세저항을 불러와 가계와 기업의 탈세를 부추기고 지하경제 규모를 키우게 된다. 또 과도한 조세부담은 고소득 직군의 해외 이민, 생산 공장의 해외 이전, 자본 유출의 원인이 되기도 한다.

이러한 요인들은 모두 장기적으로 과세소득Taxable Income을 감소시켜 재정과 경제성장에 부정적 영향을 미친다. 이는 세율이 인상될 때 조세수입이 어느 정도까지는 증가하지만 그 이상부터는 오히려 감소하게 됨을 뜻한다. 세율과 조세수입 사이의 이러한 관계를 래퍼곡선Laffer Curve이라고 하며 이는 재원 조달에서 정부가 직면하는 가장 근본적인 제약 조건인 셈이다.

세율 인상은 조세부담을 져야 하는 납세자Tax Payer가 대단히 싫어하는 정책이다. 따라서 투표로 정권의 성적표를 심판받아야 하

래퍼곡선Laffer Curve

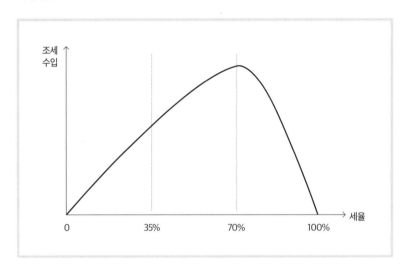

는 대의민주주의 정당정치하에서 정부가 세율을 인상하는 것은 결코 쉽지 않다. 즉, 정부도 납세자 못지않게 세율 인상에 부담을 가지는 것이다. 세율 인상은 납세자와 정부 모두에게 대단히 인기 없는 선택인 셈이다.

그러면 정부는 경기부양을 위해 재정지출을 늘려야 할 때 어떤 방법을 쓸까? 이에 대한 다른 해결책은 바로 빚을 지는 것이다. 정부는 국공채를 발행해 채권시장에서 자금을 조달할 수 있다. 통상 경기불황기에 정부는 경기부양을 위해 지출을 늘린다. 이때 주로 빚을 내 자금을 조달하므로 조세수입보다 재정지출이 많아진다. 따라서 경기불황기에는 어김없이 정부부채가 빠르게 증가하는 것을 볼 수 있다. 실제로 경기가 나쁠 때 세율에는 눈에 띌 만한 변화가 없지만 국공채 발행량과 정부부채가 증가하는 것은 쉽게 관찰할 수 있다. 이처럼 세율은 경기변동 국면과 무관하게 대체로 일정하게 유지되는 경향이 있는데 이를 조세평준화Tax Smoothing라고 한다.

국공채는 미래의 세금고지서

이러한 현상이 나타나는 이유는 정부가 증세보다 빚으로 재원을 조달하는 것을 더 선호하기 때문이다. 정부의 자금조달 방법에 우선순위Pecking Order가 있는 것이다. 특히 이러한 성향은 정당 간 정권 획득을 위한 정쟁이 치열할수록, 정권 교체가 빈번할수록 더 뚜렷하게 관찰된다. 가령 대통령 선거나 국회의원 선거 등 큰 선거를 앞두고 있다면 정부는 선거에서 이기기 위해 재정지출을 무리하게 늘려서라도 경기부양정책을 시행할 동기가 있다. 많은 경우 경제지표는 현 정부의 종합 성적표에서 가장 중요한 항목이기 때문이다.

이로 인해 선거를 앞두고 지지자들에게 경제적 이득이 되는 정책을 시행하는 경우도 종종 볼 수 있다. 또 현 정부에 대한 지지도가 낮아 정권 재창출에 성공할 가능성이 희박하다면 다음 정부가 들어선 후에도 자신들이 시행한 정책을 쉽게 바꾸지 못하도록 부채를 잔뜩 늘려 미래의 자원을 현재에 당겨 쓸 유혹에 빠지기 쉽다. 쉽게 말해 빚을 다음 정권에 넘겨줌으로써 다음 정권의 운신의 폭을 제한하는 것이다. 이를 전략적 채무증대Strategic Debt Accumulation라고 하는데 선거를 앞두고 경제지표가 개선되는 현상인 정치적 경기변동Political Business Cycle과 함께 민주주의의 기본적인 정치경제학에 해당한다.

정부가 증세보다 차입을 통한 자금조달을 더 선호한다는 사실은 정부가 빚으로 재원을 조달하든 세금으로 조달하든 양자 간 차이가 없다고 보는 데이비드 리카도David Ricardo(1772~1823)의 견해와 정면으로 상충된다. 리카도는 자금 마련을 위해 정부가 국공채를 발행하는 것은 필연적으로 미래 어느 시점에 증세를 동반하게 되므로 국공채는 미래의 세금고지서와 다를 바 없다고 봤다. 이 견해에 따르면 정부가 빚을 내서 지금 지출을 늘리는 행위는 미래에 쓸 자원을 앞당겨 쓰는 것에 불과하다.

따라서 국공채는 그 자체로 순자산Net Asset이 될 수 없으며 민간도 이를 충분히 인지할 수 있기 때문에 국공채는 민간 경제주체들의 경제 활동에 영향을 미치지 않아야 한다. 이를 리카도 등가정리Ricardian Equivalence Theorem 또는 공채중립성정리라고 한다. 즉, 정부의 재원조달 방식에서 증세와 차입은 본질적으로 다르지 않다는 것이다. 이 견해에 따르면 정부의 빚은 오늘의 세금이냐 내일의 세금이냐의 문제일 뿐이다.

하지만 이 이론은 여러 가지 이유로 현실과 잘 부합하지 않는다. 가령 국공채를 구매해 이자수익을 얻거나 이렇게 조달한 자금

리카도는 자금 마련을 위해 정부가 국공채를 발행하는 것은 필연적으로 미래 어느 시점에 증세를 동반하게 되므로 미래의 세금고지서라고 봤다.

으로 재정을 집행했을 때 편익을 누리는 사람은 현재 경제 활동을 왕성히 하고 있거나 은퇴자 내지 은퇴가 얼마 안 남은 사람이다. 하지만 미래에 이를 세금으로 갚아야 하는 사람은 이제 막 노동시장에 참여한 사회 초년생이거나 유소년 또는 아직 태어나지 않아 정치적 영향력이 미미한 사람들이라 세대 간 재정 수요가 상이할 수 있다. 정부가 돈을 써서 적극적으로 만든 일자리와 보조금 지원의 혜택을 누리는 사람들과 이자수익을 얻는 사람들은 정부가 당장 미래세대의 자원을 당겨 빚을 지고 재정적자가 누적되더라도 자신들의 문제가 아니라고 여기기 쉽다.

또 사람들은 대체로 실현되지 않은 미래의 빚보다 당장 눈앞의 지출을 더 중시하는 경향이 있으며, 현재 정부의 지출활동이 납세자의 조세부담과 어떻게 연관되는지 정확히 인지하지 못할 수도 있다. 이처럼 복잡한 정부의 재정구조로 인해 사람들이 늘어난 재정지출이 어느 정도의 증세로 자신에게 돌아올 것인지 제대로 인식하지 못하는 것을 재정환상Fiscal Illusion이라고 하는데, 사람들이 제한된 합리성Bounded Rationality만 가진다는 사실을 상기해보면 상당히 설득력이 있다.

이것이 정부가 추경을 편성하는 등 지출을 늘릴 때마다 재정적자가 크게 늘어나는 이유이다. 따라서 현실에서는 민간도 정부 못지않게 증세보다 빚으로 지출을 늘리는 것을 선호하며 이런 점에서 정부와 이해관계를 공유하는 면이 있다. 따라서 정부부채가 한 나라 경제가 성장하는 것보다 더 빠른 속도로 증가하는 '바그너의 법칙Wagner's Law'을 꽤 많은 국가에서 쉽게 확인할 수 있다.

경제가 성장함에 따라 정부 지출은 증가

바그너의 법칙Wagner's Law은 경제가 성장함에 따라 국내총생산 GDP에서 공공부문(정부지출과 이전지출의 합)이 차지하는 상대적 크기가 지속적으로 증가하는 현상이다. 독일의 경제학자 아돌프 바그너Adolph Wagner(1835~1917)는 19세기 유럽 여러 나라, 미국, 일본 등지에서 정부부문의 규모가 지속적으로 증가하는 현상을 발견했다. 원래 바그너가 정부부문이 지속적으로 증가하는 경향이 독일을 비롯한 여러 나라에서 관찰된다고 했을 때 그것이 정부부문의 절대적 규모가 커지는 것을 의미했는지, 국민소득에서 차지하는 비중이 증가한다는 뜻인지 불분명했으나 후세 연구자들이 이를 국민소득에서 정부부문이 차지하는 비중의 증가로 해석하며 이러한 해석이 정설이 됐다. 미국의 경제학자 리처드 머스그레이브Richard Musgrave(1910~2007)는 바그너의 주장을 재확인했고 이러한 현상이 나타나는 것은 경제가 발전하면서 은퇴보험 활성화, 환경 및 과학기술 투자에 대한 사회적 요구가 커지기 때문으로 봤다.

한편, 피콕Alan T. Peacock(1922~2014)과 와이즈먼Jack Wiseman(1919~1991)은 1891~1955년 영국의 공공지출 동향을 분석해 영국의 경우에도 바그너의 주장이 성립함을 확인했다. 이들은 경제공황이나 사회적 혼란기에 국민들은 평상시보다 조세부담을 늘리는 정책에 쉽게 납득하고 이때 늘어난 조세부담이 혼란이 수습된 이후에도 지속되는 경향이 있기 때문이라고 설명한다. 즉, 조세부담은 한번 늘어나면 쉽게 줄이기 힘든 비가역성이 있다는 것이다. 경제성장 결과 중위소득 사람들이 공공서비스에 대한 수요를 크게 늘리는 경향이 있기 때문에 이러한 현상이 발생한다고 봤다.

어찌 보면 한 나라의 경제규모가 커지고 1인당 국내총생산GDP이 증가할수록 정부부문이 비대해지는 것은 당연한 것처럼 보인다. 특히 민주주의 정부하에서 이러한 흐름을 되돌리기는 대단히 어려울 것처럼 여겨진다. 고양이(정부)에게 생선(나라 살림살이)을 맡긴 꼴이기 때문이다. 혹시 복지에 대한 대중의 요구에 영합하는 것을 자신의 정치적 자양분으로 삼는 정치인이 있다면 정부를 힐난하기에 앞서 자신도 사익을 위해 이를 묵인하고 있지는 않은지 그리고 더 나아가 적극적으로 동조하고 있지는 않은지 한번쯤 되돌아 볼 일이다.

경쟁시장의 자원배분,
'경매' 보면 알 수 있다?

시장 실패만 없다면?

경쟁시장의 가격기구는 시장실패Market Failure만 없다면 재화를 적은 비용으로 공급할 수 있는 판매자와 이를 높은 가격을 지불하고 살 용의가 있는 구매자 간 거래를 성사시켜 줌으로써 효율적 자원배분을 가능하게 한다. 시장실패는 경쟁시장을 통한 거래가 비효율적 자원배분을 낳는 현상으로 불완전경쟁Imperfect Competition, 외부성Externality, 재화의 비배제성Non-excludability, 비대칭정보Asymmetric Information가 그 원인이다. '불완전경쟁'은 독과점, '재화의 비배제성'은 공공재 부족, '비대칭정보'는 역선택Adverse Selection과 도덕적 해이Moral Hazard라는 시장실패 현상으로 이어지기 마련이다. 또 외부성이 있는 재화나 서비스의 경우 사회적 최적 수준보다 과다 또는 과소 공급되거나 소비되는 시장실패 현상이 발생한다.

시장실패만 없다면 경쟁시장을 통한 자원배분은 판매자와 구매자 개개인에게 각각 이윤극대화와 효용극대화를 달성하게 해준다. 하지만 시장실패가 발생하면 개인의 선善이 자원배분 효율성을 더 이상 담보하지 못하게 되며 이는 정부의 시장개입에 정당성을 제공하는 근거가 된다. 분권화되고 파편화된 각각의 구매자와 판매자들 간 개별적 협상만으로도 한정된 자원의 효율적 차용처를 스스로 찾아내는 힘이 가격기구를 바탕으로 한 시장의 교환시스템에 내재돼 있음을 뜻한다.

이는 자원배분을 총괄하는 전지전능한 조정자의 존재는 효율적 자원배분의 필요조건이 아니라는 뜻이기도 하다. 따라서 자신의 욕망만을 좇는 평범한 구매자와 판매자 그리고 그들의 욕망을 가감 없이 명백히 드러내주는 가격기구만 잘 작동한다면 개인의 이기적 선택의 총합이 곧 공공의 선으로 귀결된다. '후생경제학의 제1정리the 1st Theorem of Welfare Economics'라고 불리는 이러한 가격기구의 자원배분 효율성은 시장경제의 가장 큰 미덕이다. 그러면 현실에서 이러한 자원배분의 실제는 어떤 모습일까? 이에 관한 단서는 경매에서 찾을 수 있다.

경매, 최고가격으로 재화를 판매

경매Forward Auction는 재화를 구매하려는 다수의 구매자가 있을 때 가장 높은 호가를 제시하는 구매자에게 판매하는 자원배분 기구이다. 이때 경매사Auctioneer는 판매자를 대리해 구매자들 간 가격경쟁을 유도하고 낙찰자를 선언하는 등 전체 과정을 주관한다. 경매에서 재화가 누구의 손에 돌아가는지는 구매자의 유보가격Reservation Price에 따라 달라진다. 구매자의 유보가격은 구매자가 재화를 구매하기 위해 지불할 용의가 있는 최대가격, 즉 '지불용의가격Willingness To Pay'으로 구매자 고유의 선호와 구매량에 따라 달라진다. 경매에서 유보가격이 높은 구매자는 구매자 간 가격경쟁에서 우위에 있고 유보가격이 너무 낮은 구매자는 구매하지 못할 공산이 크다.

3부에서 살펴본 바 있는 영국식 경매는 경매사가 낮은 가격에서 시작해서 가격을 점차 올려 부를 때 구매자는 그 가격에 구매의사를 표시하는 방식Ascending Auction으로 진행된다. 호가에 구매의사를 표시하는 구매자가 있으면 경매사는 더 높은 가격에 나서는 구매자가 있는지 확인하기 위해 더 높은 가격을 부르고 호가보다 더 높은 가격에 구매의사를 표시하는 구매자가 없다면 호가에 구매의사를 표시한 구매자에게 낙찰시킨다. 이때 재화는 다수의 구매자 중 가장 높은 가격을 제시하는 사람에게 판매된다. 이러한 방식은 물건의 객관적 가치를 짐작하기 어려운 골동품이나 미술품 경매에 주로 활용된다. 영국식 경매는 호가를 아래에서부터 점차 올리는 방식으로 진행되므로 시간이 다소 걸리더라도 물건은 그것을 가장 간절히 원하는 사람에게 돌아가게 되고 판매자는 물

경매는 재화를 구매하려는 다수의 구매자가 있을 때 가장 높은 호가를 제시하는 구매자에게 판매하는 자원배
분 기구이다.

건을 가장 높은 가격에 팔 수 있다.

한편, 네덜란드식 경매는 경매사가 높은 가격에서 시작해 가격
을 점점 내려 부를 때 구매자는 그 가격에 구매의사가 있는지 표
시하는 방식Descending Auction으로 진행된다. 어떤 가격에 구매의사를
표시하는 구매자가 있으면 그 가격에 낙찰되며, 한 재화를 여러
단위 판매할 때는 구매자들의 구매량 합이 판매량과 같아질 때까
지 가격을 내리게 된다. 이때도 영국식 경매와 마찬가지로 다수의
구매자 중 가장 높은 가격을 제시하는 사람이 낙찰받게 된다. 네
덜란드식 경매는 영국식 경매에 비해 낙찰에 이르는 과정이 빠르
기 때문에 물건의 객관적 가치 측정이 쉽고 보관이 어려운 경우에
주로 쓰인다.

경매는 그 방식이 영국식이든 네덜란드식이든 재화의 총합을

모두 판매할 수 있는 최고가격 수준으로 재화를 판매할 수 있도록 유도한다. 이때 경매의 낙찰가격보다 낮은 유보가격을 가진 구매자는 구매하지 않게 되므로 경매를 통한 거래에는 유보가격이 낙찰가격보다 높은 구매자들만 남게 된다. 따라서 이 구매자들은 유보가격과 낙찰가격의 차이만큼 거래의 이득을 누린다.

역경매, 수요용의가격으로 재화를 판매

역경매Reverse Dutch Auction는 다수의 판매자가 하나의 구매자에게 재화를 판매하기 위해 가격경쟁을 벌이는 방식의 경매로 구매자는 보다 낮은 가격을 제시하는 판매자로부터 구매하고자 한다. 이러한 방식의 경매에서 재화를 누가 판매하게 되는지는 판매자의 유보가격에 따라 달라진다. 판매자의 유보가격은 판매자가 재화를 판매할 의향이 있는 최소가격, 즉 '수용용의가격Willingness To Accept'으로 판매자들의 재화 조달 비용과 판매량에 따라 달라진다. 유보가격이 낮은 판매자는 판매자 간 가격경쟁에서 우위에 있고, 유보가격이 너무 높은 판매자는 판매하지 못할 가능성이 크다.

역경매에서는 한 명의 구매자가 가장 낮은 가격을 제시하는 판매자들로부터 구매하게 되고, 한 재화를 여러 단위 구매할 때는 판매량이 구매량과 같아질 때까지 가격을 점점 올리게 된다. 가령 희망구매량이 100이고 판매자 A, B, C의 유보가격과 희망판매량 조합이 각각 (3,50), (4,60), (5,70)이라면 낙찰가격은 4, 구매량은

A로부터 50, B로부터 50이 되는 식이다. 따라서 역경매에서 구매자는 원하는 물량을 유보가격이 가장 낮은 판매자들로부터 구매하게 된다. 이때 낙찰가격보다 높은 유보가격을 가진 판매자는 재화를 판매하지 않을 것이므로 자연스레 거래에서 제외되며, 유보가격이 낙찰가격보다 낮은 판매자들은 그 차이만큼 거래의 이득을 얻는다. 이러한 방식의 경매는 정부의 공공구매에서 주로 쓰인다.

경매와 역경매는 구매자 또는 판매자 중 어느 한쪽이 다수인 경우로 구매자 간 또는 판매자 간 가격경쟁을 통해 가격이 결정되고, 거래량은 경매의 경우 판매자, 역경매의 경우 구매자에 의해 미리 정해진다. 경매매Competition Bidding · Double Auction는 판매자와 구매자가 모두 다수인 경매로 판매자 간 가격경쟁과 구매자 간 가격경쟁이 모두 존재한다. 이때 경매사는 거래량을 미리 정하지 않고 거래량이 최대가 되도록 호가를 조정한다. 따라서 미리 정해진 거래량 없이 가격과 함께 거래량이 결정된다. 가령 판매자 A, B, C가 희망하는 판매가격과 판매량 조합이 각각 (3,50), (4,60), (5,70)이고 구매자 X, Y, Z가 희망하는 구매가격과 구매량 조합이 각각 (3,50), (4,50), (5,50)이라면 호가 3일 때 희망판매량 50, 희망구매량 150, 호가 4일 때 희망판매량 110, 희망구매량 100, 호가 5일 때 희망판매량 180, 희망구매량 50이므로 낙찰가는 4, 거래량은 100이 된다.

이 과정에서 경매사가 호가를 높일수록 판매자의 희망판매량은 늘고 구매자의 희망구매량은 줄어들며, 호가를 낮출수록 희망판매량은 줄고 희망구매량은 늘어난다. 이렇게 호가를 조정하는 과정에서 거래량이 최대가 되는 호가가 낙찰가가 되고 거래량은 희망구매량과 희망판매량 가운데 작은 것이 된다. 낙찰이 이뤄진 상황에서 낙찰가격보다 높은 유보가격을 가진 판매자는 재화를 판매하지 않으며 낙찰가격보다 낮은 유보가격을 가진 구매자는 재화를 구매하지 않는다. 따라서 판매자와 구매자는 모두 유보가격과 낙찰가격의 차이만큼 거래의 이득을 얻을 수 있다. 이때 거래에 응한 판매자는 유보가격이 낮은 사람들만으로, 구매자는 유보가격이 높은 사람들만으로 구성돼 있으므로 거래에서 발생하는 이득이 최대가 된다. 이런 관점에서 경매매의 경우 개인의 사적 이익 추구가 거래의 이익 극대화라는 공공의 미덕으로 이어지는 셈이다.

경매매의 거래 방식은 실제 경쟁시장의 작동원리와 다르지 않다. 다만 경매매를 주관하는 경매사라는 인격체의 역할을 수요와 공급을 이루는 수많은 판매자와 구매자 간 가격흥정이 대신할 뿐이다. 수요와 공급의 힘은 경매사가 호가를 조정하듯 자유롭게 가격을 조정하며 이에 따른 자원배분은 경매매를 통한 자원배분과 본질적으로 다르지 않다. 따라서 경쟁시장에서는 노련한 경매사 없이도 물건을 가장 싸게 팔 의향이 있는 판매자가 그 물건을 가장 간절히 원하는 구매자들에게 팔게 되는 것이다.

이자,
현재와 미래 간 시간의 가격

이자와 이자율

소비와 저축의 본질은 오늘의 소비와 내일의 소비를 결정하는 문제로 현재와 미래라는 서로 다른 두 시점 간 자원 배분에 관한 의사 결정이다.

통상 금전 대차거래Borrowing and Lending에는 제때 돈을 돌려받을 수 있을까 하는 불확실성과 언제 돌려받을 수 있는가 하는 거래 기간의 문제가 개입된다. 통상 제때 돈을 돌려받을 수 있는지 확실치 않다는 사실은 대차거래가 위험을 동반한다는 것으로 거래 기간이 길수록 이러한 위험에 오래 노출된다. 이때 돈을 빌려주는 사람 입장에서 오늘의 소비를 포기한 대가로 미래에 보상받고자 하는 금액이 이자(금리)로 이는 인내심에 대한 금전적 보상인 셈이

소비와 저축의 본질은 오늘의 소비와 내일의 소비를 결정하는 문제로 현재와 미래라는 서로 다른 두 시점 간 자원 배분에 관한 의사 결정이다.

다. 한편 돈을 빌리는 사람 입장에서 이자는 오늘의 소비를 위해 미래 자원을 앞당겨 쓴 대가로 볼 수 있다. 따라서 통상 이자는 돈을 제때 돌려받을 수 있는 가능성이 낮을수록, 자금 상환 기간이 길수록 높기 마련이다.

이자는 일정 규모의 자금이 제공하는 서비스에 대한 대가로 이자율은 1단위 자금이 제공하는 서비스의 가격에 해당한다. 대차거래에서 이자율은 현재 자금과 미래 자금의 실제 가치를 연결해주는 역할을 한다. 가령 연 이자율 2%, 현재 금액 100만 원의 1년 후 가치는 '(1+0.02)×100만 원=102만 원'이다. 이때 1년 후 미래 금액 102만 원의 현재 가치는 '102만 원 ÷ (1 + 0.02) = 100만 원'이다. 즉, 이자율은 현재 가치를 미래 가치로 환산해주는 증가율인 동시에 미래 가치를 현재 가치로 할인해주는 할인율Discount Rate인 셈이다.

소비평탄화, 비교적 고르게 소비하려는 성향

이자율은 어떻게 결정되며 이자율에 영향을 미치는 본질적인 요인에는 어떤 것들이 있을까? 이것을 이해하기 위해서는 금전 대차거래가 어떻게 이뤄지는지 미시적 관점에서 살펴볼 필요가 있다. 가령 A와 B 두 사람이 금전 대차거래에 임하는 상황을 상정하자. A는 현재와 미래 시점에 각각 2와 0을, B는 0과 2를 가지고, A는 현재와 미래 1씩 균등하게 그리고 B는 미래에만 2를 소비한다고 하자. 이때 B는 A에게 지금 자신에게 1을 주면 미래에 자신이 가진 2 중 '일부'를 주겠다는 제안을 할 수 있다. 한편 A는 B에게 지금 자신이 가진 1을 주고 미래에 2 중 '일부'를 달라는 제안을 할 수 있다. 두 사람의 대차거래에서 시점 간 거래되는 '일부'가 얼마가 될지는 두 사람의 협상력에 의존한다. 만약 A의 협상력이 B보다 크다면 '일부'는 1보다 클 것이고 B의 협상력이 A보다 크다면 1보다 작을 것이다.

'시간에 대한 선호'와 '시간의 단방향성' 그리고 '경제의 저장 기술'은 시간에 걸친 거래 시 협상력에 영향을 미치는 핵심 요인들이다. 가령 A가 현재 자원 1단위를 팔 때 받고자 하는 최소 가격에는 A가 현재 소비와 미래 소비 사이에 어느 것을 더 중요하게 생각하는지에 관한 선호가 반영된다. 또한 B가 현재 자원 1단위를 받을 때 줄 수 있는 최대 가격에는 B가 현재 소비와 미래 소비 사이에 어느 것을 얼마나 더 중요하게 생각하는지가 반영된다. 두 사람이 미래 소비보다 현재 소비를 더 중요하게 생각할수록 A의 협상력이, 그 반대의 경우라면 B의 협상력이 더 강해진다.

한편, A는 현재 2만큼 자원을 확보하고 있으므로 현재 1을 쓰고 나머지 1을 저장함으로써 현재와 미래에 균등하게 1씩 나누어 소비하는 것이 가능하다. 하지만 B는 현재는 아무것도 가지고 있지 않으므로 대차거래가 없다면 A처럼 현재와 미래에 걸쳐 고르게 소비하는 소비평탄화Consumption Smoothing가 불가능하다. 이처럼 시간은 현재에서 미래로만 흐른다는 '시간의 단방향성'은 두 사람 간 협상에서 현재 자원을 가지고 있는 A에게 더 유리하게 작용한다.

또 A가 저장할 때 발생하는 비용이나 시간이 지나면서 부패 및 마모(감가)되는 자원의 양은 A의 협상력을 약화시키는 요인이다. 만약 A의 저장비용이 0이라면 B가 A로부터 현재의 자원 1단위를 구매하면서 지불할 수 있는 가격이 1보다 작지 않다면 두 사람 간 대차거래 협상은 성사될 수 있다. 가령 B가 A에게 '현재 자원 1단위를 빌리는 대가로 미래에 자원 1.1단위를 갚는 계약'을 제시한다면 A는 이를 흔쾌히 수락할 것이다. 이 경우 두 사람 간 대차거래에 적용되는 이자율은 10%인 셈이다.

　소비평탄화는 사람들이 현재와 미래 여러 기간에 걸쳐 소비를 소득 흐름과 무관하게 비교적 고르게 하려는 성향이 있다는 이론이다. 소득은 생애주기에 걸쳐 고르게 발생하지 않는다. 통상 영유아기·청소년기 그리고 노년기에는 소득이 적고 청년기·장년기에는 많다. 하지만 대개 소득이 적은 기간에도 소비를 일정 수준 이상은 유지하려 하고 소득이 많은 기간에도 소비를 일정 수준 이상으로 늘리지 않으려 하는 모습이 나타난다. 따라서 소득에 비해 소비의 변동성은 더 작고 장기적으로 안정적인 모습을 가지는데 이를 소비평탄화 또는 소비평활화라고 한다. 실증적으로도 소비는 소득이 늘 때 증가하고 줄 때 감소하긴 하지만 소득의 변동 폭에 비하면 그 변동 폭이 훨씬 덜한 것이 보통이며 이러한 경향은 단기보다 장기에 더 명확하게 관찰된다.

현실에서 이자율은 대부분 양의 값

　현재의 자원 1단위 가격이 미래의 자원 1단위보다 작아질 수도 있을까? 이는 현재 소비를 미래 소비로 전환하는 기술, 즉 저축에 따른 저장비용의 크기에 의존한다. 두 사람 간 거래가 없을 때 A가 현재 자원을 미래에 소비하기 위해서는 반드시 저장, 즉 저축해야 하고 이 과정에서 자원의 부패나 마모가 발생할 수 있다. 가령 A가 현재 자원 1단위를 저장할 때 0.2단위가 마모된다고 하자. 이때 A는 현재 자원 1단위를 B에게 판매한다면 그 대가로 B로부터 미래 자원 0.8단위 이상을 받고자 할 것이다. 만약 B가 A로부터 현재 자원 1단위를 구매하면서 지불할 수 있는 가격이 0.8단위보다 작지 않다면 두 사람 간 대차거래는 성사될 것이다. 가령 B가 A에게 현재 자원 1단위 빌리는 대가로 미래 소비 0.9단위를 갚는 계약의 경우 이자율은 -10%인 셈이다. 그렇다면 현실에서 이자율이 음(-)의 값을 가지는 경우가 실제로 얼마나 있을까?

현실에서 관찰되는 이자율은 거의 대부분 양(+)의 값을 가지는데 이는 대체로 사람들이 현재를 미래보다 더 중요하게 생각(시간선호)하며, 금융시장 발달과 투자를 비롯한 자원 증식 기술이 발달하면서 자원 저장비용이 획기적으로 감소했기 때문이다. 시간이 현재에서 미래로만 흐르기 때문(시간의 단방향성)에 미래에서 현재로 자원을 이전시키는 것이 불가능하고, 불확실한 미래 소비보다 확실한 현재 소비를 더 좋아하기 때문(미래의 불확실성)에 사람들은 대체로 현재를 미래보다 더 중요하게 생각하는 경향이 있다. 또 자원의 부패와 마모를 줄이는 기술 발달, 금융시장을 통한 자원 이전 기술 발달은 자원의 저장비용을 줄이는 요인이다. 이러한 것들로 인해 현실에서 이자율은 거의 예외 없이 양(+)의 값을 가진다.

물론 일부 부자들이 맡긴 자산이나 상업은행이 '은행들의 은행'인 중앙은행에 예치한 자금에 대해 일시적으로 마이너스 이자율을 적용하는 사례도 있다. 물론 이는 보관료를 받고 돈을 보관해야 할 특수한 사정이 있다는 것으로 일반적인 상황과는 거리가

현실에서 관찰되는 이자율은 거의 대부분 양(+)의 값을 가지는데 이는 대체로 사람들이 현재를 미래보다 더 중요하게 생각하기 때문이다.

먼 경우들이다. 출처를 알 수 없는 자금을 예치해준다든지, 상업은행들로 하여금 중앙은행에 돈을 예치하지 않도록 정책적으로 유도할 필요가 있는 특수 상황들이 여기에 해당한다.

시간당 임금 오르면,
빨래방 더 많이 간다고?

임금상승이 노동공급에 미치는 영향

노동은 재화나 서비스 생산 과정에 투입되는 생산요소로 생산
요소시장인 노동시장에서 거래된다. 노동시장에서 각 노동자가
공급하는 근로시간의 총합은 노동공급이, 각 기업이 원하는 노동
시간의 총합은 노동수요가 된다. 노동시장에서 노동시간은 거래
단위가, 시간당 임금(임금률Wage Rate)은 노동의 단위당 가격이 되며,
노동시간과 임금의 교환을 통해 노동자는 소비에 필요한 소득을,
기업은 생산에 필요한 노동력을 얻는다.

전통적으로 경제학자들은 노동자 개인의 노동공급은 각자에
게 주어진 24시간을 여가Leisure와 노동공급Labor Supply에 어떻게 배분
하는 것이 최선인지 결정하는 과정, 즉 노동-여가 선택Work-Leisure

Choice을 통해 이뤄진다고 봤다. 이 이론에 따르면 24시간은 노동이나 여가 두 가지 용도로만 쓰이며, 여가시간은 휴식에, 노동시간은 여가를 제외한 나머지 시간으로 결정된다. 즉, 여가는 시간 그 자체를 소비하는 행위이고, 노동은 시간을 재화나 서비스와 같은 물질과 교환해 소비하는 행위인 셈이다.

이와 같은 시간 배분은 시간당 임금을 비롯해 학력(교육 연수), 비근로 소득(금융·임대소득, 증여·상속 소득 및 인세)의 크기와 같은 개인적 요인은 물론 소득세 환급이나 근로소득세제 그리고 직업윤리·노동관과 같은 다양한 사회·제도·문화적 요인에 의해서도 많은 영향을 받는다. 특히, 시간당 임금은 개인의 여가와 노동 시간을 결정하는 핵심 요인으로 임금효과Wage Effect를 동반한다.

시간당 임금 상승이 노동공급에 미치는 영향인 임금효과는 두 가지 측면에서 여가와 노동시간 배분에 영향을 미친다. 여가는 소득이 증가할 때 수요가 증가하는 재화, 즉 정상재Normal Good이다. 따라서 시간당 임금 상승은 소득을 증가시켜 더 많은 여가시간을 원하도록 한다. 이를 소득효과Income Effect라고 하는데 시간당 임금 상승이 가져오는 소득효과는 여가시간은 늘리고 노동시간을 줄이도록 유도한다.

한편, 시간당 임금이 상승할수록 여가를 선택함으로써 포기해야 하는 임금소득은 더 커진다. 즉, 임금소득은 여가의 대가인 셈이다. 따라서 시간당 임금 상승으로 비싸진 여가를 덜 소비하고 상대적으로 싼 재화나 서비스 소비를 늘리게 된다. 이처럼 어떤

시간당 임금 상승	여가시간	노동공급
소득효과	+	−
대체효과	−	+
임금효과	?	?

재화나 서비스 가격이 변할 때 상대적으로 비싼 재화 소비를 상대적으로 싼 재화로 대체하는 것을 대체효과Substitution Effect라고 한다. 시간당 임금 상승 시 대체효과는 여가시간을 줄이고 노동시간을 늘리는 방향으로 작용한다.

요컨대 시간당 임금 상승 시 발생하는 소득효과는 여가시간을 늘리고 노동시간을 줄이는 힘으로, 대체효과는 여가시간을 줄이고 노동시간을 늘리는 힘으로 작용한다. 이 두 가지 힘은 여가시간에 서로 상반되는 영향을 미치므로 둘 가운데 어떤 것이 더 우세한가에 따라 시간당 임금이 노동공급에 미치는 영향이 결정된다. 대체효과가 소득효과보다 크다면 시간당 임금 상승은 노동공급 증가 및 여가시간 감소로, 그 반대의 경우라면 시간당 임금 상승은 노동공급 감소 및 여가시간 증가로 이어지는 것이다. 그렇다면 현실에서 임금 상승이 노동공급에 미치는 실제 영향은 어떨까?

실제 시간당 임금과 노동공급 시간의 자료를 바탕으로 분석한 결과는 이 두 가지 경우가 모두 가능한 것으로 나타난다. 특히, 시간당 임금이 낮은 경우 대체효과가 소득효과보다 우세해 시간당 임금이 상승할수록 노동공급이 증가하는 것으로 나타나며 이러한 경향은 시간당 임금이 평균 이상인 경우에도 관찰된다. 하지만 시간당 임금이 일정 수준을 넘어서면 대체효과보다 소득효과가 우세해 오히려 노동공급이 감소하는 모습이 나타난다. 즉, 처음에는 시간당 임금과 노동공급 사이에 양(+)의 관계가 관찰되지만 일정 수준 이후부터는 둘 사이에 음(─)의 관계가 나타나는 것이다. 따라서 노동공급곡선은 다음 자료와 같이 후방굴절Backward-bending하는 형태를 가진다.

후방굴절하는 노동공급곡선

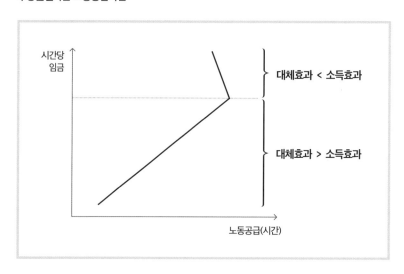

'가정생산'과 '집단선택'이라는 개념

노동자가 주어진 시간을 노동과 여가, 두 가지 용도로만 사용한다는 가정은 간단하면서도 꽤 설명력이 높지만 실제 노동자의 시간 사용을 묘사하는 데 한계가 있다. 노동공급에 관한 보다 정교한 묘사는 비교적 최근에 와서야 이뤄지고 있다. 최근 가족경제학Family Economics에서는 '가정생산Home Production'과 '집단선택Collective Choice'이라는 개념을 도입함으로써 노동자의 시간배분 문제의 현실성을 크게 제고했다

빨래·요리·설거지와 같은 가사노동Domestic Labor과 아이나 노인을 돌보는 돌봄노동Care Work은 전통적으로 가정 내에서 생산 및 제공이 이루어지는 필수 가사서비스이다. 이러한 가사서비스는 노동자가 별도로 시간을 할애하지 않으면 저절로 공급되지 않는다. 이런 의미에서 가정은 가사서비스를 공급하는 하나의 생산 공장과 같다는 것이 가정생산 이론의 골자이다. 이것을 노동자의 시간선택 문제에 반영함으로써 노동자의 실제 시간사용에 대한 분석을 보다 정교하게 할 수 있게 됐다. 시장경제가 고도로 발달하면서 가정의 고유한 기능이던 가사서비스를 외부조달Outsourcing할 수 있게 되는 등 시장 환경 변화는 가정생산의 주요 기능에 변화를 가져왔다. 가정생산 이론은 가족경제학의 '집단선택Collective Choice' 이론과 결합해 노동공급이 이뤄지는 실제를 한층 더 정밀하게 분석할 수 있게 했다.

가정Home은 기업Firm처럼 시간을 사용해 필수 가사서비스를 생산하는 공간으로 노동자는 노동공급과 여가 이외에도 가사서비스에 시간을 할애해야 한다. 가령 아이나 노인을 돌보는 돌봄 노동Care Work, 설거지·빨래·요리·세금 및 공과금 처리와 같은 가사노동Domestic Labor은 생활에 필요한 필수 가사서비스로 별도의 시간을 투입해야만 자체 조달이 가능하다. 물론 대도시 거주자의 경우 시장에서 돈을 지불하고 필요한 가사서비스를 구매해 시간을 절약할 수 있지만 금전적 지출이 뒤따른다. 따라서 노동자는 주어진 24시간을 노동공급과 여가, 가사서비스 세 가지로 용도로 할애해야 하며, 이때 자신 이외 다른 가구 구성원의 편익이나 사소한 편의까지도 고려하는 것이 일반적이다.

남편과 아내는 경제공동체로서 각각 자신의 효용을 별도로 극대화하는 노력을 기울이기보다 가구 구성원 전체의 효용이 극대화되도록 각자의 시간을 노동공급과 여가, 가사서비스 사이에서 적절히 할애한다고 보는 것이 자연스럽기 때문이다. 이 설명에 따르면 노동공급은 개별 노동자의 경우에도 가구 구성원의 협의와 논의를 거쳐 이뤄지는, 즉 집단적 의사결정의 산물인 셈이다.

특히, 게리 베커Gary Becker(1930~2014)는 가정생산을 고려한 노동공급 결정에서 시장에서 판매하는 재화나 서비스의 상이한 성질에 주목했다. 가령 해돋이 구경이나 산책, 영화 관람 등은 시간을 많이 쓰는 '시간 집약적Time-intensive' 재화·서비스이며, 패스트푸드 음식이나 외식 그리고 보육서비스 등은 시간보다 재화나 소득을 많이 쓰는 '재화 집약적Goods-intensive' 재화·서비스이다. 또, 노동자는 여가시간 그 자체를 가만히 멍하게 시간 죽이기로 일관하면서 흘려보내지 않고 이러한 재화·서비스 소비에 쓰기 때문에 여가시간과 재화·서비스 소비는 서로 함께 이뤄진다.

이때 시간당 임금은 앞서 살펴본 '노동과 여가 선택'처럼 두 가지 경로를 통해 노동공급에 영향을 미친다. 시간당 임금 상승은 소득을 늘려 재화·서비스 소비를 증가시키고 이를 소비할 수 있는 시간, 즉 여가를 늘리는데 이를 '베커 소득효과Beckerian Income Effect'라고 한다. 요컨대 베커 소득효과는 노동공급을 줄이는 작용을 하는 것이다. 한편, 시간당 임금 상승은 여가를 상대적으로 비싸게 만들어 여가를 줄이고 노동공급을 늘리며, '시간 집약적' 재화·서비스 소비를 '재화 집약적' 재화·서비스 소비로 대체하게 해 가사서비스에 할애되는 시간을 줄인다. 가령 집에서 시간 소요가 많은 요리·빨래를 직접 하는 대신 외식·빨래방 이용을 늘리는 식이다. 이를 '베커 대체효과Beckerian Substitution Effect'라고 하는데, 노동공급에 베커 소득효과와는 정반대 영향을 미친다.

성별 임금격차의 주요 원인

앞서 '노동과 여가 선택'에서 살펴본 것처럼 시간당 임금이 특별히 높은 일부 경우를 제외하면 시간당 임금 상승 시 노동공급은 증가하고 가사서비스에 할애하는 시간과 여가시간은 감소하는 것이 보통이다. 이는 대부분의 경우 베커 대체효과가 베커 소득효과보다 우세하다는 의미이다. 하지만 여성의 경우 시간당 임금과 노동공급 간 뚜렷한 상관관계가 잘 나타나지 않는 경우가 많은데, 이는 배우자의 소득이나 가구의 자산 규모, 미취학 아동 유무 등 임금 이외의 요인들이 남성 노동자에 비해 여성 노동자의 시간 배분문제에 훨씬 큰 영향을 미치기 때문이다.

이는 여성이 남성보다 가사서비스에 훨씬 더 깊이 관여되어 있는 현실과도 무관하지 않다. 하버드대학교 클라우디아 골딘Claudia D. Goldin(1946~) 교수가 지적한 것처럼 최근까지도 가정 내에서 각종 가사노동과 돌봄 노동을 주로 담당하고 있는 쪽은 여성이기 때문이다. 따라서 여성 노동공급의 실체를 더 정확히 이해하기 위해서는 가정생산이라는 개념을 고려하지 않을 수 없다.

클라우디아 골딘 교수는 여성과 남성의 노동시장 참여와 임금 격차의 이유를 실증적으로 규명한 공로로 2023년 노벨경제학상 수상자로 선정됐다. 노벨위원회는 클라우디아 골딘 교수가 "수세기에 걸친 여성 소득과 노동시장 참여에 대한 포괄적 설명을 역사상 처음 제공했다"면서 "노동시장 내 성별격차의 핵심 동인을 밝혀냈다"고 말했다. 그녀는 200년이 넘는 기간 동안 축적된 미국 노동시장 관련 자료를 분석해 시간에 따라 성별소득격차 및 고용률 격차가 어떻게 변화했는지 살피고 그 원인을 규명했다. 이 연구에 따르면 19세기 초 농업사회에서 산업사회로 전환되면서 여성의 노동시장 참여는 일시적으로 감소했지만 20세기 이후 서비

클라우디아 골딘 교수는 미국의 노동경제학자로 지난 200년간 미국 노동시장 데이터를 이용해 '성별 직종분리'가 노동시장에 존재하는 성별 임금격차의 주요 원인임을 실증적으로 규명했다.

스 부문 성장에 힘입어 다시 증가세로 돌아섰다. 교육수준도 지속적으로 향상돼 현재는 대다수 국가에서 남성보다 여성의 교육수준 향상이 더 두드러진다.

하지만 아직 여성의 노동수입은 남성보다 적다. 특히, 대학 졸업과 취업으로 사회에 진출한 뒤 남녀는 동일선상에서 출발하지만 10년 정도 지나면 상당한 임금격차가 발생한다는 사실이 눈에 띈다. 동일 직업에서의 이와 같은 임금격차의 주요 원인은 출산과 돌봄 노동으로 인한 경력단절이며, 여성의 경우 소위 고소득·고강도 근로의 탐욕스러운 일자리Greedy Jobs보다 저소득이지만 유연한 일자리Flexible Jobs를 선택하게 된다는 것이다.

저출산·고령화로 인한 생산가능인구 감소로 잠재성장률 저하가 우려되는 우리나라의 여성 경제활동참가율이 낮다는 사실은 일과 가족 양립이 삶의 질 면에서뿐 아니라 미래의 풍요와 번영을 위해서도 필수적 과제가 되고 있음을 시사한다. 이러한 시대에 여성 노동공급에 대한 이해는 지속가능한 성장과 결부된 중대 사안이다. 우리나라는 전 세계적으로 대단히 높은 수준의 여성 인적자원을 보유하고 있으면서도 이를 충분히 활용하고 있지 못하고 있다. 실제로 우리나라 여성의 대학진학률 및 학력은 전 세계적으로 대단히 높은 수준이지만 경제활동참가율은 낮은 편이다. 더욱이 출산과 양육이 이뤄지는 20대 후반~30대 중후반까지 경제활동참가율은 특히 낮은 편이며, 출산과 양육으로 인한 경력단절 후에도 경제활동인구로의 복귀가 충분치 못한 것이 사실이다. 이는 노동시장 환경이 여성노동력을 충분히 활용할 만큼 유연하지 못하다는 말이기도 하다.

생산가능인구가 감소하는 시대를 살아가야 하는 현 시대에 양질의 여성인력을 어떻게 활용할지는 국가의 생존과 결부된 문제라고 해도 과언이 아니다. 그만큼 여성노동의 복잡함을 이해할 필요가 있다. 이러한 이해는 국가경제 발전에 기여할 뿐 아니라 '워라밸'이라는 삶의 질을 높이는 데에도 크게 기여할 것이다.

기술의 진보,
18세기 인구억제론을 반박하다

맬서스, 과잉인구로 인한 빈곤이 불가피?

경제사적으로 인구와 기술수준은 불가분의 관계가 있다. 고대로부터 근현대에 이르기까지 한 경제가 유지할 수 있는 인구는 그경제의 생산력으로 부양할 수 있는 인구를 초과할 수 없다. 이는사람이라면 누구나 자녀를 원한다는 보편적 사실에도 불구하고인구가 무한정 늘어날 수 없으며 보이지 않는 수용한계를 가진다는 뜻이다.

영국의 경제학자 토머스 맬서스Thomas Malthus(1766~1834)는 인구의 자연증가는 기하급수적Geometrically인 데 비해 생활에 필요한 물자는 산술급수적Arithmetically으로만 증가하므로 과잉인구로 인한 빈곤이 불가피하다고 주장했다. 가령 인구는 '1→2→

영국의 경제학자 토머스 맬서스는 인구의 자연증가는 '기하급수적'인 데 비해 생활에 필요한 물자는 '산술급수적'으로만 증가하므로 과잉인구로 인한 빈곤이 불가피하다고 주장했다.

'4→8→16→…'과 같은 식으로 증가하는 데 반해 자원(식량)은 '1→2→3→4→5→…'와 같은 방식으로 증가한다는 것이다. 이 이론에 따르면 기술발전으로 경제의 생산력이 증가하더라도 늘어난 생산력이 고스란히 인구 증가로 이어져 1인당 소비할 수 있는 식량은 다시금 이전 수준으로 회귀하고 만다. 따라서 인구 증가가 늘어난 생산력을 희석시켜버려 1인당 소득은 생존가능수준 Subsistence Level에 머물러 있게 된다. 따라서 잉여 생산물 축적을 통한 고도 자본재나 인적자본 투자가 원천적으로 어렵고 겨우 연명하는 수준의 삶이 지속되는 것이다.

맬서스에 따르면 기술발달로 늘어난 농업 생산력은 더 많은 출산으로 이어져 일시적으로 인구를 증가시키지만 늘어난 인구로 인해 1인당 소득은 정체되고 이는 다시 출산을 줄이는 원인이 된다. 따라서 장기적으로 농업 생산력 향상에도 불구하고 인구는 늘어나지 않고 정체된 상태를 유지한다. 실제로 산업혁명 이전까지 인구증가율은 흑사병과 같은 전염병 창궐이나 장기간에 걸친 전쟁과 같은 굵직한 사건 전후 기간을 제외하면 대체로 일정하게 유지돼 왔음을 확인할 수 있다.

맬서스의 주장(《인구론An Essay on the Principle of Population》)대로라면 인구는 항상 그 경제가 수용할 수 있는 한계수준에 수렴하려는 경향이 있으며 이를 넘어서는 즉시 피임이나 전쟁·기아와 같은 자발적·비자발적 요인에 의해 조절되기 마련이다. 또 흑사병과 전쟁 등으로 인해 인구가 과도하게 줄면 다시 자녀를 갖고자 하는 사람들의 기본적 욕구가 발현되어 경제의 수용한계 수준까지 인구가 증가하게 된다. 이는 기껏 향상된 생산력이 늘어난 인구를 먹여 살리는 데 대부분 쓰이고 만다는 뜻으로 인류사 대부분의 기간 동안 1인당 소득을 정체시키는 주요 원인이 된다.

산업혁명 이후의 인구변화

이와 같은 '맬서스 트랩Malthusian Trap'이 작동하는 맬서스적 세계 Malthusian World(맬서스의 인구론이 통용되는 세계관)는 산업혁명 이전의 인구변화를 설명하는 데 특히 유용하다. 이는 경제사 연구자들이 인구를 한 경제의 생산력을 측정하는 대리변수Proxy Variable로 쓰는 이유이기도 하다. 인구가 많고 조밀한 지역은 그렇지 않은 지역보다

인구밀도만큼 경제의 생산력이 높은 것으로 보이기 때문이다.

　19세기 산업혁명은 인류의 생산력을 획기적으로 향상시킴으로써 경제·사회·문화 전반에 이르는 급격하고 근본적인 변화를 가져왔다. 이는 출산과 양육의 형태에도 질적 변화를 동반했다. 급격히 향상된 생산력은 경제에 더 많은 잉여생산물을 가져다 줬고 이는 경제성장에 필요한 견고한 규모의 자본축적을 가능하게 했다. 또 도시화가 진행됨에 따라 서서히 위생·보건·교육에 대한 광범위한 공적 투자가 이뤄진다. 개선된 위생과 보건 환경은 영유아 사망률을 낮추었고 평균수명은 늘어났고 이에 따라 산업화된 사회의 인구가 폭발적으로 증가하게 된다. 늘어난 인구를 먹여 살리고도 남을 만큼 늘어난 생산력 덕분에 1인당 소득도 증가한다. 이 시기 인구증가율과 1인당 소득이 함께 높아진 것은 농업을 비롯한 산업생산력의 급속한 향상에 힘입은 것이다.

　한편, 늘어난 인구는 그 자체로 경제에 또 다른 핵심 성장동력이 된다. 더 많은 인구는 생산성이 높은 젊은 노동력을 시장에 공급하고 구매력을 갖춘 견고한 수요를 형성해 시장의 규모와 범위를 양적으로 질적으로 확장하기 때문이다. 또 인구가 많을수록 기술개발에 종사하게 되는 사람의 절대적 숫자도 많아지고 기술개발에 성공하여 이를 상용화했을 때 얻을 수 있는 이익도 커진다. 따라서 기술진보 속도도 더 빨라지기 마련이다. 현대에도 여전히 인구를 기술개발이나 특허 발원 수를 결정하는 주요 원인의 하나로 보는 이유이다.

19세기 산업혁명은 인류의 생산력을 획기적으로 향상시킴으로써 경제·사회·문화 전반에 변화를 가져왔고 출산과 양육의 형태에도 질적 변화를 동반했다.

전후 세대인 베이비부머 세대Baby Boom Generation(2차 세계대전 이후 1946~1964년까지 베이비붐이 일었던 시기 출생한 세대로 나라마다 연령대는 약간씩 다르다)가 가임기에 들어서고 경제활동의 주축이 된 20세기 후반 서구사회를 비롯한 산업사회에서는 새로운 인구통계학적 변화가 관찰된다. 산업사회와 후기산업사회Post-industrial Society에 보편적으로 관찰되는 인구통계학적 특성은 평균수명 증가와 인구 증가, 인구 증가율 하락 및 평균 교육연수 증가 그리고 1인당 소득 증가이다. 이러한 현상의 근저에는 산업화와 도시화가 있으며, 교육투자는 이러한 변화의 핵심 원인으로 지목된다.

항구적인 경제성장 경로에 성공적으로 안착한 국가에서 관찰되는 늘어난 기대수명, 높아진 소비생활 수준, 학력에 따른 임금 격차는 교육투자에 대한 유인동기를 강화하는 요인이다. 기대수명이 늘어날수록 교육투자를 통해 획득한 기술과 지식의 대가를 노동시장에서 회수하고 이를 영위할 수 있는 기간이 길어지기 때문이다. 또 점차 복잡한 기계 등 생산 공정에서 자본재의 역할이 더 중요해지고 분업과 협업에 따른 현대적 생산체제가 정립됨에 따라 생산활동 전반에 걸쳐 노동자에 대한 교육의 중요성이 강화된다. 기계를 조작하거나 감독관의 지시를 성공적으로 수행함은 물론 작업을 관리·감독할 인력과 복잡다변한 상거래·금융 활동을 수행할 인력에 대한 수요가 늘어나기 때문이다. 최초의 공교육이 자본가들의 요구와 노력에 의해 이뤄졌다는 역사적 사실은 교육의 순기능과 필요성을 사회적으로 수용한 결과이다.

기술진보와 사회적 생산력 증가에서 비롯된 이러한 환경 변화는 1인당 교육수준을 끌어올리기 시작했고 이는 문맹률 하락 등 노동력의 질적 향상을 가져온다. 이렇게 높아진 노동생산성은 경제의 생산력 증가로 이어져 다시 기술과 교육에 대한 투자로 이어지는 선순환 고리를 형성해 경제성장을 가속화시키는 동력이 된다.

이와 같은 교육투자 증가는 인구통계학적으로 두 가지 측면에서 맬서스적 세계와 질적 차이를 만들어내는 요인이 된다. 우선 교육투자 수익률이 높아지면서 자신의 교육에 더 많은 시간과 노력, 금전적 지출을 하게 되고 그 수익을 더 오래 향유할 수 있게 되면서 출산과 육아로 인한 개인의 기회비용이 증가했다. 이는 사람들로 하여금 출산과 육아를 꺼리게 하는 유인동기가 된다. 또 출산과 육아를 선택하더라도 더 많은 자녀를 낳아 키우기보다는 적은 자녀를 낳더라도 더 많은 교육을 통해 자녀의 삶의 질을 개선하려는 노력을 기울이게 된다. 소비생활을 비롯해 자녀가 누리게 될 전반적인 삶의 질이 부모 자신에 비해 열악해지지 않길 원하는 심리가 기저에 있기 때문이다.

이러한 '양과 질의 교환Quantity-Quality Trade-off'은 1인당 교육수준과 1인당 소득은 늘리지만 출산율과 인구증가율을 하락시키는 주요 원인이 된다. 양과 질의 교환 현상이 경제성장률과 1인당 소득이 높은 국가에서 더 뚜렷하게 관찰된다는 사실은 이러한 유인동기가 실재한다는 방증이다.

한편, 시장이 발달하고 도시화가 진전되면서 자녀가 가져다주는 심리적 만족을 대체할 수 있는 다양한 여가거리와 편의들을 더 쉽게 구매해 이용할 수 있게 된 점도 출산과 양육의 가치를 줄이는 데 기여했다. 자녀의 양육은 그 자체로 즐거움이기도 하지만 부모의 많은 시간과 노력이 드는 노동이기도 한 반면 시장에 진열된 오락거리들은 돈만 있다면 누구나 쉽게 소비할 수 있기 때문이다. 이에 더해 사회복지제도 발달도 출산과 육아의 매력을 줄이는 원인이다. 노동력을 상실하거나 생산성 저하가 불가피한 노후에 자녀라는 존재가 주는 보험으로서의 역할을 사회가 공적인 영역에서 대신해주기 때문이다. 소득위험Income Risk에 대한 보험으로서 자녀의 희소성이 줄어드는 것이다.

실제로 사회보험이 발달할수록 출산율이 하락한다는 실증연구도 있다. 요컨대 현대 사회에서 자녀를 가짐으로써 얻는 편익은 감소하는 데 반해 그 비용은 늘어났고 이러한 요인들이 복합적으로 작용해 양과 질의 교환 현상이 선진 산업사회를 중심으로 공통적으로 나타나고 있는 것이다. 자녀가 가진 인적 자산Human Asset으로서의 성격은 줄어든 데 반해 인적 부채Human Liability로서의 성격이 강해진 것이다.

빅맥가격으로 살펴보는
통화가치

환율이란?

환율은 통화 간 교환비율로 통상 기축통화(국제 무역·금융 거래의 결제 통화)인 미국 달러화USD 한 단위와 교환되는 금액으로 표기한다. 가령 원/달러 환율 1,300원(₩1,300/ $1)은 외환시장에서 1달러가 1,300원($1=₩1,300)에 거래된다는 뜻으로 원/달러 환율 상승은 원화에 대한 달러화 가치 상승을, 원/달러 환율 하락은 원화에 대한 달러화 가치 하락을 의미한다.

기축통화Vehicle Currency, Key Currency는 국제 무역이나 금융 거래 시 결제통화로 쓰이는 통화로, 미국 달러화USD, 중국 위안화CNY 등이 기축통화로 분류된다. 위안화는 중국과의 거래에 국한되어 범용성이 떨어져 달러화만 기축통화로 분류하는 것이 보통이다. 국제 결제통화로 쓰이는 만큼 세계 각국은 원유·천연가스·원자재와 각종 수입품을 사오기 위해 달러를 일정 수준 이상 외환보유액으로 비축하고 있어야 한다. 외환보유액이 부족하면 에너지와 원자재, 각종 수입품을 제때 결제할 수 없어 경제가 큰 위기에 처하게 된다.

어떤 통화가 기축통화가 되려면 해당 국가가 발권하는 통화를 다른 국가가 결제수단으로 신뢰하고 쓸 수 있을 정도로 압도적인 경제력(경제규모, 수출입 금액)과 국제정치에서의 영향력(국제사회에서의 헤게모니)을 갖춰야 한다. 또 압도적인 군사력을 갖추고 경우에 따라 세계의 경찰, 국제 분쟁 해결사 역할까지 도맡을 수 있어야 한다.

통상 환율이라고 하면 외환시장(외환이 상품처럼 거래되는 시장)에서 외환Foreign Exchange, Forex을 거래할 때 적용되는 시장 환율을 뜻하며 명목환율Nominal Exchange Rate이라고도 한다. 성숙된 자본시장과 금융시스템을 갖춘 대부분의 국가들은 외환시장의 수요와 공급 조건에 따라 환율이 자유롭게 변동하도록 허용하는 변동환율제Floating Exchange Rate System를 채택하고 있다.

물론 실제로는 환율이 완전히 외환시장의 수요와 공급 조건에 따라 자유롭게 움직이도록 내버려두지는 않고 경우에 따라 외환당국(중앙은행)이 적절히 개입하는 경우가 대부분이다. 가령 자국 통화가치가 급락해 외환시장과 자본시장 불안정이 고조될 때 외환당국(중앙은행)은 외화(달러화) 자산을 매각해 외환시장에 공급을 늘려 환율 안정(환율 하락)에 나서는 식이다. 이를 관리변동환율제 Managed Floating Exchange Rate System라고 하며 우리나라를 비롯한 대부분의 선진국이 채택하고 있는 환율제도가 여기에 해당한다.

통상 변동환율제라고 하면 엄밀히는 관리변동환율제를 뜻한다. 물론 지나치게 외환시장에 빈번히 개입하거나 환율을 의도적으로 과도하게 절하시키는 경우 환율조작국으로 낙인 찍혀 감시가 심한 경우 무역보복을 당하기도 한다. 자국 통화가치 하락이 수출품 가격을 떨어뜨려 수출품의 대외 가격경쟁력을 제고하고 이에 따라 무역수지 개선을 꾀할 수 있기 때문에 이런 일이 종종 발생한다.

변동환율제의 경우 외환의 수요와 공급 조건에 따라 환율이 수시로 변동한다. 따라서 외환의 수요와 공급에 영향을 미치는 것이라면 그것이 무엇이든 환율 변동의 요인이 된다. 그러면 외환의 수요와 공급은 어떻게 이뤄질까?

외환은 상품·서비스를 해외로 수출하거나 외국인이 국내자산을 취득할 때 공급되며, 해외로부터 수입을 하거나 내국인이 해외자산을 취득할 때 수요가 발생한다. 가령 원/달러 환율 상승은 수출품과 국내 자산의 달러화 표시 가격을 하락시켜 수출과 외국인의 국내 자산 취득을 늘린다. 이는 원/달러 환율이 상승할 때 달러화 공급량이 늘어난다는 뜻으로 달러화 공급 곡선은 그림에서처럼 우상향하는 형태로 그려진다. 한편, 원/달러 환율 상승은 수입품과 해외 자산의 달러화 표시 가격을 상승시켜 수입과 내국인

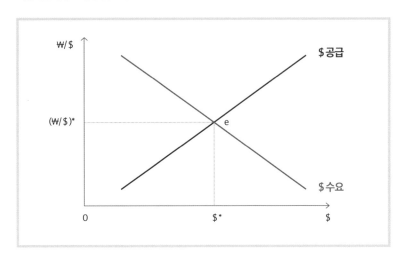

의 해외 자산 취득을 줄인다.

이는 원/달러 환율이 상승할 때 달러화 수요량이 줄어든다는 뜻으로 달러화 수요 곡선은 그림에서처럼 우하향하는 형태로 그려진다. 외환시장의 균형은 달러화의 수요와 공급이 교차하는 점 e에서 결정되며 이때 균형 시장 환율은 (W/$)*, 거래되는 달러화의 양은 $*이다.

과연 외환시장의 수요와 공급 조건에 의해 결정된 환율은 각국의 통화가치를 온전히 반영하고 있을까? 환율은 물가와 금리, 국민소득과 같은 경제변수는 물론 자연재해와 국제분쟁, 무역 갈등과 같은 국제정치적 사건에 이르는 다양한 요인들의 영향을 받는다. 특히 물가와 금리는 환율의 장단기 움직임을 결정짓는 핵심 요인으로 통화 가치와 밀접한 관계가 있다.

구매력평가 이론

'구매력평가Purchasing Power Parity, PPP'는 물가와 환율의 관계를 규명하는 이론으로, '구매력평가환율PPP Exchange Rate'이라는 가상의 환율을 통해 시장에서 형성된 환율이 한 나라의 통화 가치를 제대로 반영하고 있는지, 그리고 장기적으로 환율이 어떤 방향으로 움직일지 예측하는 가늠자 역할을 한다.

구매력평가에서는 두 나라 간 자유로운 상품 교역이 가능하다면 통화의 구매력은 양국에서 같아져야 한다고 본다. 이것은 운송비용이나 무역장벽과 같이 교역에 장애가 되는 요인이 없다면 하나의 상품은 두 나라 모두에서 하나의 가격을 가질 것이라는 '일물일가의 법칙Law of One Price'에서 출발한다. 만약 하나의 상품이 두 나라 시장에서 다른 가격에 거래되고 있다면 어떤 일이 발생할까? 이 경우 가격이 싼 시장에서 상품을 구매한 뒤 이를 가격이 비싼 시장에 팔아 차익을 얻을 수 있다. 이때 가격이 싼 시장에서는 수요가 증가해 가격이 상승하고 가격이 비싼 시장에서는 공급이 증가해 가격이 하락할 것이다. 차익거래로 인한 가격 조정은 두 나라의 상품 가격이 같아질 때까지 계속되며 결국 두 나라에서 동일한 상품은 하나의 가격을 갖게 된다.

가령 빅맥이 한국과 미국에서 각각 4,000원과 4달러에 판매되고 있다면 일물일가의 법칙에 의해 '4,000원=4달러×환율'의 관계가 성립해야 한다. 이때 환율은 '1달러=1,000원'으로 계산되는데, 이는 외환시장에서 관찰되는 실제 환율이 아니라 일물일가의 법칙에서 도출된 이론적 환율이다. 이렇게 도출된 환율이 통화의 구매력을 양국에서 같게 하는 환율인 구매력평가환율이다. 따라서 외환시장에서 1달러가 1,200원에 거래되고 있다면 이는 달러화가 실제 구매력에 비해 그 가치가 시장에서 과대평가받고 있는 셈이다. 이때 원화는 그 구매력에 비해 시장에서 가치가 과소평가받고 있는 것이다. 이처럼 구매력평가환율은 실제로 관찰할 수 있는 것은 아니지만 외환시장에서 형성된 환율이 구매력의 관점에서 적정한지 평가하는 잣대가 된다.

구매력평가환율은 국가 간 교역에 장애가 되는 요인이 없다면 통화의 구매력은 양국에서 같아져야 한다는 구매력평가 관계 '국내물가 = 해외물가 × 환율'로부터 도출한 이론적 환율로 물가와 환율 간 관계를 규명하는 이론이다. 이때 환율은 실제로 관찰되는 환율과 괴리가 있다. 실제 환율은 외환시장의 수요와 공급에 의해 결정되기 때문이다. 운송비용이나 무역장벽 등 교역의 장애 요인이 있다는 것과 서비스의 경우 공산품과 달리 교역이 쉽지 않다는 것이 이러한 괴리의 원인이 된다.

구매력평가환율은 국가 간 실제 생활수준을 비교(구매력평가환율로 구한 1인당 GDP)할 때 자주 쓰인다. 국가 간 1인당 GDP 비교 시 미국 달러화로 변환하는데 이때 시장환율이나 구매력평가환율 중 어떤 환율을 적용하는지에 따라 값이 달라진다. 또 장기적으로 시장환율이 구매력에 비해 너무 과대평가 내지 과소평가된 것은 아닌지 판단하는 근거를 제공함으로써 환율의 장기 움직임을 예측하는 데 하나의 기준이 된다. 가령 구매력평가환율이 '1달러=800원'이고 시장환율이 '1달러=1,300원'이라면 달러화가 구매력에 비해 과대평가된 것으로 볼 수 있다.

구매력평가는 물가와 환율의 관계, 더 나아가 환율의 장기 움직임을 설명하는 데 대단히 유용하다. 우선 구매력평가가 성립하지 않을 때 구체적으로 어떤 일이 벌어질지 상상해보자. 앞의 사례에서 한국의 빅맥 가격을 시장환율을 적용해 달러화로 환산하면 3.3달러(≒4,000원÷1,200원/달러)이다. 미국의 빅맥 가격은 4달러이므로 한국이 미국보다 빅맥을 싸게 팔고 있는 셈이다. 이 경우 3.3달러를 빌려 한국에서 빅맥을 구입한 뒤 미국에 팔면 4달러의 수입을 얻을 수 있고 처음 빌린 3.3달러를 갚으면 0.7달러의 이익이 남는다. 즉, 교역에 따른 비용만 없다면 빅맥 하나당 0.7달러의 차익을 얻을 수 있는 것이다.

쉽게 말해 이는 재화가 싼 나라는 수출을, 비싼 나라는 수입을 하는 방식으로 교역이 이뤄진다는 뜻이다. 실제로 낮은 생산원가로 인해 재화를 다른 나라보다 싸게 생산할 수 있는 나라는 수출국이, 그렇지 않은 나라는 수입국이 되며 각국은 자신이 비교우위가 있는 재화만 특화 생산한 뒤 이를 교환하는 방식으로 국가 간 무역이 이뤄진다는 사실을 감안하면 꽤 일리가 있는 셈이다. 이러한 방식의 교역은 수출국과 수입국 모두를 이롭게 하는데, 수출국은 외환을 획득할 수 있고 수입국은 자급자족하는 것보다 더 싼 가격에 소비할 수 있기 때문이다.

국가 간 교역과 환율의 관계

그러면 이와 같은 국가 간 교역은 시장환율에 어떤 영향을 미칠까? 빅맥의 사례의 경우 빅맥 가격은 한국이 미국보다 싸기 때문에 한국은 미국에 빅맥을 수출하고 미국 통화인 달러화를 획득하게 된다. 이는 외환시장에 달러화 공급을 늘리는 요인으로 원/달러 환율을 하락시키는 힘으로 작용한다. 즉, 빅맥 가격이 비싼 미국의 통화 가치는 하락하고 빅맥 가격이 싼 한국의 통화 가치는 상승하는 것이다. 이는 재화의 가격이 통화 가치에 부정적 영향을 미친다는 뜻이다. 이제 이러한 원리를 빅맥이라는 하나의 재화가 아닌 교역재 전반에 확대 적용해보면 물가가 환율에 어떤 영향을 미치는지 쉽게 짐작할 수 있다.

물가상승률이 높은 나라일수록 수입물가에 비해 수출물가가 비싸기 마련이고 이에 따라 수출보다 수입이 많게 된다. 이는 외환의 공급에 비해 수요가 많다는 뜻으로 외환의 가격인 환율을 상승시키는 요인이 된다. 따라서 높은 물가상승률은 그 나라 통화 가치를 하락시키고 환율을 상승시키는 요인이 된다. 실제로 장기에 걸쳐 각국의 물가상승률과 통화 가치 사이의 관계를 살펴보면

빅맥처럼 품질, 크기, 재료가 같은 물건이 세계 여러 나라에서 팔릴 때, 나라별 가격을 달러로 환산해 비교한다면 나라별 물가를 비교할 수 있고 나라별 환율의 적정 수준도 파악할 수 있다. 이런 점을 착안해 <이코노미스트>가 물가 기준으로 개발한 게 빅맥지수이다.

출처: 매경DB

높은 물가상승률을 경험한 나라일수록 달러화 대비 자국 통화 가치가 더 많이 하락했음을 확인할 수 있다.

이러한 원리를 앞의 빅맥 사례에 적용하면 어떤 결론을 얻을 수 있을까? 시장환율을 '1달러＝1,200원'이라고 할 때 한국에서 미국으로 빅맥이 수출되고 그 반대급부로 달러화가 한국 외환시장에 공급될 것이므로 환율은 하락하게 된다고 예상할 수 있다. 즉, 빅맥 가격이 비싼 미국의 통화 가치는 하락하고 빅맥 가격이 싼 한국의 통화 가치는 상승하게 되는 것이다. 이처럼 물가는 시장환율의 장기 움직임을 예상할 수 있게 한다.

짧고 굵게 고통 받기
vs 길고 가늘게 고통 받기

물가를 안정시키는 방법

중앙은행은 통화량과 기준금리를 조절해 민간(가계·기업)의 자금 대차거래에 적용되는 시중금리와 자금의 양을 조절한다. 중앙은행은 통화량과 금리라는 두 가지 통화정책 수단으로 민간지출(소비·투자)을 조절하고 이를 통해 경기 변동(경기 침체·경기 과열)을 완화할 수 있다. 경기 침체로 인해 경기 부양이 필요한 시기에는 금리 인하와 통화 공급 증가를 통해 소비와 투자 진작을 유도하고, 경기 호황으로 경제가 과열되어 인플레이션이 심화되는 경우 물가안정을 위해 금리 인상과 통화 공급 감소를 통해 소비와 투자를 위축시키는 것이다. 이렇게 경기 호황이나 불황 국면을 맞아 의도적으로 민간지출을 위축시키거나 자극해 지나친 경기 과열이나 경기 침체를 막는 정책을 '경제안정화정책Economic Stabilization Policy' 또는 '경기안정화정책'이라고 한다.

특히 물가안정은 중앙은행이 달성해야 할 최우선 목표로, 물가불안은 경제의 불확실성을 높이고 민간의 구매력 감소를 가져와 소비와 투자 활동을 위축시키는 등 경제 활력을 전반적으로 떨어뜨린다. 더욱이 물가 상승이 장기화될 때 기대물가상승률이 높아져 임금 인상 요구가 거세지고 이는 기업의 생산비용 상승으로 이어져 경제에 추가적인 인플레이션을 야기한다. 즉, 사람들의 기대인플레이션이 그 자체로 실제 인플레이션을 가속화시키는 인플레이션 관성Inflation Inertia이 되는 것이다. 중앙은행이 물가안정정책의 일환으로 기준금리 인상이나 통화 공급 축소와 함께 물가안정에 대한 명확한 의지를 끊임없이 시장에 공표하는 것은 기대인플레이션 고조가 임금 상승을 부추기고 이것이 또다시 인플레이션 심화를 불러오는 악순환, 이른바 '임금-물가 소용돌이Wage-Price Spiral'를 끊기 위한 노력의 일환인 셈이다.

현행 물가안정 정책은 목표인플레이션을 제시하고 목표치보다 물가상승률이 높은 경우 금리 인상과 통화 공급 감소를, 목표치보다 물가상승률이 낮은 경우 금리 인하와 통화 공급 증가를 통해 목표인플레이션을 달성하는 방식이다. 이러한 통화정책을 물가안정목표제(인플레이션 타깃팅Inflation Targeting)라고 하며 우리나라의 경우 외환위기 직후인 1997년 말 한국은행법을 개정하면서 1998년 도입해 현재까지 유지되고 있다. 통상 한국은행의 목표인플레이션

13,900
대추방울토마토1kg
100g당 928원
국내산
9,280

출처: 매경DB

물가안정은 중앙은행이 달성해야 할 최우선 목표로, 물가 불안은 경제의 불확실성을 높이고 민간의 구매력 감소를 가져와 소비와 투자 활동을 위축시킨다.

은 3±0.5%포인트로 알려져 있다. 실제 물가상승률이 목표인플레이션을 상회하면 이를 낮추기 위해 금리 인상 및 통화 공급 감소와 같은 긴축적 통화정책을 시행하는 데 이를 디스인플레이션Disinflation Policy이라고 한다. 즉, 디스인플레이션은 물가안정정책의 또 다른 이름인 셈이다.

디스인플레이션을 위한 긴축적 통화정책에는 크게 두 가지 전략이 있다. 기준금리를 급격히 인상하고 통화 공급을 줄이는 등 짧은 기간에 신속히 물가안정을 기하는 방법과 시간을 두고 서서히 물가안정을 추구하는 방법이 그것이다. 단기간에 급격히 금리를 상승시키고 통화 공급을 줄여 민간지출 감소와 인플레이션 하락을 유도하는 것을 '급랭 전략Cold-turkey Strategy'이라고 한다. 말 그대로 급격히 경기를 냉각시켜 물가를 잡겠다는 것이다. '쇠뿔도 단김에 빼라'는 격언과 같은 맥락이라 볼 수 있겠다. 한편 조금씩 반복적으로 금리를 인상하고 통화 공급을 감소시켜 충분한 시간을 두고 서서히 민간지출을 감소시키고 물가상승률을 목표치까지 하락시키는 방법을 '점진주의 전략Gradualism'이라고 한다.

물가안정 정책에서 중요한 것은 이 두 가지 전략 가운데 어떤 것이 더 나은가 하는 것을 상황에 맞게 판단하는 것이다. 이때 '필립스곡선Phillips Curve(단기에 물가상승률과 실업률 간 나타나는 경험적 상충관계)'이 우리에게 던지는 한 가지 시사점은 긴축적 통화정책을 통해 물가안정을 달성하기 위해서는 실업률이 현재보다 상승하는 것을 감수해야만 한다는 것이다. 이는 단기에 실업률과 물가상승률 사이에 음(—)의 관계가 존재하기 때문이다. 따라서 실업 증가와 같은 고용지표 악화는 물가안정에 따라오는 사회적 비용인 셈이다. 따라서 두 전략이 우리에게 주는 본질적 함의는 어떤 전략을 취하는 것이 당면한 경제 상황에서 더 적은 사회적 비용을 수반하느냐 하는 것이다. 어차피 물가안정을 위해 실업 증가가 불가피하다면 실업 증가라는 사회적 고통을 덜 가져오는 것을 더 나은 전략이라고 볼 수 있기 때문이다.

이때 두 디스인플레이션 전략에 수반되는 고통을 비교하는 한 가지 손쉬운 방법은 물가상승률을 1%포인트 낮추기 위해 발생하는 실업률 증가분의 누적치를 계산해 비교하는 것이다. 이를 '희생률Sacrifice Ratio'이라고 한다. 가령 현재 물가상승률이 6%이고 목표인플레이션이 2%일 때 목표인플레이션을 한 번에 달성하려면 한 번에 물가상승률을 4%포인트 낮춰야 한다. 따라서 금리를 급격히 인상하고 통화 공급도 급격히 줄여야 한다. 이 과정에서 실업률이 현재보다 3%포인트 증가했다면 희생률은 실업률 증가분 3%포인트를 물가상승률 하락분 4%포인트로 나눈 0.75가 된다.

한편 물가상승률을 6%에서 4%로 한 번 낮추고, 그다음에 시간을 두고 다시 4%에서 2%로 낮춘다고 하면 금리를 서서히 인상하고 통화 공급도 점진적으로 줄여나가야 한다. 이 과정에서 실업률이 처음 통화 긴축 때 1.5%포인트, 두 번째 통화 긴축 때 1.0%포인트 증가했다면 희생률은 실업률 증가분 누적치 2.5%포인트를 물가상승률 하락분 4%포인트로 나눈 0.625가 된다. 따라서 이 경우 점진주의 전략이 급랭 전략에 비해 희생률이 더 낮다. 이는 점진주의 전략을 취하는 것이 물가안정을 위해 감수해야 하는 실업률 상승분이 평균적으로 급랭 전략에 비해 더 적다는 것을 뜻한다.

하지만 현실에서 점진주의 전략이 급랭 전략보다 항상 더 물가안정에 효과적이라고 볼 수 있는 근거는 없다. 이는 국가별로, 시기별로 경제 상황이 다른 만큼 물가안정에 유용한 전략이 다르기 때문이다. 두 물가안정 전략 가운데 어떤 것을 선택하느냐의 문제는 물가안정에 수반되는 사회적 비용을 최소화하는 것과 같다. 때로는 고통을 길고 오래 받는 것이 낫기도 하고, 또 때로는 고통을 짧고 강하게 받는 것이 낫기도 하다. 인플레이션이 발생할 때마다 인플레이션과의 전쟁을 치러야 하는 한국은행의 고심이 깊어지는 이유이기도 하다. 이제 한국은행 총재를 비롯한 금융통화위원들의 깊은 한숨을 조금은 이해할 수 있을까?

인플레이션 타깃팅

인플레이션 타깃팅Inflation Targeting은 연간 달성해야 할 인플레이션 목표치를 사전에 정하고 이를 달성하는 방향으로 금리나 통화 공급량을 조정하는 방식으로 통화정책을 운용하는 제도이다. 미국을 비롯한 주요국(캐나다, 영국, 호주, 스웨덴, 스페인 등)은 물가안정이야 말로 장기적이고 안정적인 경제성장을 위해 선행돼야 할 필요조건이라는 문제의식하에서 이를 채택하고 있다. 우리나라의 경우 1997년 말 한국은행법을 개정하면서 1998년부터 이를 도입해 운영하고 있다. 물가안정목표제라고도 한다.

인플레이션 타깃팅 아래 시장 금리의 기준이 되는 정책금리(한국은행 기준금리, 미국의 경우 연방자금금리Federal Funds Rate) 가이드라인은 테일러 준칙Taylor's Rule으로 알려져 있다. 정책금리는 통화정책이 목표로 삼는 금리로 정식 명칭은 '한국은행 기준금리'이며 간단히 '기준금리'라고 한다. 한국은행은 통화정책 수단(환매조건부채권 7일물)을 사용해 금융시장 금리의 기초가 되는 콜금리Overnight Call Rate가 기준금리 수준에서 크게 벗어나지 않도록 유도한다. 여기서 콜금리는 은행들 간 매일의 자금(콜Call) 거래에 적용되는 만기 하루짜리 금리이며, 환매조건부채권Repurchasement Agreement, RP(금융기관이 일정 기간이 경과한 후 확정금리를 보태어 되사는 조건으로 발행하는 채권이다. 르포Repo 라고도 한다) 7일물은 중앙은행이 통화정책 수단으로 쓰는 만기 1주 일짜리 금융상품이다.

테일러 준칙이란 '물가안정'이라는 장기목표와 '경기안정'이라는 단기목표를 동시에 달성하기 위해 미국 연준의 정책금리인 연방자금금리를 어떻게 설정해야 할 것인가를 제안한 것이다. 중앙은행 기준금리의 설정 준거를 제공한다는 점에서 통화정책 운용 향방을 가늠할 수 있게 해준다. 테일러 준칙은 다음과 같이 쓸 수 있다.

$$\text{연방자금금리} = \text{균형단기실질이자율} + \text{물가상승률}$$
$$+ \ a \times (\text{실제물가상승률} - \text{목표물가상승률}) + b \times (\text{실질GDP} - \text{잠재GDP})$$

테일러는 미국의 경우 가중치 a, b는 0.5로, 목표물가상승률은 2%로 설정할 것을 권고하고 있다. 다만 이 수치를 세계 다른 국가의 중앙은행이 따라야 할 필요는 없으며, 각국의 사정에 맞춰 적절한 수준으로 설정하는 것이 필요하다는 입장이다.

이 식의 의미는 실제물가상승률이 목표물가상승률보다 높거나 실질GDP가 잠재GDP보다 큰 경우 정책금리인 연방자금금리를 인상하고, 실제물가상승률이 목표물가상승률보다 낮거나 실질GDP가 잠재GDP보다 작은 경우 연방자금금리를 인하해야 한다는 것이다. 즉, 물가상승 압력이 증가하거나 경기가 과열될 경우 긴축적 통화정책을, 그 반대의 경우 완화적 통화정책을 펴도록 규칙으로 정해둔 셈이다. 통화정책 담당자의 주관이 과도하게 개입되는 것을 막고 재량을 남발할 여지를 줄이는 한편 일관되게 경기안정과 물가안정을 추구할 수 있도록 규칙으로 못 박아 둔 것이다.

'실제인플레이션 > 목표인플레이션' 또는 '실질GDP > 잠재GDP'

➡ 연방자금금리(우리나라 기준금리) ⬆

'실제인플레이션 < 목표인플레이션' 또는 '실질GDP < 잠재GDP'

➡ 연방자금금리(우리나라 기준금리) ⬇

은퇴 후에도
왜 생활비는 줄지 않나?

국민소득과 소비지출의 관계

가계의 소비지출은 국민소득에서 가장 큰 비중을 차지하는 항목으로 현재 경기를 진단할 수 있는 가늠자 역할을 한다. 현실에서 소비지출은 국민소득이 증가할 때 팽창하고 국민소득이 감소할 때 위축되는 경기순응성Pro-cyclicality을 가지기 때문이다. 국민소득과 소비지출 간 이러한 뚜렷한 공행성Comovement은 소비지출이 가계의 처분가능소득에 따라 결정된다고 주장한 케인스의 소비이론(절대소득가설Absolute Income Hypothesis)으로 충분히 설명된다. 이 이론에 따르면 소비지출은 소득수준과 관계없이 최소한의 생계를 위해 항시 일정하게 소비해야 하는 독립소비와 처분가능소득에 비례적으로 증가하는 소비로 구성된다. 이때 소득 대비 소비지출의 비중인 평균소비성향은 소득이 높을수록 작아지는데 이는 소득이 높을수록 독립소비가 소득에서 차지하는 비중이 감소하기 때문이다.

하지만 장기에 국민소득과 소비지출 간 공행성은 단기만큼 뚜렷하게 관찰되지 않으며 평균소비성향도 대체로 일정하게 유지되는 모습이 나타난다. 경기가 호황과 불황을 거듭하며 변동할 때 소비지출도 그에 따라 각각 증가하고 감소하는 방식으로 영향은 받지만 소득 변동성에 비해 그 폭이 현저히 작다는 것이다. 이처럼 소비지출이 소득에 영향을 받으면서도 소득에 비해 그 변동성이 현저히 미미한 것을 '소비평탄화Consumption Smoothing' 또는 '소비평활화'라고 한다. 이러한 현상은 소비지출의 가장 두드러진 특징 중 하나로 소비의 수수께끼Consumption Puzzle로 불리며 오랜 기간 그 이유를 설명하기 위한 다양한 가설이 제기되어 왔다.

듀젠베리James Stemble Duesenberry(1918~2009)와 모딜리아니Franco Modigliani(1918~2003)는 상대소득이 소비지출에 미치는 영향에 주목했다. 이 가설에 따르면 소비지출을 결정하는 데 자기 소득의 절대수준보다 자신이 소비활동 시 준거로 삼는 또래집단의 소득과 소비지출 수준이 훨씬 큰 영향을 미친다. 대개 사람들은 비슷한 사람들끼리 교류하며 소비생활을 영위하는 습관이 있으므로 소득이 비슷한 무리의 소비지출을 자기 소비의 기준으로 삼아 지출 규모를 결정한다는 것이다. 따라서 현재 소비는 또래집단의 소비와 비슷한 수준으로 유지되며 이러한 경향성은 단기간에 쉽게 변하지 않

경기가 호황과 불황을 거듭하며 변동할 때 소비지출도 그에 따라 각각 증가하고 감소하는 방식으로 영향은 받지만 소득 변동성에 비해 그 폭이 현저히 작다.

으므로 장기에도 그대로 유지되기 쉽다.

　이러한 소비 습관은 경제 상황에 따라 자신의 소득이 증가하거나 감소하더라도 소비는 바뀐 소득수준에 맞춰 신속히 조정되지 않고 상당 기간 기존 수준으로 유지되도록 하는 요인이 된다. 가령 한동안 고소득층에 속하던 사람이 그 그룹의 소비지출 규모에 자신의 소비를 맞춰왔다면 향후 더 이상 자신이 과거처럼 많은 소득을 벌지 못하더라도 이미 형성된 습관 때문에 그 후로도 일정 기간은 과거의 소비 형태를 거의 그대로 유지하게 된다는 것이다. 이는 장기적으로 소비는 소득에 비해 그 변동성이 작게 나타난다는 것을 의미한다.

요컨대 상대소득가설 아래에서 소득수준에 따라 소비습관이 한 번 형성되면 쉽게 바뀌지 않는 비가역성을 가지며 이러한 이유로 장기적으로 소득에 비해 비교적 평탄하게 움직이는 모습을 보인다는 것이다.

저축과 소비지출의 관계

한편, 모딜리아니-안도-브룸버그Modigliani-Ando-Brumberg는 생애 전반에 걸친 소득 흐름에 따른 저축이 소비지출에 미치는 영향에 주목했다. 통상 노동시장 진입 전인 영유아기 및 소년기까지는 생산활동을 통해 소득을 발생시키지 못하며 의식주와 교육투자에 필요한 지출을 부모나 유산 등에 의존하는 단계이다. 한편 청장년기에는 자신에게 꼭 필요한 몫 이상으로 소득을 벌어들일 수 있지만 이러한 소득흐름이 평생 지속되는 것은 아니므로 은퇴 이후의 삶, 즉 노후를 위해 저축을 한다.

은퇴 이후 노년기에는 더 이상 소득이 발생하지 않거나 청장년기에 비해 현저히 적은 소득을 벌어들이지만 과거 축적해둔 저축을 통해 부족한 소득을 보완할 수 있다. 생계유지를 위한 소비지출은 필연적인 데 비해 스스로 소득을 창출할 수 있는 기간은 생

1인당 생애주기적자

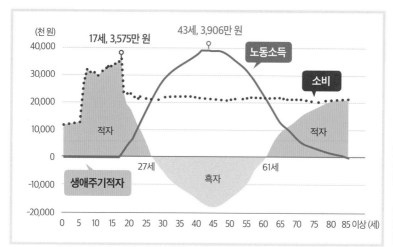

출처: 통계청(2021 국민이전계정)

애 전반에 걸쳐 일정 시기로 제한되어 있으므로 저축이라는 완충자산Buffer Asset을 통해 보완하며 이를 통해 소비지출 규모가 소득변동에 따라 지나치게 많은 영향을 받지 않도록 계획한다는 것이다. 따라서 소비지출은 소득의 변동성에 비해 작게 나타날 수밖에 없다. 소비가 장기적으로 소득보다 완만하게 움직이는 또 다른 합리적인 이유인 셈이다.

　프리드먼Milton Friedman(1912~2006)은 소비지출에 영향을 미치는 소득을 항상소득Permanent Income과 일시소득Transitory Income으로 구분했다. 항상소득은 주로 장기간·정기적으로 발생하는 소득으로 변동성이 작아 예측이 쉽고, 일시소득은 간헐적·일시적으로 발생하는 소득으로 변동성이 커 예측이 어렵다. 프리드먼은 소비지출은 일시소득이 아닌 항상소득에 따라 결정된다고 봤다. 항상소득은 장기간에 걸쳐 형성된 소득의 평균수준으로 그 특성상 오랜 기간에 걸쳐 축적된 결과이므로 단기적인 소득 변동에 따라 크게 변하기 어렵다. 가령 어떤 사람이 최근 승진으로 급여가 늘었더라도 급여 증가가 항상소득에 미치는 영향은 제한적이며 이에 따른 소비지출 증가도 미미한 수준에 그친다. 따라서 소득이 늘어난 만큼 소비지출은 늘지 않으며 이는 장기적으로 소비지출이 소득에 비해 변동성이 작게 나타나는 원인이 된다.

이 이론에 따르면 복권에 당첨되더라도 당첨금액이 자신의 항상소득을 바꿀 정도로 크지 않다면, 즉 생애 전반에 걸쳐 기대되는 평균적인 소득을 항구적으로 늘릴 정도가 아니라면 소비지출은 그리 크게 증가하지 않는다. 또 비정규직 일자리 증가 등 고용안정성 저하처럼 소득흐름의 불확실성을 높이는 노동시장 구조 변화나 저출산·고령화처럼 소득을 벌어들이는 시기보다 은퇴 이후 시기가 더 늘어나는 인구통계학적 변화는 항상소득을 줄이는 요인으로 작용할 공산이 크다. 따라서 사회 환경의 구조적 변화는 소비성향을 낮춰 소득을 더욱 평탄하게 만들 가능성이 크다.

실제로 2011년 이후 우리나라의 소비성향이 구조적으로 낮아졌다는 실증 결과가 있는데 높아진 고용불안정성이 그 원인의 하나로 지목된다. 소비는 지출국민소득의 가장 큰 부분을 차지하는 항목으로 내수 경기와 직결된다는 점에서 최근의 사회 구조적 변화를 결코 긍정적으로 볼 수 없다. 우리나라의 성장잠재력을 침식해 저성장 국면을 고착화시키는 요인으로 작용하지 않을까 우려스러운 목소리가 있는 것도 이 때문이다.

지출국민소득, 소비 + 투자 + 정부구매 + 순수출

국민소득(통상 국내총생산GDP)은 생산, 분배, 지출 세 가지 측면에서 측정할 수 있고, 사후적으로 이 세 측면의 국민소득은 모두 같은 값을 가져야 한다. 이른바 '국민소득 삼면등가의 법칙'이다.

생산국민소득 = 분배국민소득 = 지출국민소득

생산은 노동, 자본, 토지와 같은 생산요소와 생산기술을 결합해 만들어내는 재화와 서비스 총량의 가치로 이렇게 만들어진 산출물의 가치는 임금, 이자, 임대료로 모두 분배된다. 임금, 이자, 임대료는 각각 노동, 자본, 토지를 제공한 대가로 받는 반대급부이다. 임금과 이자, 임대료를 생산요소를 제공한 대가로 받는 소득이라는 의미에서 요소소득이라고 하며 요소소득의 합은 산출물의 가치와 이론적으로 같다.

한편, 지출국민소득National Income Expended은 소비, 투자, 정부구매, 순수출(수출에서 수입을 차감한 값)의 합으로 경제주체별로 구분이 명확해 측정이 쉽다는 장점이 있다. 소비는 가계가 재화나 서비스를 구매하는 활동으로 지출국민소득에서 가장 큰 비중을 차지하며 내수경기를 판가름 하는 요소이다. 투자는 기업의 공장건설, 건설 기계 등 생산설비 구매처럼 자본재 확충을 위한 지출 활동을 뜻한다. 지출국민소득에서 차지하는 비중은 작지만 경기변동을 주도한다는 점에서 향후 경기 전망을 가늠하는 역할을 한다. 정부구매는 공공투자, 공무원 임금 지급 등 정부의 지출활동이다. 공공서비스 제공, 경기부양 등을 목적으로 하는 재정활동의 일환으로 시간이 지날수록 지출국민소득에서 차지하는 비중이 지속적으로 증가하고 있다. 순수출은 수출에서 수입을 뺀 것으로 우리나라 재화와 서비스에 대한 해외 수요로 볼 수 있다. 대외의존도가 큰 우리나라의 경우 순수출은 경기에 지대한 영향을 끼친다. 반도체 경기 호불황 여부에 따라 국내 경기가 얼마나 민감하게 영향을 받는지 생각해보면 한층 와닿을 것이다.

갈수록 교활해지는 마케팅, 다이내믹 프라이싱

　우리나라 문화 콘텐츠가 세계적으로 그 경쟁력과 우수성을 인정받아 승승장구하고 있다는 것은 잘 알려진 사실이다. 최근 K-드라마, K-팝은 기존에 성공했던 아시아시장에 국한하지 않고 유럽, 미국과 같은 소위 문화선진국 시장에서도 선풍적 인기를 끌고 있다.

　하지만 이러한 좋은 분위기에 찬물을 끼얹는 사건도 있다. 지난 2023년 5월 10~14일 미국 LA에서 열린 방탄소년단 슈가의 솔로 콘서트 티켓 가격은 1,100달러, 한화 약 145만 7,000원에, 5월 17~28일 블랙핑크 태국 공연의 VIP좌석 티켓은 1만 4,800바트, 한화 약 58만 1,700원에, 앞서 2월에 열린 스트레이키즈 콘서트 티켓은 최고 8,500바트, 한화 약 33만 4,000원에 판매되는 등 소위 K-바가지 사건이 그것이다. 기존 콘서트 티켓의 평균 가격은 15~16만 원대인 것을 감안하면 터무니없이 비싼 가격인 셈이다. 이에 세계 K-팝 팬들의 불만이 고조되었고, 일부 국내 팬들 사이에서는 콘서트·굿즈·앨범 불매운동이 일어나기도 했다.

티켓 가격이 비싸진 이유, 가격차별

이렇게 콘서트 티켓 가격이 비싸진 이유는 티켓 가격 책정 알고리즘으로 다이내믹 프라이싱Dynamic Pricing 시스템을 적용했기 때문이다. 이것은 수급 조건 등 시시각각 변하는 시장 상황을 티켓 가격에 반영해 책정하는 것으로 동일한 상품이나 서비스 가격을 구매자별로 다르게 받는 가격차별Price Discrimination의 일종이다. 인공지능과 빅데이터를 활용해 실시간으로 구매자 반응을 반영할 수 있게 되면서 구매자가 지불의사의 심리적 상한선에 가깝게 가격이 책정되는 셈이다.

가격차별은 동일한 상품을 소비자의 특성(지불용의가격Willingness To Pay, 지불용의가 있는 최대가격)에 따라 다른 가격으로 판매하는 것을 뜻한다. 가령 동일한 상품을 가격에 민감한 소비자에게 싸게, 가격에 둔감한 소비자에게는 비싸게 파는 것이다.

이러한 가격전략을 구사하기 위해서는 소비자의 특성에 따라 소비자를 서로 다른 그룹으로 식별하고 분리할 수 있어야 하며 소비자들 간 재판매를 차단할 수 있어야 한다. 소비자들 간 재판매 거래가 가능하다면, 싼 가격에 구입한 소비자가 비싼 가격을 지불할 용의가 있는 다른 소비자에게 재판매함으로써 재화를 판매한 기업이 아니라 중개상 역할을 한 소비자가 이익을 가져가기 때문이다. 또 기업은 해당 재화시장에서 일정 수준의 시장지배력을 갖추고 있어야 한다. 이와 같은 조건이 갖춰진다면 기업은 동일한 재화를 소비자에 따라 다른 가격으로 판매함으로써 이윤을 늘릴 수 있다.

가령 노인과 학생은 시간은 많지만 경제적 여유가 적어 직장인에 비해 통신요금에 대해 더 민감하다. 반면 직장인은 경제적으로는 상대적으로 여유가 있지만 시간이 부족하므로 통신요금에 대해 덜 민감하다. 노인과 학생처럼 외관상 그 특징이 드러나 쉽게 이들의 성향을 파악할 수 있다면, 이들에게 통신요금을 싸게 책정함으로써 더 많이 가입하도록 유도할 수 있다. 한편, 이러한 가격 전략은 지불용의가격이 낮은 소비자로 하여금 재화를 소비할 수 있도록 함으로써 그들에게도 이익을 준다. 즉, 기업과 소비자 모두 이익을 얻게 되는 셈이다.

사실 이러한 가격 책정 기법은 비단 콘서트 티켓 가격에만 적용되는 것은 아니며, 그게 처음도 아니다. 이미 호텔·항공·숙박권 예매 시에도 광범위하게 활용되어 왔다. 가령 여행·숙박 사이트에서 수요가 많은 휴가철에 패키지 가격을 인상하고 비수기 때 가격을 인하하거나 할인 혜택을 주는 것이 그 사례이다. 다만, 구매자의 지불의사를 실시간으로 분석할 수 있는 빅데이터, 인공지능 기술이 접목됨에 따라 더 비싼 가격을 지불할 의사를 가진 구매자를 보다 정교하게 골라낼 수 있다는 점이 달라진 것이라 하겠다.

판매자에게 이러한 판매기법은 특히 초과수요가 있는 시장에서 요긴하게 활용된다. 수요가 공급 물량보다 많을 경우 판매자는 정해진 물량을 조금이라도 더 비싼 가격을 기꺼이 지불할 의사를 가진 구매자에게 판매하는 것이 이득이기 때문이다. 따라서 판매자는 비싼 가격부터 싼 가격까지 다양한 가격대를 제시하면서 어떤 구매자들이 구매의사를 철회하는지, 어떤 구매자들은 여전히 소비의사를 내비치는지를 거의 즉각적으로 파악해 비싼 가격대에 구매의사를 내비치는 구매자부터 그렇지 않은 구매자까지 차례로 물량을 소진시키는 것이다.

구매자의 심리적 저항을 일으키는 적정선

다이내믹 프라이싱은 인공지능과 빅데이터 기술을 기반으로 전통적인 경매에 비해 훨씬 더 빠르고 쉽게 이러한 과정을 가능케 한다. 인공지능과 정보통신 기술 발달로 인해 구매자의 구매의사를 즉각적으로 파악하고 구매자들끼리 경쟁시킬 수 있는 환경이 조성됐기 때문이다. 그렇다면 이러한 판매 기법을 마냥 나쁘게만 볼 수 있을까? 가격차별 이론에 따르면 반드시 그렇지는 않다. 심리적 상한가격이 높은 구매자에게는 비싼 가격을, 심리적 상한가격이 낮은 구매자에게는 싼 가격을 제시해 판매한다면, 기존 시장

출처: 매경DB

경제 전문가들은 판매자가 이익을 추구하는 것은 당연하지만 자칫 구매자가 심리적으로 수용할 수 있는 적정
선을 넘길 경우 강한 저항과 반발에 직면할 수 있다고 본다.

가격하에서 거래에 응할 수 없었던 사람들까지 시장거래에 참여
시킬 수 있어 거래량이 늘고 교환의 이익이 따라 늘기 때문이다.

한 예로 여행·숙박업계의 경우 여행객이 적고 숙소가 남을 때
더 싼 가격으로 남는 물량을 판매함으로써 기존 가격대에서 거래
에 응하지 않던 잠재 수요를 시장거래로 끌어낸다. 이는 시장거
래 활성화 및 부가가치 창출에 기여한다는 긍정적인 면이 있다.
또 제한된 물량의 제품을 상대적으로 더 높은 심리적 가치를 부여
하는 사람이 우선 구매하도록 배분함으로써 자원배분의 효율성을
높일 수 있다.

문제는 다이내믹 프라이싱 기법이 초과수요가 많은 시장을 중

심으로 활용되면서 거래량을 늘려 시장의 거래량을 늘리기보다는 단가 올리는 데 급급하게 쓰이고 있다는 점이다. 게다가 책정되는 가격대도 다수의 기존 구매자들이 심리적으로 수용할 수 있는 가격대에 비해 한참 높다는 점도 불만을 증폭시키는 점으로 지적된다. 가령 아이돌 소속사가 콘서트나 팬 미팅회 티켓 예매에 이러한 기법을 활용하면서 티켓 가격이 순식간에 급등하는 사례가 그것이다. 슈가 단독 콘서트 티켓의 정가는 400달러, 한화 약 53만 원에서 불과 몇 초 만에 100만 원대로 상승한 바 있다.

아이돌 콘서트 티켓이나 팬 미팅 티켓 가격 책정처럼 초과수요가 많은 시장에 이러한 판매기법을 적용할 경우 거래량 증진에 기여하기보다 구매자 몫으로 돌아갈 편익을 판매자가 차지하는 효과 커 기존 구매자들의 심리적 반발을 야기하게 된다. 현실에서 5만 명을 수용할 수 있는 유명 가수 콘서트 티켓이 1~2초 만에 매진되기도 한다는 점을 감안하면 다이내믹 프라이싱을 통해 판매자는 구매자가 누리던 편익의 상당 부분을 취할 수 있다.

경제 전문가들은 다이내믹 프라이싱 기법에서 발생하는 문제의 핵심은 가격이 구매자의 심리적 저항을 일으키는 적정선을 넘느냐 여부에 있다고 본다. 판매자가 이익을 추구하는 것은 당연하지만 자칫 구매자가 심리적으로 수용할 수 있는 적정선을 넘길 경우 강한 저항과 반발에 직면한다는 것이다. 판매자는 장기적 관점에서 고객이 너무 많이 이탈하지 않도록 적정 가격대를 찾아 다이내믹 프라이싱을 잘 활용하는 것이 중요하다.

중고차 거래의
비밀

정보의 비대칭성

판매자와 구매자 가운데 한 쪽이 제품의 품질에 대해 더 많이, 더 잘 알고 있는 상황을 정보의 비대칭성Information Asymmetry 또는 비대칭정보Asymmetric Information가 있다고 표현한다. 이는 거래 당사자 중 한쪽이 제품의 하자나 품질, 사람(학생, 근로자)의 능력 등에 대해 더 많이 알고 있는 상황으로 감추어진 특징Hidden Characteristic과 감추어진 행동Hidden Action이라는 서로 다른 두 유형으로 구분된다.

감추어진 특징은 중고차 시장Lemon Market에서의 거래처럼 제품 품질에 대한 정보를 판매자가 더 많이 알고 있는 상황을 말한다. 예를 들어, 중고차 시장에서 거래할 때 우량품은 퇴장하고 불량품만 시장에 남아도는 역선택Adverse Selection이 발생하는 경우이다. 감

통상 판매자는 제품의 하자나 특징에 대해 구매자보다 월등히 더 많은 정보를 가지고 있기 때문에 이 경우 우량품이 시장에서 퇴장하고 불량품만 넘쳐나는 역선택이 발생하기 쉽다.

추어진 행동은 근무태만Shirking과 같은 도덕적 해이Moral Hazard(도덕적 위험)의 형태로 주로 나타난다. 관리자는 근로자의 근태를 일일이 감시·감독할 수 없으므로 드러난 성과나 결과물을 통해 평가할 수밖에 없는 경우가 많다.

어떤 근로자의 성과가 과연 최선을 다한 결과인지 그렇지 않은지는 본인만 알 수 있기 때문이다. 이 경우 근로자는 근무에 최선을 다하기보다 평가에 불이익을 받지 않을 정도로만 일하는 것이 최선이다. 이처럼 근로계약 이후 노동자가 자신의 근태에 대해 더 많은 정보를 가지고 있는 상황이 감추어진 행동의 대표적

사례이다.

자동차 보험 가입 후 난폭 운전을 일삼는 운전자, 화재보험 가입 후 건물 관리에 소홀한 건물주, 선거 당선 후 지역구민보다 자신의 경력을 위한 일에 더 골몰하는 구의원, 투자자가 원하는 수준보다 더 많은 위험을 감수하려는 펀드매니저의 행태는 모두 감추어진 행동으로 인한 도덕적 해이의 사례이다. 이때 구의원과 펀드매니저는 각각 구민과 투자자라고 하는 주인Principal으로부터 구의 행정과 자금운용을 위탁받은 대리인Agent으로, 주인이 자신의 행동을 일거수일투족 감시할 수 없다는 점을 이용해 주인보다 자신의 이익을 우선시할 수 있는데 이를 주인-대리인 문제Principal-Agent Problem라고 한다.

참고로 뽑아만 주신다면 뼈를 묻겠다고 면접관 앞에서 자신 있게 말하지만 막상 정규직 전환이 된 후 일에 열과 성을 다하기보다 더 나은 직장으로의 이직만 생각한다거나, 근무시간에 재테크에 더 열심인 사원도 도덕적 해이의 한 사례이다.

통상 판매자는 제품의 하자나 특징에 대해 구매자보다 월등히 더 많은 정보를 가지고 있다. 이러한 상황에서 둘 사이에 거래가 이뤄지면 우량품이 시장에서 퇴장하고 불량품만 넘쳐나는 역선택이 발생하기 쉽다. 제품의 하자나 품질은 그 제품의 감추어진 특성Hidden Characteristic에 해당한다. 이러한 감추어진 특성에 관한 정보를 판매자가 독점함으로써 구매자에 비해 정보우위에 서게 되는 것이다. 이러한 사적정보Private Information를 바탕으로 판매자는 가격홍정에서 우위를 점하며 협상의 주도권을 행사할 수 있다. 제품의 값어치를 갉아먹는 정보는 숨기고 협상에 유리한 정보만 공개할 수 있기 때문이다. 반면, 구매자는 정보 부족으로 제품의 실제 가치를 정확히 파악하기 어렵다. 이로 인해 협상에서 불리한 위치에 놓이며 가격홍정에서도 주도권을 가지기 힘들다.

우량품이 아니라 불량품이 거래되는 역선택 현상

그러면 제품의 장단점에 대해 속속들이 알고 있는 판매자와 그렇지 못한 구매자가 협상에 임할 때 각각 어떻게 행동하게 될까? 구매자는 제품의 실제 가치를 파악하기 위해 정보를 최대한 입수해 자신이 지불할 수 있는 가격의 상한, 즉 지불용의가격Willingness To Pay을 설정하려 한다. 만약 판매자가 구매자의 마음속에 있는 지불용의가격보다 낮은 가격을 제시하면 거래가 성사될 것이고, 더 높은 가격을 제시하면 구매자는 거래에 응하지 않을 것이다.

이때 중요한 것은 우량품Plum과 불량품Lemon이 어떤 비율로 섞여 있는가 하는 것이다. 우량품이 다수라면 구매자는 당연히 매물이 높은 확률로 우량품일 것이라 여길 것이고 이에 따라 우량품에 합당한 금액, 즉 많은 금액을 기꺼이 지불하고자 할 것이다. 반대로 불량품이 다수라면 구매자는 매물이 높은 확률로 불량품일 것이라 여길 것이고 이에 따라 불량품에 합당한 금액, 즉 적은 금액만 지불하려 할 것이다. 이때 우량품의 실제 가치를 정확히 알고 있는 판매자는 구매자가 우량품의 실제 가치에 합당한 금액을 지불할 용의가 있는 경우에만 우량품을 팔 것이다.

따라서 전체 매물에서 불량품이 차지하는 비중이 클수록 우량품 거래는 성사되기 어렵다. 구매자는 판매자가 내놓은 매물이 우량품인지 선뜻 확신할 수 없어 우량품에 합당한 충분한 금액을 지불하려 하지 않을 것이고, 판매자는 헐값에 우량품을 팔지 않으려 할 것이기 때문이다. 이와 같은 상황에서는 시간이 흐를수록 점차 우량품은 시장에서 퇴장하고 불량품만 시장에 남게 된다. 불량품이 섞여 있다는 사실이 우량품을 시장에서 몰아내는 상황인 셈이다. 이처럼 감추어진 특성으로 인해 시장에서 우량품이 아니라 불량품이 거래되는 현상을 '역선택'이라고 한다.

감추어진 특성으로 인한 역선택 현상은 제품의 실제 가치를 정확히 평가하기 어려운 중고차 시장에서 주로 관찰된다. 조지 애커로프George Akerlof(1940~)가 제시한 사례를 활용하여 구체적으로 살펴보자. 여기서 중요한 것은 중고차 품질에 관한 판매자와 구매자 간 비대칭정보가 어떻게 시장거래를 망가뜨리는지 확인하는 것이다.

중고차 시장에 100명의 판매자와 100명의 구매자가 거래에 임하고 있고 전체 매물 중 절반만 우량품이고 나머지는 불량품이라고 하자. 중고차 품질은 판매자만 식별할 수 있으며 구매자는 우량품과 불량품이 절반씩 섞여 있다는 사실만 알 뿐이다. 중고차 구매자는 최대 한 대의 중고차만 살 수 있고 각 판매자도 한 대의

상태	판매자	구매자
우량(50대)	1,800만 원 이상	2,000만 원 이하
불량(50대)	1,000만 원 이상	1,200만 원 이하

중고차만 가지고 있다. 판매자와 구매자 각각이 생각하는 중고차의 가치는 위의 표와 같다. 단, 판매자가 생각하는 우량품과 불량품의 최소가치, 즉 1,800만 원과 1,000만 원은 공개된 정보로 구매자도 쉽게 입수할 수 있다고 하자(과거 체결된 계약 정보나 중고차 시장에 관한 신뢰할 만한 소문 등으로 이 정도 정보는 입수 가능하다).

구매자는 자신의 눈앞에 놓인 매물이 절반의 확률로 우량품, 절반의 확률로 불량품이라는 사실을 알고 있으므로 최대 1,600만 원을 지불할 용의가 있을 것이다. 이 1,600만 원이라는 값은 구매자가 우량품에 대해 지불할 용의가 있는 최대가격 2,000만 원의 절반, 즉 1,000만 원과 불량품에 대해 지불할 용의가 있는 최대가격 1,200만 원의 절반, 즉 600만 원을 더한 것이다. 하지만 우량품에 대해 판매자는 적어도 1,800만 원은 받고자 하므로 둘 사이에는 거래가 성사되지 않는다. 이러한 사실은 구매자도 쉽게 미루어 짐작할 수 있다.

따라서 판매자가 1,600만 원 이하의 가격으로 매물을 팔 의향을 내비치는 순간 구매자는 그 매물이 우량품일 리 없다고 확신하게 된다. 판매자가 1,600만 원 이하 가격으로 판매하고자 하는 제

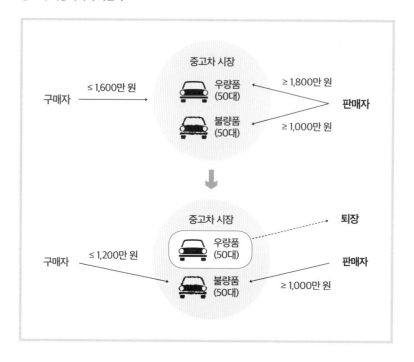

중고차 시장에서의 역선택

품은 우량품이 아닌 것이 분명하므로 구매자는 이에 대해 1,200 만 원 이하로만 값을 지불하려고 할 것이다. 한편, 판매자는 불량품에 대해 1,000만 원 이상이면 팔 의향이 있으므로 둘 사이에 거래가 이뤄질 수 있다. 따라서 불량품 50대만 1,000만 원 이상, 1,200만 원 이하 가격에서 거래되고 시장은 청산된다. 이때 구매자의 협상력이 크다면 1,000만 원에 가까운 가격으로, 그 반대의 경우라면 1,200만 원에 가까운 가격으로 거래가 이뤄질 것이다.

필요한 정보를 보내는 행위, 신호발송

그러면 중고차처럼 실제 가치를 정확히 가늠하기 어려운 제품의 시장거래는 역선택으로 귀결될 수밖에 없는 운명일까? 꼭 그렇지는 않다. 시장은 감추어진 정보로 인한 역선택 문제에 대응하기 위해 다양한 수단들을 발전시켜왔기 때문이다. 가령, 판매자는 우량품이 실제로 우량품이라는 것을 보이기 위해 무상 A/S를 제공하거나 품질 보증서Warrant를 보여줄 수 있다. 또 중고차 업체들은 오랜 기간 형성돼온 평판Reputation을 활용하거나 이미 형성된 회사 브랜드가 있다면 이를 통해 자신들이 판매하는 중고차가 우량품이라는 믿음을 심어줄 수 있다.

이처럼 정보를 가진 사람the Informed이 정보를 갖지 못한 사람the Uninformed에게 필요한 정보를 보내는 행위를 '신호발송Signaling'이라고 한다. 명성·평판·품질보증서 등은 모두 신호발송의 사례이다. 대학입시에서 학생부, 취업시장에서 자격증 등도 학생과 취준생이 대학과 기업의 인사담당자에게 보내는 신호의 일종이다. 한편, 정보를 갖지 못한 사람도 자신이 거래에 필요한 정보를 획득하기 위한 노력을 기울인다. 이를 '골라내기Screening' 또는 '선별'이라고 한다. 가령, 은행의 대출심사, 취업 과정에서의 NCS 및 전공필기, 각종 면접 그리고 부동산 앱을 통해 부동산 정보를 취득하는 것은 정보를 갖지 못한 사람이 정보를 얻는 노력인 셈이다.

이런 관점에서 보면 부동산 중개업자나 금융기관(은행, 증권사),

커플매니저 등은 모두 다루고 있는 대상이 부동산, 돈, 사람이라는 점에서만 다를 뿐 거래 당사자들 간 정보격차를 해소해 매칭효율Matching Efficiency을 높이는 데 기여한다고 볼 수 있다. 부동산 중개업자는 매수자·임차인과 매도자·임대인을, 금융기관은 자금 수요자와 자금 공급자를, 그리고 커플 매니저는 남녀를 맺어줘 양자 간 만남과 거래를 성사시키도록 돕는 것이다. 이러한 노력들을 통해서 시장은 비대칭정보가 거래를 제한해 효율적 자원배분을 망가뜨리지 않도록 극복하고 있다. 최근의 정보통신기술ICT의 발달로 비대칭정보를 해소할 수 있는 더 유용한 수단들이 다방면에서 개발되고 있고 시장거래의 효율성을 높이는 데 기여하고 있다.